跟我学做一流汽修技师丛书

全彩印刷
巧学宝典

进阶变速器维修高手必读

自动变速器（AT/CVT/DCT）维修技术与经验集锦

李明诚 ◎ 主编

机械工业出版社
CHINA MACHINE PRESS

本书介绍了液力变速器（AT）、无级变速器（CVT）以及双离合变速器（DCT）的结构与原理，并以实际故障案例为重点，简明扼要地叙述各种变速器故障的检测步骤、维修经验与方法技巧。

自动变速器是一种结构复杂的机电一体化设备，本书中穿插了大量的图片，并且彩色印刷，非常适合一线汽修人员（特别是专门从事变速器维修的技术人员）以及汽车职业院校师生阅读。

图书在版编目（CIP）数据

自动变速器（AT／CVT／DCT）维修技术与经验集锦／李明诚主编. — 北京：机械工业出版社，2021.5（2024.7重印）
（跟我学做一流汽修技师丛书）
ISBN 978-7-111-67373-6

Ⅰ.①自… Ⅱ.①李… Ⅲ.①汽车—自动变速装置—维修 Ⅳ.①U463.212

中国版本图书馆CIP数据核字（2021）第017678号

机械工业出版社（北京市百万庄大街22号 邮政编码100037）
策划编辑：齐福江　责任编辑：齐福江　徐 霆
责任校对：王明欣　封面设计：鞠　杨
责任印制：李　昂
北京捷迅佳彩印刷有限公司印刷
2024年7月第1版第3次印刷
184mm×260mm·13.5印张·304千字
标准书号：ISBN 978-7-111-67373-6
定价：85.00元

电话服务　　　　　　　　　网络服务
客服电话：010-88361066　　机　工　官　网：www.cmpbook.com
　　　　　010-88379833　　机　工　官　博：weibo.com/cmp1952
　　　　　010-68326294　　金　书　网：www.golden-book.com
封底无防伪标均为盗版　　机工教育服务网：www.cmpedu.com

前　言

　　自动变速器的维修技术要求很高，难就难在从外表看不到变速器内部的结构及运转方式，而解体以后只能看到零件的模样，却无法了解它的工作过程。

　　为此，维修自动变速器需要遵循从结构原理到诊断排障的认知规律，掌握询问沟通、试车验证、初步检查、故障码读取、数据流分析以及逻辑判断等一整套程序，再加上潜心钻研，假以时日，定能掌握自动变速器故障的基本规律和维修方法、技巧。

　　现在自动变速器的档位越来越多，控制策略越来越复杂，所以汽修人员必须不断地学习新技术。自动变速器的故障诊断类似于抽丝剥茧的过程，要善于发现相关数据的变化，并加以合理分析，才能快速找到故障的根源。

　　汽车维修人员往往有这样的困惑：客户车辆进厂保养或维修都很顺利，但出厂没多久又出现其他的问题，经过检查与上次的维修项目没有直接关系，但是客户就是不认可，咬定是修出来的故障，最后修理厂或多或少要承担一部分维修费用。如何避免出现这样的情况呢？承修时进行周到的检查是必须要做到的，试车时应当尽可能多地捕捉异常现象，报修变速器应当检查发动机，反之亦然。发现问题必须向客户说明，客户坚持不修是他的选择，汽车维修人员不指出问题则是修理厂失职。只有这样，才能既解除客户的后顾之忧，又展现汽车维修人员的职业素养。

　　本书从结构原理入手，列举了各种典型维修案例，配以大量彩色插图，总结了检修方法、经验与要领，让读者在熟悉自动变速器结构原理的基础上，尽快掌握自动变速器故障的维修技术。

　　本书由李明诚担任主编，刘元金任副主编，参加编写的人员还有秦志刚、惠志强。

　　由于编者的认知水平有限，书中难免存在不确切的地方，敬请广大读者批评指正。

编　者

目录

前言

第一章 综述

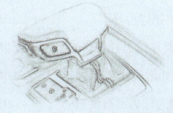

01 液力式自动变速器（AT）的基本结构是怎样的? ...001
02 如何判断液力变矩器不能锁止的故障? ...003
03 自动变速器打滑的表现和原因是什么? ...004
04 离合器、制动器打滑和烧蚀怎样检修? ...006
05 自动变速器的阀体具有什么特点? ...008
06 如何检测自动变速器电磁阀的性能? ...010
07 怎样规范地检修电磁阀的故障? ...012
08 如何维修变速器阀体深处的端塞? ...016
09 如何调校自动变速器的换档机构? ...017
10 怎样运用自适应改善变速器的换档品质? ...018
11 执行自适应匹配应当掌握哪些要领? ...020
12 自动变速器发生故障有哪些前兆? ...021
13 诊断自动变速器故障有哪些典型方法? ...023
14 维修自动变速器需要掌握哪些要领? ...024
15 加注自动变速器油的标准程序是怎样的? ...026
16 做变速器换油保养应当注意哪些问题? ...028
17 自动变速器进水后怎样检修? ...029
18 自动变速器漏油如何处理? ...030
19 发动机和变速器都点亮故障灯怎样检修? ...033

第二章 液力变速器（AT）

01 液力变速器传感器失常会产生哪些影响？ ...035
02 如何检修09G变速器3档升4档打滑故障？ ...037
03 怎样排查大众途观升档滞后的故障？ ...038
04 斯柯达明锐轿车为何冷车换档抖动？ ...040
05 怎样检修本田雅阁换档时的顿挫感？ ...041
06 马自达6行驶中连续窜动怎样检修？ ...043
07 一汽奔腾变速器换档闯动怎样检修？ ...045
08 2013款路虎神行者2为何起步冲击？ ...047
09 大众09M变速器锁档的根源是什么？ ...049
10 奔驰S500轿车锁定在3档如何检修？ ...051
11 奔驰E300变速器一直处于N位怎样检修？ ...053
12 马自达睿翼不能升入4档如何检修？ ...054
13 雪佛兰探界者GF9变速器为什么没有倒档？ ...057
14 如何检修GF6变速器挂档不蠕动的故障？ ...060
15 大众新朗行在N位不能起动如何检修？ ...062
16 奥迪Q7变速器为何偶尔无法切换档位？ ...064
17 路虎发现倒档失效怎样检修？ ...068
18 奔驰C200L轿车为何行驶中不能换档？ ...070
19 本田奥德赛变速器为什么出现过热？ ...073
20 新蒙迪欧换档旋钮无法转动如何检修？ ...075
21 ZF 8HP驻车锁止装置的结构原理是什么？ ...076
22 宝马变速杆为什么自动跳入P位？ ...078
23 宝马报驻车锁止器传感器故障怎样检修？ ...080
24 雪地模式灯和运动模式灯为何交替闪烁？ ...082
25 大众09G变速器数据流的含义是什么？ ...083
26 8HP变速器自适应功能失效如何处理？ ...086
27 怎样检修变速器插接器虚接的故障？ ...088

第三章
无级变速器（CVT）

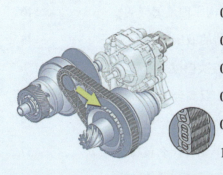

01 无级变速器的基本结构是怎样的? ...090
02 "无级"变速的工作原理是什么? ...093
03 无级变速器是如何传递转矩的? ...095
04 无级变速器的阀体总成包括哪些部件? ...097
05 奥迪 CVT 大修一个月后为何链条断裂? ...099
06 奥迪 A4L 起步加速无力怎样检修? ...101
07 奥迪 A4L 倒档起步异常如何检修? ...102
08 怎样排查奥迪轿车 CVT 的异响? ...103
09 奥迪大修后为何前进档和倒档都不能行驶? ...105
10 什么情况下考虑更换 CVT 的控制单元? ...106
11 日产变速器 JF010E 容易出现哪些故障? ...108
12 怎样检修日产无级变速器的电磁阀? ...109
13 如何检修日产天籁挂空档时爬行的故障? ...111
14 东风日产劲客为什么前进档起步异常? ...112
15 日产轩逸 CVT 不能变速怎样检修? ...114
16 丰田逸致轿车为什么上坡加速无力? ...116
17 本田无级变速器耸车和闯动如何检修? ...117
18 本田雅阁混动车为何显示"检查变速器"? ...120
19 雅阁 CM6 为什么加速到 3000r/min 才起步? ...121
20 拆装飞度 CVT 液压单元的步骤是怎样的? ...123
21 怎样执行旗云 CVT 离合器的自适应学习? ...127
22 如何检修比亚迪 F6 无级变速器的故障? ...129
23 奔驰旅行车变速器不能换档怎样检修? ...130
24 如何执行宝马 MlNl 变速器的调校程序? ...132
25 怎样检修众泰大迈 X5 车变速器的常见故障? ...133

第四章
双离合变速器
（DCT）

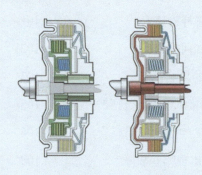

01 双离合变速器包括哪些主要部件？ ...137
02 双离合变速器的工作原理是怎样的？ ...140
03 大众/奥迪双离合变速器型号的含义是什么？ ...142
04 大众 DQ400E 混动变速器具有什么特点？ ...144
05 福特 DPS6 变速器的结构原理是怎样的？ ...146
06 怎样检修 DL382 变速器的液压油路系统？ ...148
07 如何检修 DQ200 变速器换档拨叉的故障？ ...150
08 怎样拆卸和安装 DL501 双离合变速器？ ...153
09 如何检修 DSG 机电控制单元的常见故障？ ...155
10 更换 DSG 的机电控制单元有什么技巧？ ...157
11 奥迪 A3 更换机电单元后为什么不能行驶？ ...160
12 奥迪 A3 轿车为何偶尔报"离合器过热"？ ...162
13 双离合变速器动力突然中断怎样检修？ ...163
14 如何检修双离合变速器的离合器总成？ ...164
15 怎样排查 DSG 换档程序不可信的故障？ ...167
16 DQ250 变速器拨叉为何不能退回 N 位？ ...168
17 奥迪 A1 轿车 6 档行驶时为何连续耸车？ ...169
18 奥迪 Q5 越野车奇数档缺失怎样检修？ ...170
19 DQ200 变速器阀体哪些部位容易泄漏？ ...172
20 为什么有的汽车碰撞后不能行驶？ ...174
21 DSG 控制单元的数据块包含哪些信息？ ...175
22 如何检修帕萨特档位指示灯闪烁的故障？ ...190
23 双离合变速器换档抖动怎样检修？ ...193
24 速腾轿车的变速杆为什么无法移动？ ...195
25 如何通过 FID 码分析双离合变速器故障？ ...198
26 通过软件刷新可以排除 DSG 哪类故障？ ...199
27 怎样执行大众双离合变速器的自适应？ ...201
28 如何检修 MPS6 变速器的常见故障？ ...203
29 怎样维修双离合变速器受电磁干扰的故障？ ...204

第一章 综述

01 液力式自动变速器（AT）的基本结构是怎样的？

以应用较为广泛的液力式自动变速器（AT）为例，其基本结构分为液力变矩器、变速齿轮机构、自动换档控制系统、换档操纵机构以及供油系统等五大部分（图1-1）。

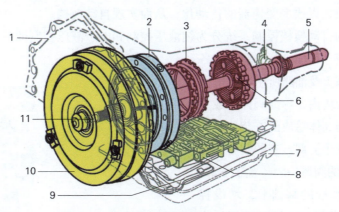

图1-1 液力式自动变速器（AT）结构图

1—壳体 2—ATF油泵 3—离合器 4—速度传感器 5—输出轴 6—行星齿轮组
7—油底壳 8—电子液压控制系统 9—ATF滤清器 10—液力变矩器 11—输入轴

1. 液力变矩器

液力变矩器位于自动变速器的最前端，安装在发动机的飞轮上，其作用与采用手动变速器的汽车中的离合器相似。液力变矩器利用油液循环流动过程中动能的变化，将发动机的动力传递到自动变速器的输入轴，并能根据汽车行驶负荷的变化，在一定范围内自动地、连续地改变传动比和转矩比，具有一定的减速增矩功能。

2. 变速齿轮机构

目前绝大多数自动变速器采用行星齿轮式。变速齿轮机构（图1-2）主要包括行星齿轮机构和换档执行机构两部分。

行星齿轮机构由太阳轮（也称中心轮）、内齿圈、行星架和行星轮等元件组成。行星齿轮机构是实现变速的机构，速比的改变是通过以不同的元件作主动件和限制不同元件的运动而实现。

换档执行机构用来改变行星齿轮机构中的主动元件或限制某个元件的运动，改变动力传递的方向和速比，它主要由多片式离合器、制动器和单向超越离合器等组成。离合器的作用是把动力传递给行星齿轮机构的某个元件，使之成为主动件；制动器的作用是将行星齿轮机构中的某个元件抱住，使之不动。

图1-2　辛普森行星轮机构

3. 自动换档控制系统

自动换档控制系统能根据发动机的负荷（节气门开度）和汽车的行驶速度，按照设定的换档规律，自动地接通或切断某个换档离合器和制动器的油路，使离合器接合或分开、制动器制动或释放，以改变变速器的传动化，从而实现自动换档。

自动变速器的自动换档控制系统分为纯液压控制和电子液压控制两种类型。

液压控制系统（图1-3）由阀体和各种控制阀（即滑阀）及油路所组成，滑阀和油道处在一个板块内，称为阀体总成。不同型号的变速器阀体总成的安装位置有所不同，有的装置于上部，有的装置于侧面，而纵置变速器的阀体一般装置于下部。

在液压控制系统的基础上，增设控制液压油路的电磁阀，而且电磁阀是由电子计算机控制的，就成为电子控制的液压换档系统。

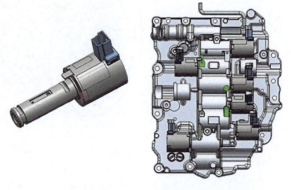

图1-3　6档变速器（6AT）液压模块（即阀板，右）和电磁阀（左）

4. 换档操纵机构

自动变速器的换档操纵机构（图1-4）包括手动选择阀的操纵机构和节气门阀的操纵机构。驾驶人通过自动变速器的操纵手柄（变速杆）改变阀板内手动阀的位置，变速器控制单元（TCU）根据手动阀的位置以及节气门开度、车速、控制开关的状态等信号，利用液压自动控制原理或电子自动控制原理，按照一定

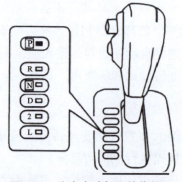

图1-4　汽车变速杆及档位指示

的规律控制变速器中的换档执行机构的工作，进而实现自动换档。换档操纵机构的主要部件包括变速杆、换档拨叉、同步器、拨叉位置传感器等。

5. 供油系统

自动变速器的供油系统主要由油泵、滤清器、调压阀以及管道等组成。变速器油泵通常安装在变矩器的后方，由变矩器壳后端的轴套驱动。当发动机运转时，不论汽车是否行驶，油泵都在运转，为自动变速器中的变矩器、换档执行机构、自动换档控制系统等机构提供具有一定压力的液压油，这种液压油是电磁阀移动的动力，阀体油压的调节由调压阀来实现。

02 如何判断液力变矩器不能锁止的故障？

1. 液力变矩器锁止的原理

以丰田凯美瑞 6 档手自一体式变速器为例，该变速器柔性锁止的原理如下：发动机控制单元通过比较发动机转速（NE）和涡轮转速（NT），确定变矩器的锁止状态；当条件满足时，发动机控制单元向换档电磁阀 SLU 施加电压来实行"锁止"；换档电磁阀 SLU 接通后，向锁止继电器阀施加压力并锁止变矩器。如果发动机控制单元检测到仍未锁止，或者在未实行锁止时却发生了锁止，则确定换档电磁阀 SLU 或锁止系统存在故障，点亮发动机故障灯，并存储故障码。

2. 液力变矩器锁止的条件

1）冷却液达到正常工作温度。
2）变速器油温度达到规定值。
3）车速高于 36km/h（因车型而异）。
4）节气门处于开启状态（即节气门位置传感器的信号电压高于最低值）。
5）没有制动信号。
6）档位开关处于 N 位和 P 位以外的位置。

以上条件需要同时满足，只要有一项不符合要求，锁止离合器将不能锁止（图 1-5）。

图 1-5　液力变矩器分解图

3. 液力变矩器不能锁止的判断

1）将变速杆置于 D4 位，踩住制动踏板，再拔下锁止电磁阀导线侧插接器，然后对锁止电磁阀直接通电，如果发动机立即熄火，说明液力变矩器能够正常锁止；如果发动机的转速只是稍微下降一点，不抖动、不熄火，说明液力变矩器不能锁止，可能是液力变矩器本身有故障，也可能是锁止油路控制失常。

2）试车，观察故障出现时发动机的转速表是否波动。如果转速波动，说明变矩器不能锁止，可能是锁止离合器电磁阀泄漏，造成锁止离合器打滑；如果不波动，说明变矩器锁止正常，是发动机存在故障。

也可以让汽车加速至超速档，以高于 80km/h 的车速行驶，并让节气门开度保持在低于 1/2 的位置，使变矩器进入锁止状态。然后快速将加速踏板踩下至 2/3 行程，同时检查发动机转速的变化情况。如果发动机的转速没有太大变化，说明锁止离合器处于接合状态；反之，若发动机转速升高很多，则表明锁止离合器没有接合。

3）有的宝马轿车装配 6HP21 变速器，变速器故障灯点亮，行驶中车辆耸动，无论路面好坏，车辆都会出现颤抖，像过减速带一样。这种情况可能是液力变矩器锁止不紧，或者变矩器内部摩擦片磨损所致，更换液力变矩器一般能排除该故障。

4）检测到相关故障码，例如 545RFE 型自动变速器读到故障码 P0740，其含义是变速器的变矩器锁止离合器控制超出范围。

5）用诊断仪解除 TCC 电磁阀，然后试验。以上汽通用凯迪拉克 XTS 轿车为例，如果变速器出现顿挫现象，可以使用通用诊断仪 GDS2 的控制功能解除 TCC 电磁阀，不让锁止离合器工作。如果故障依旧，说明"耸车"与变矩器锁止离合器无关。

4. 变矩器锁止离合器的调校

以奔驰汽车为例，连接奔驰智能诊断仪，然后选择：调校变速器→调校变矩器锁止离合器。

1）调校最小压力。将变速杆置于 3 档→发动机转速保持在约 2000r/min→轻微踩踏加速踏板，直到发动机转矩达到标记的区域（观察智能诊断仪界面）→保持住此状态，直到显示界面切换到下一个转矩区域→重复此过程，直到智能诊断仪提示调校结束。

2）滑行调校。在滑行调校时，如果没有出现转速或转矩的图形显示，可以执行以下步骤：试车，变速杆置于 3 档或 4 档，将发动机转速加速到 3000r/min 以上→让车辆滑行，至转速低于 1500r/min→重复此过程。上述过程结束后，变矩器锁止离合器调校完成。

03 自动变速器打滑的表现和原因是什么？

所谓自动变速器"打滑"，是指在汽车行驶过程中，车速与发动机的转速不对应，发动机的转速高，而实际行驶速度低。

1. 自动变速器打滑的外部表现

1）起步时，踩下加速踏板，发动机的转速很快升高，但是车速升高缓慢。例如一辆丰田锐志轿车,踩下加速踏板,当发动机转速达到3800r/min时,车速仅64km/h;再踩加速踏板,发动机转速升至4700r/min,车速只能勉强升到92km/h,说明该变速器存在打滑现象。

2)汽车在平路上行驶正常,但是上坡行驶无力,同时发动机的转速很高。变速器打滑时,发动机的转速越容易升高,说明打滑越严重,此时汽车的燃油消耗量会明显增加。

3)自动变速器升至某一档位时,发动机的转速突然升高,但是车速却没有相应的提高,说明自动变速器打滑,可能缺少档位,或者锁定在某一个档位上。

4)在行驶过程中踩加速踏板,感觉到发动机空转,类似变速杆处于P位或N位踩加速踏板那种感觉,此时汽车的行驶速度没有明显的提升,即所谓加速无力。

5)读到"传动比错误"的故障信息,例如马自达轿车4速自动变速器的故障码P0730,含义是"某个档位传动比错误"(传动比=输入轴转速÷输出轴转速)。

2. 自动变速器打滑的常见原因

1)变速器主油路的油压偏低。变速器油底壳的油面过低,变速器油(ATF)过脏,ATF滤清器堵塞,油泵内部因过度磨损间隙变大等,都会引起主油压过低。

在主油压过低的情况下,变速器内部的油液流动不畅,急加速时产生气泡,离合器不能得到足够的油压,导致无法压紧,为此需要测量各档的油压值,图1-6所示为09G变速器的油压测试孔位置。

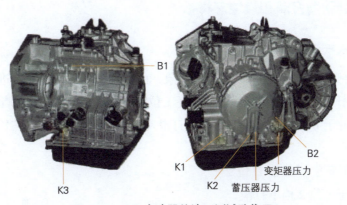

图1-6 09G变速器的油压测试孔位置

09G变速器各工况的正常油压值如下(因自适应策略和测试时的负荷不同,下列油压值可能有所差别):

① 在前进档时,离合器的典型油压——发动机怠速时为200～600kPa,节气门全开时为860～1370kPa。

② 在倒档时,离合器K3和制动器B2的油压——发动机怠速时为400～800kPa,节气门全开时为1000～1900kPa。

③ 在手动1档时,离合器B2的油压——发动机怠速时为600～800kPa,节气门全开时为1000～1370kPa。

2)离合器或制动器(以下简称为"执行元件")泄漏。一旦自动变速器的离合器或制动器活塞间泄漏,将使油路油压降低。这种泄漏的检测方法是:在装配离合器活塞后,从变速器壳体上的离合器活塞进油孔（位于控制阀下方）充入 0.2MPa 的压缩空气（压力过小反应不明显，压力过大容易损坏密封圈），以听不到漏气声为正常；如果听到"嘘——嘘——"的漏气声，说明活塞的密封圈性能不良，形成了泄漏。

注意 在分解变速器时，就要对离合器、制动器进行加压试验，判断从供油油路过来的液压油有没有从密封圈、轴上的密封环、过桥油封、滤清器等处泄漏，或者从离合器轴和定子轴内的铝套之间泄漏出去。

3）锁止离合器打滑。有的汽车起步无力，低速（30～50km/h，变矩器增加转矩工况的区域）耸车，过了低速区后，加速正常，这种现象往往是锁止离合器打滑。

锁止离合器打滑的形成机理：变矩器的功能是低速增矩，主要依靠导轮改变 ATF 流动的方向；如果锁止离合器打滑，导轮失去了支撑点，在变矩工况时无法改变 ATF 的流动方向；在这种情况下，从导轮返回的油液的流动方向与泵轮的旋转方向相反，发动机需要克服反向液流造成的附加载荷，此时液力变矩器低速增矩变成了低速降矩，所以汽车在低速区加速不良。

判断变速器的离合器、制动器和单向离合器是否打滑的方法之一是进行"失速试验"。

04 离合器、制动器打滑和烧蚀怎样检修？

1. 判断哪个执行元件打滑

1）如果自动变速器各前进档都有打滑现象，而倒档不打滑，说明前进档离合器打滑。

2）如果变速杆处于 D 位 1 档打滑，而处于 L 位 1 档不打滑，说明前进档单向离合器打滑。如果不论变速杆处于 D 位或 L 位，1 档都有打滑现象，说明低速档及倒档制动器（图 1-7）打滑。

3）如果只在变速杆处于 D 位 2 档时打滑，而处于 S 位 2 档不打滑，说明 2 档单向离合器打滑。如果不论变速杆处于 D 位或 S 位，2 档都有打滑现象，说明 2 档制动器打滑。

4）如果只是 3 档存在打滑现象，说明倒档及高速档离合器打滑。

5）如果只在超速档时有打滑现象，说明超速档制动器打滑。

6）如果倒档和高速档都有打滑现象，说明倒档及高速档离合器都打滑。

7）如果倒档和 1 档都有打滑现

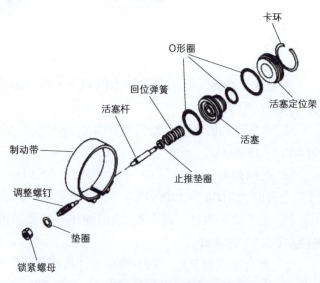

图 1-7 变速器带式制动器零件分解图

象,说明倒档及低速档制动器打滑。

8)如果前进档和倒档都有打滑现象,说明主油路的油压过低。

以上是凭经验判断的方法,比较准确的判断方法是查看挂入 D 位和 R 位时的数据流,这些信息是由换档执行器(即"拨叉")行程传感器探测的。

也可以使用压缩空气(代替 ATF)检查离合器的动作情况,即用高压气枪对准油道孔加压,模拟液压做试验。以大众 09G 变速器为例,在正常情况下,施加气压后,K3 离合器内的活塞应及时、准确地将摩擦片顶至预定位置,使变速器升档。如果在实际测试中发现,活塞不能将摩擦片顶至预定位置,而且油泵与 K3 离合器油路的连接处有油液溢出现象(图 1-8),说明 K3 离合器与油泵连接处的密封环损坏,导致油液泄漏,使离合器打滑,变速器将无法换档。

图 1-8　09G 变速器油泵与 K3 离合器油路连接处漏油

2. 离合器、制动器烧蚀的检修

(1)执行元件烧蚀的判断方法

具体方法如下:

① ATF 的颜色和气味异常。在开始打滑阶段,摩擦材料还没有脱落,油液变成褐色,有焦糊味;在摩擦片烧蚀阶段,由于摩擦材料脱落,所以油液变成黑色,有臭味。

② 变速器所有的档位都能挂上,但是车速上不去,说明离合器(图 1-9)和制动器开始滑磨;如果变速器升不到高速档,说明执行元件已经烧蚀。

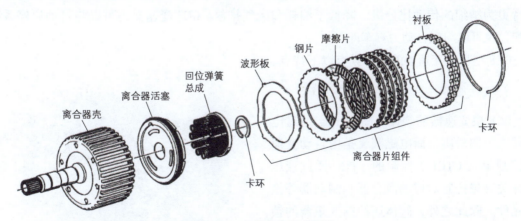

图 1-9　多片离合器分解图

(2)执行元件烧蚀的原因

离合器、制动器烧蚀的本质是摩擦材料"釉化"。有经验的维修技师都知道,当钢片上出现黑色的斑点时,摩擦片就接近失效了。这些黑色的斑点被称为"热点",它是由钢片材料的微观不平点受热膨胀而形成的。"热点"越膨胀、越突出,承受的正压力越大,会产生更多的摩擦热,并且如此恶性循环。

摩擦片烧蚀的原因，归根结底是压力和温度分布不均匀。只要离合器摩擦片"发烧"，自动变速器肯定"感冒"，而且摩擦片烧蚀往往造成阀体堵塞。

（3）变速器反复"烧片"的检修经验

维修实践证明，凡是出现以下情况——变速器反复"烧片"、ATF 内有明显的金属粉末和摩擦材料、变速器因进水造成密封圈或橡胶活塞损伤、使用过劣质 ATF、变速器长久未保养等——更换 ATF 基本没有效果，应当解体自动变速器检查。

检修完摩擦片烧蚀后，最好同时更换冷却系统的部件（特别是散热器），因为大约 80% 的自动变速器故障是由于高温和散热不良引起的。也可以在检修后认真清洗变速器的冷却系统（图 1-10），建议采用逆流清洗法，即从回油管向进油管方向清洗。另外，要注意检查节气门位置传感器的信号电压，如果节气门位置信号电压过高，一旦升档过早，也容易"烧片"。

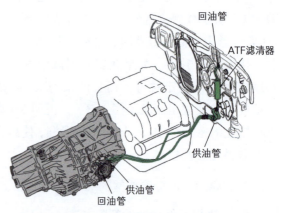

图 1-10　自动变速器的冷却系统

05 自动变速器的阀体具有什么特点？

以大众途锐汽车为例，无论采用哪种发动机，途锐都搭配 8 速手自一体式 0C8（即 AW8SPD）型自动变速器。与之前搭配的 09D 型变速器相比，此款变速器通过 8 个前进档进行更为精细的传动比分级，降低了油耗和废气排放。0C8 变速器还可以与自动启停系统搭配，也可以与混合动力汽车匹配。

0C8 型自动变速器的阀体具有以下特点。

1. 阀体从下方安装在变速器壳体上

0C8 型变速器的阀体（图 1-11）通过电磁阀来控制滑阀，而电磁阀又是由自动变速器控制单元（TCU）控制的。TCU 通过液压式开关阀来控制对应的离合器和制动器等换档元件。除此之外，阀体还控制变矩器的锁止离合器和整个变速器内的各种工作油压。

图 1-11　0C8 型变速器的阀体

2. 配置了两种不同类型的电磁阀

0C8 型变速器的阀体总成包括以下组件：机械驱动式换档电磁阀、液压开关阀、电动控制的换档电磁阀（3 通道或 2 通道阀）以及变速器油温度传感器（图 1-12）。

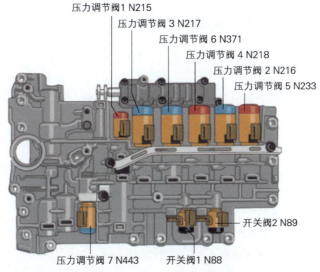

图 1-12　0C8 型变速器的阀体
蓝色—特性曲线上升的压力调节阀
红色—特性曲线下降的压力调节阀　黑色—开关阀

1）特性曲线上升的压力调节阀。接入这种压力调节阀的电流越强，它调节的液压压力越大（图 1-13）。如果不接通电流，就不存在液压压力（压力为 0）。

2）特征曲线下降的压力调节阀。接入这种压力调节阀的电流越强，它调节的液压压力越小（图 1-14）。如果没有接通电流，那么液压压力达到最大值。

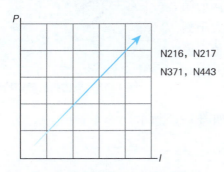

图 1-13　特性曲线上升的压力调节阀

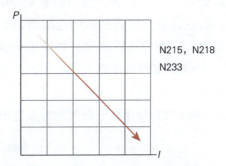

图 1-14　特性曲线下降的压力调节阀

3. 各电磁阀的功能和所完成的任务不相同

0C8 型变速器各电磁阀的功能和所完成的任务见表 1-1。

表 1-1　0C8 型变速器各电磁阀的功能和所完成的任务

电磁阀	接通电流时的功能	干预对象	负责的档位
压力调节阀1（N215）	调节 ATF 压力，把压力直接传递到离合器 K2 和 K3，或者越过电磁阀 N217、N371 和 216，传递到离合器 K1 和 K4，或者制动器 B1	主压力	倒档、1 档到 8 档
压力调节阀3（N217）	对离合器 K1 的摩擦片施加 ATF 压力，并且闭合离合器	离合器 K1	1 档到 5 档

（续）

电磁阀	接通电流时的功能	干预对象	负责的档位
压力调节阀 4（N218）	通过离合器 K2 降低 ATF 压力，离合器分离	离合器 K2	1 档、E/8 档、5 档到 8 档
压力调节阀 5（N233）	通过离合器 K3 降低 ATF 压力，离合器分离	离合器 K3	倒档
压力调节阀 6（N371）	对离合器 K4 的摩擦片施加 ATF 压力，并使离合器闭合	离合器 K4	4 档和 6 档
压力调节阀 2（N216）	对制动器 B1 的摩擦片施加 ATF 压力，并使制动器闭合	制动器 B1	2 档和 8 档
压力调节阀 7（N443）	解除对变矩器离合器的 ATF 压力		
开关阀 1（N88）	部分接通电流，使离合器 K2 和 K3 的压力下降		
开关阀 2（N89）	只有当变速器处于 1 档和倒档，并且车速大于 7km/h 时才接通电流，阻止离合器 K2 和 K3 中的压力下降，两个阀相互交替工作		

06 如何检测自动变速器电磁阀的性能？

（1）测量电阻

在静态下，先关闭点火开关，然后测量电磁阀的电阻值。如图 1-15 所示，将万用表的表笔与电磁阀的端子接触，然后读取万用表显示的电阻值。如果大于额定值，说明电磁阀的线圈老化；如果小于额定值，说明线圈匝间短路；如果为无限大，说明电磁阀线圈断路，必须予以更换。

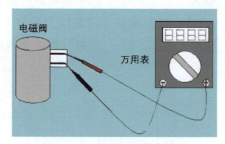

图 1-15　电磁阀的静态检测

克莱斯勒 62TE 变速器电磁阀的标准电阻值如图 1-16 所示。

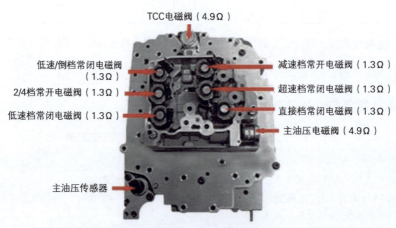

图 1-16　62TE 变速器电磁阀的标准电阻值（21℃时）

（2）气压测试

连接气枪，将压缩空气通过锥形橡胶头充入电磁阀的工作油孔，然后按压控制开关，使电磁阀往复移动，再观察泄油孔处的气流，如果气流始终存在，说明电磁阀密封不良；如果一直没有气流，说明电磁阀堵塞卡死；如果气流的通断不符合规范，说明电磁阀偶发性卡滞；如果气流随着电磁阀的动作而有规律地变化，说明电磁阀正常（图1-17）。

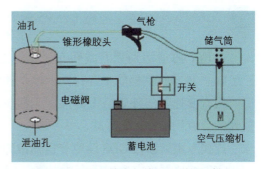

图1-17 用压缩空气检测电磁阀的性能

在阀体拆下以后，安装阀体之前，使用经过调节的低压压缩空气，顺势对每个离合器进行气压测试，有利于排查阀体之外的故障点。如果不做这一步骤而直接更换阀体，组装试车后一旦发现不正常，就不容易分清到底是阀体的问题还是执行元件的问题。因此，对离合器进行快速气压测试，并记录测试的数据，可以在后续的维修中省去很多麻烦。

（3）通电测试，检验电磁阀能否正常动作

在通电测试前，必须弄清该电磁阀的类型和特性，是属于换档电磁阀还是调压电磁阀，因为调压电磁阀的电阻值很小，如果直接接入12V电压，容易造成电磁阀损坏。可以在电磁阀的回路中串联一个几十欧姆的电阻，对流经电磁阀的电流加以限制，然后测量，这样比较稳妥。

做通电测试时，由于电磁阀没有了油液的冷却，自身温度会迅速升高，所以通电测试的时间不能太长。

（4）加热测试

它是指利用热风机或其他加热设备，人为地将电磁阀加热到工作温度，然后进行电阻测量或加压测试。有实验表明，冷态与热态电磁阀的电阻值相差3~5Ω，如果热态实测结果大于某一限值，说明电磁阀的热稳定性差。若电磁阀的热胀率过大，随着电磁阀温度的升高，阀芯与阀孔的配合间隙会变小（图1-18），阀芯的运动可能受到阻碍，造成电磁阀的功能失常。

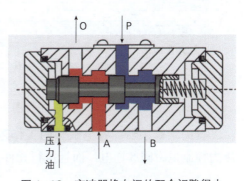

图1-18 变速器换向阀的配合间隙很小

（5）其他检测

如果变速器还装在汽车上，在更换阀体之前，建议维修人员花几分钟时间，连接诊断仪读取变速器的故障码。在发动机关闭的状态下，接通点火开关，大多数变速器的控制单元能够检测到电路短路或断路故障。这是一种确认电路是否连接正常的快捷方法。有的时候电磁阀看上去连接正常，但插接器实际上没有插到位，此时接通电源，变速器控制单元会存储一个关于电磁阀电路的故障码。

07 怎样规范地检修电磁阀的故障？

一辆上海通用别克君威轿车，配置 LTD 发动机和 6 速手自一体式变速器，行驶里程 8 万 km。该车挂倒档能正常行驶，但是挂前进档无法动弹。

检查变速器的外观，无漏油、无移位，部件连接无松动，电气插头安装牢固。检查变速器油，液位正常，无异味。

连接专用诊断仪 GDS 读取变速器故障码，无故障码存储。

查看变速器稳定适配压力数据流，1 档、3 档和 4 档的适配压力稳定状态都为 120kPa，2 档的适配压力稳定状态为 10kPa（图 1-19）。120kPa 是最大的输出油压，而正常值应该为 0，说明 1～4 档的工作都不正常。其工作原理是：当变速器控制模块 TCU 监测到某一档位的输出速比不正确时，会对这个档位适配压力，指令油压控制电磁阀工作，调高油压，使离合器接合工作。

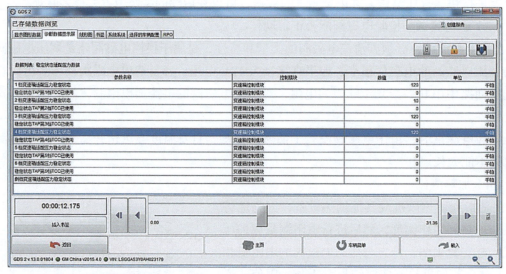

图 1-19 适配压力数据

查阅维修手册，各电磁阀的工作逻辑见表 1-2 和表 1-3。该车 1～4 档都需要离合器压力控制电磁阀 5 通电，而且执行元件 1-2-3-4 档离合器接合，才能正常工作。

表 1-2 换档电磁阀状态与传动比的逻辑关系

档位	换档电磁阀 1	1-2-3-4 档离合器压力控制电磁阀 5NL	2-6 档离合器压力控制电磁阀 4NL	3-5 档及倒档离合器压力控制电磁阀 2NH	低速档及倒档、4-5-6 档离合器压力控制电磁阀 3NH	传动比
驻车档	通电	断电	断电	断电	通电	—
倒档	通电	断电	断电	通电	通电	2.940
空档	通电	断电	断电	断电	通电	

（续）

档位	换档电磁阀1	1-2-3-4档离合器压力控制电磁阀5NL	2-6档离合器压力控制电磁阀4NL	3-5档及倒档离合器压力控制电磁阀2NH	低速档及倒档、4-5-6档离合器压力控制电磁阀3NH	传动比
1档制动	通电	通电	断电	断电	通电	4.584
1档	断电	通电	断电	断电	断电	4.584
2档	断电	通电	通电	断电	断电	2.964
3档	断电	通电	断电	通电	断电	1.192
4档	断电	通电	断电	断电	通电	1.446
5档	断电	断电	OPP	通电	通电	1.000

表1-3 各档位工作逻辑表

档位	驻车档	倒档	空档	前进档					
				1档制动	1档	2档	3档	4档	5档	6档
1-2-3-4档离合器	—	—	—	接合	接合	接合	接合	接合	—	—
3-5档及倒档离合器	—	接合	—	—	—	—	接合	—	接合	—
4-5-6档离合器	—	—	—	—	—	—	—	接合	接合	接合
2-6档离合器	—	—	—	—	—	接合	—	—	—	接合
低速档及倒档离合器	接合*	接合	接合*	接合	—	—	—	—	—	—
低速档离合器总成（OWL）	—	—	—	保持	保持	—	—	—	—	—

*表示无负荷接合。

查阅油压开关的正常数据，见表1-4。

表1-4 油压开关正常数据

档位	油压开关1	油压开关3	油压开关4	油压开关5	传动比
N-D	L（低压）	H（高压）	H	L	8.000
M1	L	H	L	L	4.584

（续）

档位	油压开关1	油压开关3	油压开关4	油压开关5	传动比
M1-D1	H	H	L	H	4.584
D2	H	L	L	H	2.964
D3	L	H	L	H	1.912
D4	H	H	H	L	1.446
D5	L	H	H	L	1.000
D6	H	L	H	L	0.746

该车1-2-3-4档的控制原理如下：变速器控制模块TCU向压力电磁阀5发出指令，压力电磁阀5控制油压输送给1-2-3-4档离合器调节阀，1-2-3-4档离合器调节阀打开，将主油压输送给1-2-3-4档离合器活塞，离合器活塞将离合器片压紧，进而将动力传至输出轴。

根据上述原理分析，导致前进档缺失有以下几个可能原因：

① 压力电磁阀5卡滞关闭。

② 电磁阀输出油路泄漏。

③ 1-2-3-4档离合器调节阀卡滞。

④ 1-2-3-4档电磁阀机械故障。

将汽车举升后试车，利用诊断仪的特殊功能指令每个档位工作，从传动比数据看，TCU已经向压力控制电磁阀5发出指令（图1-20中的方框内），但是1-2-3-4档离合器没有动作；5档和6档工作正常。

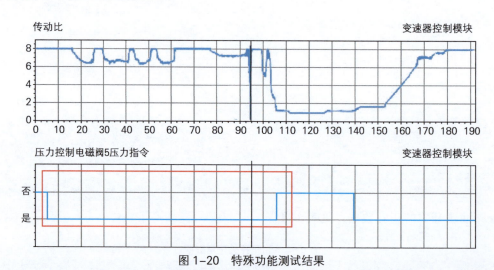

图1-20 特殊功能测试结果

再查看油压开关4的工作状态，为一条直线（图1-21上方的方框内），说明没有油压过来，可能是缺失压力控制电磁阀5的油压，或是1-2-3-4档控制阀卡滞在关闭位置，所以油压开关4的压力一直为"高"，没有变化。

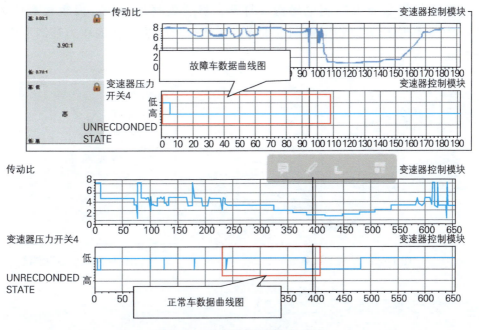

图 1-21 油压开关 4 的工作状态

压力控制电磁阀 5 的工作状态如图 1-22 所示。

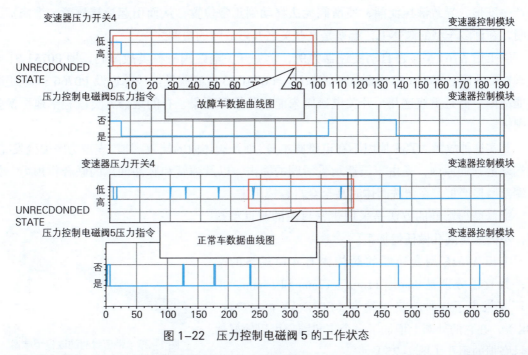

图 1-22 压力控制电磁阀 5 的工作状态

接下来使用专用工具检测电磁阀总成（带阀体和 TCU），其方法如下：用螺栓将测试盒（DT-48616）安装至控制电磁阀总成的阀体安装面，如图 1-23 所示；将压缩气体送入铝制测试盒，气体通过控制电磁阀总成的电磁阀通道，返回测试盒上的压力表。如果气体能够通过电磁阀，压力表打开；如果空气无法通过电磁阀，则压力表关闭。

使用诊断仪指令压力控制电磁阀5打开，然后观察压力表，发现没有压力输出（图1-24），说明压力控制电磁阀5卡滞在关闭位置。更换新的压力控制电磁阀5，故障被排除。

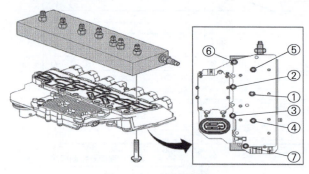

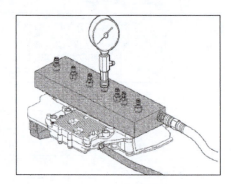

图1-23　安装测试盒　　　　　　　　　　图1-24　压力表测试

08　如何维修变速器阀体深处的端塞？

对于达到了一定行驶里程的自动变速器，在检修阀体的时候，应当注意检查各阀孔内的端塞，俗称"堵头"。这些端塞虽然不起眼，但是由于受到滑阀的长时间撞击，端塞容易产生变形，导致液压泄漏，使滑阀无法移动到正常位置，从而引起换档故障。维修实践表明，在许多车型的阀体上，端塞是某些莫名其妙故障的根源之一。

以丰田A761型6速自动变速器为例，常见开关电磁阀机械类故障码，即P0751 S1电磁阀性能故障、P0756 S2电磁阀性能故障、P0761 S3电磁阀性能故障以及P0766 S4电磁阀性能故障。但是更换这几个开关电磁阀未能消除故障现象，有的维修人员就轻率地更换整个阀体。

其实这种故障的真正原因不在电磁阀本身，而是阀体内的端塞磨损，表现为磨损处发亮。而端塞磨损的原因，是由于长期承受滑阀的撞击，以及弹簧和脉冲油压的联合作用力。如果端塞磨损严重，在清洗阀体时甚至会自行掉出来。

维修磨损端塞的方法是采用带密封圈的改良型端塞，不需要对阀孔做任何加工。

丰田A761E型变速器的阀体内有4种规格的端塞，其直径分别是9mm、11mm、12mm和14mm。现在厂家推出了一种改良型端塞（SONNAX # 147741-30K），在它的外圆上增加了一个密封圈，可以较好地密封磨损的阀孔（图1-25）。

图1-25　带密封圈的改良型端塞

该型变速器阀体上还有SR电磁阀，在SR电磁阀的阀孔深处有一个泄油孔，这个泄油孔的位置就在端塞的旁边（图1-26）。该端塞用于分隔电磁阀的供油油路（主油压）和另一条在1～4档都会充油的油路。

第一章 综述

图 1-26 丰田 A761、AB60、A960 变速器的泄油孔及端塞位置

由于端塞处于阀孔的深处，所以需要采用以下特殊的拆装方法：

1）拆卸旧端塞。使用一个大号回形针和尖头镊子，通过泄油孔以及它旁边的油路开口，将端塞顶出来。

2）安装新端塞。准备一个内六角头普通螺栓，长约20cm，并且在端塞外圆的密封圈上涂抹胶圈润滑膏，防止密封圈在安装过程中扭曲或被划伤，最后利用长螺栓将端塞旋入安装孔内，这样就可以把端塞推到阀孔的深处。

另外，9mm 直径改良端塞（SONNAX#15741-35K）和 11mm 直径改良端塞（SONNAX#15741-36K）可以应用到爱信6速变速器（TF-80SC、TF-81SC、09D）以及5速变速器 AW55-50、AW55-51 的阀体上。

在 6HP 和 8HP 系列变速器的阀体中，端塞的磨损也比较普遍。

总之，无论哪种型号的变速器，凡是拆开了阀体，并且发现端塞上有发亮的磨损区域，需要更换时，都可以照此办理。

09 如何调校自动变速器的换档机构？

以装备 722.9 型自动变速器的奔驰汽车为例，有时1档→2档、3档→2档或2档→1档的换档质量不好，其产生原因往往是换档机构未能达到最佳调校，或者制动器B1损坏。

调校奔驰 722.9 型自动变速器换档机构的程序如下：

1）使用 Star Diagnosis（星形诊断）确认涉及的换档机构。

2）打印调校数据。

3）连接 DAS 诊断仪，进行路试，调校被客户投诉的换档机构。

注意　在路试中，降档时，汽车应当在不制动的情况下滑行；升档时，汽车应当在有效的转矩范围内（DAS 诊断仪显示的转矩在绿色区域内）行驶和换档，以利于调校。

经过调校以后，如果故障能够排除，处理到此结束。

如果 1 档→2 档或 3 档→2 档的不舒适感仍然存在，需要对比调校行驶前后的调校值。如果换档机构的充油时间值在 –15 至 –20 之间，接近 –20 的循环极限值，而且通过调校后进一步向负值方向变化，可能原因是存在以下两种情况：

① 制动器 B1 或 B3 回位弹簧的卡圈未按规定安装；

② 离合器片出现机械扭曲，可以将其放到平板上，检查离合器片是否无法平整地贴合在平板上。

以上两项都要检查，如果情况属于①，应当分解制动器 B1 或者 B3 多片式制动器，然后正确安装或更换卡圈及盘簧。由于有几种不同规格的多片式制动器（表 1-5），因此必须确保卡圈的规格正确（在离合器片支架内侧／外侧有识别凹槽）。在组装时，应确保定位准确，防止扭曲，然后复位调校数据。

如果情况属于②，应当更换离合器片以及制动器 B1 的摩擦片、盘簧和卡圈，然后完全复位调校数据。

表 1-5　奔驰 722.9 自动变速器多片式制动器的零件号

零件号	名　称	数　量	提　示
A220 993 022 6	盘簧	2	仅与新卡圈一起安装
A220 994 034 0	卡圈，仅用于车型 A 和 C	2	确保正确安装，型号见附件
A001 994 184 0	卡圈，仅用于车型 B 和 D（带识别凹槽）	2	确保正确安装，型号见附件

例如一辆奔驰汽车，搭载 722.9 型自动变速器，出现 3 档→2 档不顺畅的故障。经过检查，产生原因是制动器的油压过高。解决方法是：检查换档机构从 3 档换到 2 档的调校值（实质是充油时间），必要时再次调校（需遵照 SI27.00-P-0014A 的要求）。

如果从 3 档→2 档的充油时间调校值不在正／负限值内（+20/-20），更换部件无法解决问题，应当通过 2014 版 XENTRY DVD 提供的、经过优化的变速器软件进行调校。

对于奔驰 204 车型，采用软件 A 000 902 02 20 调校；对于奔驰 207 车型，采用软件 A 000 902 03 20 调校；对于奔驰 212 车型，采用软件 A 000 902 04 20 调校。

10 怎样运用自适应改善变速器的换档品质？

在完成自动变速器大修，或者更换变速器控制模块、阀体、变矩器等核心部件之后，往往出现换档品质很差的现象，此时需要执行变速器控制模块的自适应匹配程序，才能将车辆交付客户。

一辆进口福特麦柯斯商务车,搭载 2.3L 发动机,匹配爱信公司 TF-81SC 型 6 速手自一体式变速器。据客户反映,该车在正常行驶中变速器有顿挫感,更换变速器油以后,不但没有改善,反而出现更为严重的变速器打滑现象。

接车后,拆开变速器侧油底壳检查,一股糊臭味扑面而来,ATF 呈黑色糊状且含有颗粒,同时在滤清器进油口发现大量的黑色粉末,这些现象说明变速器内部的机件已经烧蚀。经解体检查发现,倒档制动器摩擦片和高速档(4-5-6 档)离合器(图 1-27)摩擦片烧蚀比较严重,有的摩擦片接触面已经没有了摩擦材料。

那么,变速器摩擦片烧蚀的原因是什么呢?既然是在保养换油以后出现的问题,要么是 ATF 的质量等级有问题,要么是操作流程不正确。

几经询问得知:之前那家维修厂使用的是博世公司的 ATF300 变速器油(图 1-28),它属于 Dexron 三代标准(迪士龙 3 号标准),只能满足 5 速以下自动变速器的使用要求,而本款是 TF-81SC 型 6 档变速器,必须使用满足 Dexron 六代标准(迪士龙 6 号标准)要求的 ATF,否则在使用中容易带来变速器烧损的风险。

图 1-27 烧蚀的 4-5-6 档离合器

图 1-28 原来使用的 ATF 型号

按照变速器大修标准的要求,修复变矩器,更换大修包(含摩擦片、钢片及密封件)和滤清器,检测并清洗液压阀体和电磁阀(图 1-29)。

装配完毕,然后加注标准型号的 ATF 试车,结果变速器挂档出现冲击,行驶中升降档也冲击,特别是 2 档→3 档、4 档→5 档以及 3 档→2 档冲击比较明显。

出现这种现象与维修后的适应匹配有直接的关系。新款自动变速器经过维修,恢复其损伤的硬件功能后,必须执行自适应匹配程序,方能达到换档舒适的标准。

再次阅读维修手册,得知需要执行 N 位设定以及初始化学习,其步骤如下:

(1)N 位的设定

① 将变速杆置于 N 位,然后利用举升机举起汽车。

② 连接故障诊断仪。

③ 接通点火开关,如果诊断仪显示档位为 N,则将变速杆移入 P 位,随后关闭点火开关。

④ 再接通点火开关,将变速杆从 P 位移至 D 位。

⑤ 检查档位显示是否正确,诊断仪应当显示每个档位(P、R、N、D、L)。

⑥ 如果诊断仪显示档位 N,再执行变速器控制单元的位置调整操作。

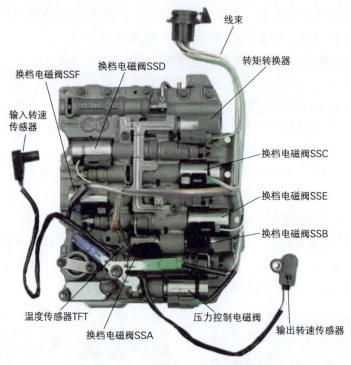

图 1-29 TF-81SC 型变速器的阀体总成

（2）初始化学习

如果更换、大修自动变速器或其控制单元（TCM），或者对 TCM 重新编程后，需要执行初始化学习程序。

① 让发动机加速运转或进行路试，提升 ATF 温度，利用故障诊断仪检查 ATF 的温度。

② 当 ATF 温度达到 66～110℃后，利用升降机举起车辆，踩下制动踏板，将变速杆移入 N 位并保持 3s。接着将变速杆从 N 位移至 D 位，同样保持 3s，如此重复操作 5 次。然后用同样的方式对 R 位操作 5 次。

③ 将变速杆置于 D 位，进行换档控制学习。使节气门开度保持在 25%～30%，驾驶车辆行驶，直至档位升至 6 档。当车速达到 80km/h 或更高时松开加速踏板，滑行至少 60s 后停车。重复此项操作 10 次。

④ 初始化学习结束：该车经过路试自适应匹配以后，车速变化时的冲击以及换档冲击感比学习之前有明显改善，至此故障得以彻底排除。

11 执行自适应匹配应当掌握哪些要领？

1）在执行自动变速器自适应路试之前，应当确保 TCU 中没有任何故障码。只有这样，变速器控制单元才能学习、匹配新安装的阀体或者变速器。如果控制单元中存在故障码，TCU 通常会拒绝进行自学习，直到故障排除为止。

如果不确定是否由故障码导致控制单元拒绝自学习，可以在路试时细心关注换档的感觉。如果不论车辆行驶了多少里程，换档感觉始终没有变化，很可能就是 TCU 存储了故障码，阻碍了控制单元的自学习和匹配。

2）如果所用的诊断仪具有重置自学习功能，在路试前尽量进行重置，这样可以使自学习的时间降到最少。如果不使用诊断仪重置原来的自学习值，那么汽车需要行驶很长时间来完成自学习匹配，有时根本无法完成匹配，除非找来合适的诊断仪并重置自学习值。

但是，并非所有的车型都是如此，在有些车型中（例如丰田和雷克萨斯），使用非原厂的诊断仪无法清除原有的自学习值。在有些情况下，即便诊断仪显示已经成功重置了原来的自学习值，但实际上并没有真正重置。

如果不知道诊断仪是否真正进行了重置，可以采取以下方法确认：

① 进行路试，细心关注换档的感觉，然后停车，再连接诊断仪重置自学习值。

② 再次进行路试，此时换档的感觉应该有所改变，或者变好，或者变坏。如果没有任何变化，说明诊断仪重置自学习值未成功。

3）油温是变速器自学习的一个重要因素。对于大多数自动变速器，在 ATF 没有达到一定温度时，TCU 是不会进行自学习的。具体应该达到多高温度，没有统一的数值规定，有的变速器油温达到 55℃即可，有的变速器要求油温达到 70℃才行。为了保险起见，建议诊断仪上显示的油温达到 77℃后再开始自学习。另外，如果以单一的车速行驶，油温上升到规定温度的时间可能比较漫长。

4）路试时应确保燃油箱里存有足够的燃油。有的车型当燃油箱中的油量少于 1/4 时，变速器控制单元会拒绝自学习。汽车厂家这样设计似乎有点奇怪，但实际上还是会遇到这样的情况，变速器控制单元顽固地不进行自学习，直到把燃油加满才行。

5）匹配过程分为两种操作：车库内的换档匹配和升/降档匹配。

所谓车库内的换档匹配，是指当变速器油温达到 77℃以上时，移动变速杆，从 R 位移到 N 位，再从 N 位移到 D 位，在每一个档位上保持 5s；然后从 D 位移到 N 位，再从 N 位移到 R 位。如此反复进行，直到入档感觉平滑。有些车型不需要执行这一步骤，可以很快地完成匹配，而有些车型必须经过这一步骤，而且需要一定的时间。

所谓升/降档匹配，是指在行驶过程中变速器保持 OD 超速档，在状态正常后使变速器多次升档和降档，以及正常地滑行，直到汽车完全停住为止。如果驾驶状态不规则（例如驾驶汽车太轻缓，或者过分急加速），TCU 可能不执行匹配。

判断控制单元是否完成了匹配，仍然需要仔细体会换档的感觉。如果执行特定的升/降档 2~3 遍，每一次都有略微不同的换档感觉，说明控制单元正在进行匹配。一旦入档感觉不再变化，说明变速器匹配已经完成。

12 自动变速器发生故障有哪些前兆？

1. 打滑

1）表现：在行驶过程中，踩加速踏板时听到发动机空转的声音，但是汽车速度没有明显的提升，感觉加速无力。

2）原因：离合器片烧损或者油压过低。

2. 漏油

1）表现：从变速器外表看到油迹（图1-30），明显感觉车辆起步费力，在行驶过程中踩加速踏板虽然转速有提升，但是汽车没有明显的加速，就像没有挂上档一样。

2）原因：行驶中刮碰了底盘，导致变速器漏油，或者变速器内部密封件老化，因密封不良引起内部泄漏油液。

图1-30 变速器外表的漏油痕迹

3. 顿挫

1）表现：产生的冲击、振动、闯动感比较强烈。换挡时感觉不顺，例如车辆顿一下，变速杆振手，急加速时有卡顿、耸车的感觉。

2）原因：在起步、升档或者降档过程中，动力总成的转矩传输发生瞬态变化。具体原因是：自动变速器油的温度过高，变速器内出现顽固性杂质和脏污，使阀体内形成卡滞、堵塞，导致滑阀移动不畅，无法顺利实现对油压的调节和控制。

4. 过热

1）表现：在行驶过程中组合仪表出现变速器过热的提示（图1-31），或者行驶一段时间后感觉变速器烫手。

2）原因：变速器运转的负荷过大，内部无法有效控制温度；变速器打滑；ATF冷却系统散热不良，最终导致变速器温度过高。

图1-31 组合仪表显示变速器过热

5. 异响

1）表现：在原地怠速运转、正常行驶以及高负荷运行过程中，听到变速器内有不正常噪声，甚至很大的响声，在切换档位时有无节奏的、沉闷的声音。

2）原因：换档元件磨损及损坏，或者变速器经常处于高温状态，ATF的抗磨性能和润滑性能下降，变速器内轴承、齿轮等部件出现严重磨损，或齿轮侧面有金属剥离。

注意：怠速过高有可能导致换档异响。一辆长安福特蒙迪欧轿车，在冷起动后，原来最多预热1min就能挂档行驶，后来在气温10℃左右时，冷起动后需要预热5min才可以挂档行驶，否则从P位进入N位、D位都会出现很大的异响。这种情况可能是发动机冷起动后的怠速过高所致。可以清洗节气门，然后做匹配。如果节气门已经清洗过，再分析一下数据流，检查冷却液温度传感器是否失常。在维修实践中，往往是冷却系统的节温器关闭不严，造成发动机的预热时间延长，怠速过高，最终导致挂档冲击和异响。

6. 挂档熄火

1）表现：起动发动机后，由 P 位挂入行驶档位时，发动机立刻熄火；或是在行驶中踩制动踏板，发动机熄火（指不带自动起停功能的车辆）。

2）原因：锁止电磁阀损坏、锁止控制阀卡滞、输入轴转速传感器失常，都有可能导致发动机挂档熄火。

13 诊断自动变速器故障有哪些典型方法？

当确认变速器存在故障后，需要做进一步诊断，通常采用道路行驶检验、手动换档试验、油压测量、时滞测试和失速试验等几种方法。

（1）行驶检验

驾驶汽车进行路试，仔细体会各档的换档感觉，特别注意起步困难、换档冲击大、升不到高速、倒车失常、低速时加速不良等现象，这些路试信息对于变速器故障诊断极为重要。

然后利用道路试验获得的信息和数据，结合各档位的执行元件运作表（表1-6），初步判断执行元件的性能和状态。如果汽车只是起步困难但升档正常，可能是起步专用的单向离合器 F2 故障；如果只是倒档不良，怀疑对象应该是 B3 制动器；如果低速正常、高速升档困难，则可能是制动器 B0 不正常。

表 1-6 自动变速器换档执行元件运作表

变速杆位置	档位	C0	C1	C2	B0	B1	B2	B3	F0	F1	F2
R	倒档	√		√				√	√		
D	1	√	√						√		√
D	2	√	√				√		√	√	
D	3	√	√	√			√		√		
D	4		√	√	√		√				
S	1	√	√						√		√
S	2	√	√			√	√				
S	3	√	√	√			√				
L	1	√	√					√			
L	2	√	√			√	√				

（2）手动换档试验

将变速器的电插头全部拔下来，不采用电控方式，改用手动方式换档，挂前进档或倒档，观察车辆的行驶状况，以检验变速器内机械元件的性能。如果变速杆在 D 位可以前行，在 R 位能倒退，在 S 位可以低速行驶，说明变速器的机械部分基本正常，问题出在电控系统。

(3) 油压测量

在自动变速器的外壳上分布了特制的油压测试孔，可以连接油压表，分别测量工作时各档的管路油压、蓄压器油压等，这些油压信息有利于判断摩擦元件的打滑和磨损状况（图1-32）。

(4) 时滞测试

将变速杆置于D位或R位，然后检测汽车向前或向后冲击的反应时间，从而判断内部各执行器摩擦片的磨损情况和磨损后间隙变大的程度，以及油压的高低。

(5) 失速试验

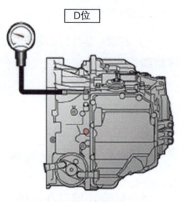

图1-32 油压测试口位置

"失速"是指挂前进档或倒档，踩住制动踏板并且完全踩下加速踏板，发动机处于最大转矩工况，变速器的输出轴和输入轴静止不动，变矩器的涡轮不动，此时发动机的转速称为失速转速。

具体操作步骤如下：拉紧驻车制动器，左脚使劲踩住制动踏板，然后起动发动机，将变速杆挂入D位（或R位），在确保安全的前提下，右脚将加速踏板踩到底，在发动机转速不再升高时，迅速读取此时发动机的转速，即为"失速转速"。如果失速转速在2000～2200r/min之间，说明发动机和变矩器正常；如果失速转速偏高，说明变速器存在打滑故障；如果失速转速过低，说明发动机的动力性能不良，或者变矩器存在故障。如果变矩器中的单向离合器打滑，变矩器在液力耦合工况下的变矩比下降，增大了发动机的负荷，将导致转速下降。

做失速试验的要求是：发动机及变速器都达到正常工作温度（80℃左右）；变速器油位正常；汽车停放在平坦路面上，车轮用楔块塞住；启用驻车制动。

失速试验的本质是在发动机大功率、重负荷条件下，测量发动机的实际转速，以判断发动机或自动变速器的动力性能。

注意

做失速试验的持续时间不能超过5s。

14 维修自动变速器需要掌握哪些要领？

1. 首先检查变速器油（ATF）

无论排查自动变速器什么类型的故障（特别是报"变速器温度高"的故障），都要首先检查ATF的数量和质量。

一方面，检查ATF比较方便，如果发现变速器油颜色明显改变，又有异味，甚至含有硬质颗粒，说明变速器内的机械零件严重磨损。另一方面，ATF好像人的"血液"，对于维持自动变速器正常运转起着至关重要的作用（图1-33）。病人到医院就诊，在多数情况下需要先检验血液，这两者的道理是相似的。知易行难，许多汽修人员在忙碌中往往忘记了这一铁律。

2. 检查接地电路连接是否可靠

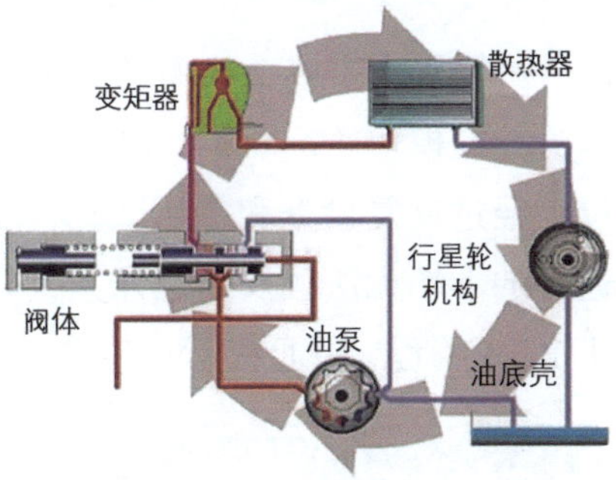

除了首先检查 ATF 的状态外，还要测量接地线路上的电势差（即电压降），确保接地线路没有大幅度的电势变化。不正常的接地电路电压降会引起各种稀奇古怪的故障。

接地电路电势差的测量方法如下：

1）起动发动机，打开所有的车内电器，例如前照灯、空调和后风窗除霜器等。

2）在接地电路中接入电压表，使黑表笔连在蓄电池的负极上，红表笔轻触需要测量的接地点，然后读取电压值。测量点离蓄电池负极越远，测得的电压值就越高，因为线路越长，其电阻越大。例如车架上的电压是 0.02V，到了发动机上就是 0.025V，到了防火墙的接地点变成 0.03V，到了控制单元的接地点升到 0.035V。根据这些连续而逐渐升高的电压值，可以判断这辆车的接地电路基本正常。如果从防火墙到控制单元之间的电势差达到 0.06V，可以判断此段线路有问题。一般规定电压降不能超过 0.10V。实际上，发现任何高于 0.05V 的电势差都需要做进一步的检查。

3. 按照规范的程序作业

例如检修自动变速器换档冲击故障，可以执行图 1-34 所示的规范的操作程序。

图 1-33 ATF 在变速器内的循环路径

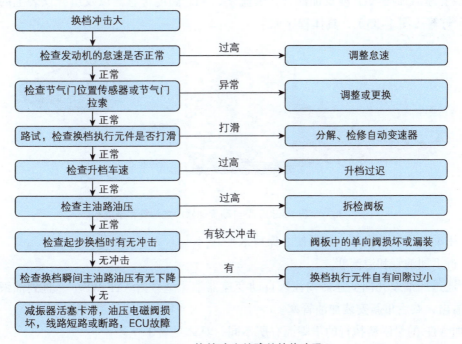

图 1-34 换档冲击故障的检修步骤

4. 事故车重点检查变速操纵机构

一辆别克君威 2.4L 轿车，由于遭遇车祸，安全气囊胀开。按照故障码的提示，更换了车身控制模块（BCM），但在对 BCM 编程的中途自动终止，而且仪表信息中心提示换至 P 位。经过反复检查和替换试验，发现故障原因是变速杆变了形，在挂入 P 位的情况下，变速杆的下端无法触及 P 位开关，其触点无法闭合，BCM 认为变速器处在行驶档位，所以终止 BCM 编程，并且提示"请换至 P 位"。更换变了形的变速杆，故障被排除。

5. 树立编程设码意识

编程的实质是给控制单元写入程序，而程序是根据车辆配置的硬件不同而设计的。

例如宝马 523Li 轿车，如果更换了二手变速器控制模块（EGS），必须设码，其步骤如下：连接宝马专用诊断仪，进入"TCM（自动变速器控制模块 EGS/DKG/SMG）"→选择"读故障码"菜单→故障码为"511B EGS 设码"→选择"编码/编程"菜单→选择"便捷进入及起动系统（CAS）"和"照明模块（LM）"都没更换→确认车型信息正确，点"下一步"→选择"设码"→选择"EGS（变速器控制器）"→选择"重新编码"→按照提示操作车辆，点"是"执行编码→重新编码完成，点"确定"→再次读码，系统无故障码。

⑮ 加注自动变速器油的标准程序是怎样的？

以加注丰田汽车 AA80E 型自动变速器油为例。

该型变速器加注 ATF 涉及加油管、溢流塞、ATF 温度传感器以及组合仪表上的变速杆 D 位指示灯等（图 1-35），具体程序如下：

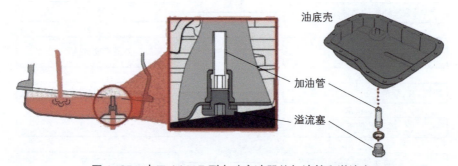

图 1-35　丰田 AA80E 型自动变速器的加油管和溢流塞

1）用举升机升举汽车，并且使之保持水平。
2）拆下加油管和溢流塞。
3）通过加油塞孔向变速器内注入自动变速器油（型号为 ATF WS），直到油液从溢流塞孔中溢出，然后重新安装加油管塞。

添加 ATF 的量随所执行的步骤而有所不同，具体见表 1-7。

表1-7　AA80E型自动变速器各加注步骤的ATF加注量

加注步骤	添加ATF的规定量/L
拆卸和安装变速器油底壳（包括放油）	3.2
拆卸和安装变速器阀体	4.2
更换变矩器	6.7

4）重新安装溢流塞。

5）降下汽车。

6）使用SST（零件号09843-18040）短接汽车诊断座（DLC3）的相关端子。对于不带空气悬架系统的车型，短接端子TC和CG（图1-36）；对于带空气悬架系统的车型，短接端子TC、OPA和CG。

7）关闭空调开关，起动发动机，使其怠速运转。

8）将变速杆从P位移动至S模式位置，并且缓慢选择S1~S8位，然后将变速杆移回P位。

9）将变速杆移至D位，然后在D位和N位之间快速来回移动（每1.5s一次），至少6次，这样将激活ATF温度检测模式。此时显示屏上的"D"指示灯点亮2s，然后熄灭。

10）将变速杆移回P位，并且断开跨接线的TC端。对于带空气悬架系统的车型，在程序完成之前，请勿从DLC3的端子OPA和CG上断开SST。

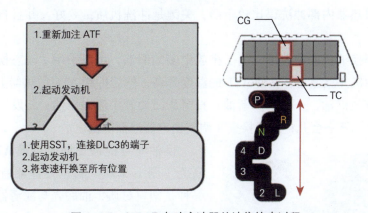

图1-36　A750E自动变速器的油位检查过程

11）让发动机继续怠速运转，使ATF的温度升高，直到D位指示灯点亮（表1-8）。

表1-8　ATF的温度与D位指示灯的对应关系

变速杆D位指示灯	熄灭	点亮	闪烁
ATF的温度	低于最佳检测温度	处于最佳检测温度	高于最佳检测温度

12）拆下溢流塞，调整ATF的量。如果ATF有溢流，请执行步骤15；如果ATF没有溢流，请执行下一步骤。

13）再次拆下加油塞。

14）通过加油塞孔补充加注ATF，直到油液从溢流塞孔开始流出。

15）当 ATF 的溢流减缓为"滴流"时，安装溢流塞和新衬垫。

16）如果加油塞已经拆下，重新安装加油塞。

17）从升举机上降下汽车。

18）将点火开关置于 OFF，使发动机停机。对于带空气悬架系统的车型，断开诊断座端子 OPA 和 CG 之间的跨接线。

执行上述略显繁杂的加注步骤，是为了准确测定 ATF 的温度，进而准确地把握加注变速器油的量。

16 做变速器换油保养应当注意哪些问题？

1）按照规范的流程操作，包括旧油的排放、油量的确认、滤清器的更换、紧固螺栓的拧紧力矩等都要按照规范执行。

对于没有机油标尺的变速器，在添加完 ATF 后，应当运转发动机 10s 以上，然后关闭发动机，如此反复几次，再按照"加注自动变速器油的标准步骤"，检查油位是否正确。

有的变速器（如大众 7 速干式双离合变速器）的 ATF 加注口位于起动机的下方，排油口也在下方。加注变速器油时，需要拆卸蓄电池的底座，再拆下换档操纵机构，接着拆卸换档轴盖，最后从加注口注入变速器油。

2）要防止残油污染新油。最好配置一台散热器专用冲洗机，而且使用加热的自动变速器油，可以把散热器内部冲洗得比较干净，关键是冲洗机质量要好，并且自动变速器油是经过加热的。

在缺乏循环换油机的情况下，为了排放更多的旧油，可以采用"动态换油法"，其方法是：起动发动机并怠速运转，使 ATF 的温度升高；然后拆卸 ATF 散热器上的回油管，开始放油，一边排放旧油，一边添加新油，直至从回油管中流出新油；将发动机熄火，装好回油管，再怠速运转一会儿；最后检查和调整变速器油面的高度。

图 1-37 自动变速器的油底壳及其磁铁

换油时可能需要同时更换 ATF 滤清器和油底壳（图 1-37）。自动变速器有两种油底壳，一种是塑料材质，油底壳与滤清器集成在一起，所以更换滤清器也就更换了油底壳和垫圈；另一种是金属材质，它与滤清器是分开的，在更换滤清器后，还需要更换油底壳的垫圈。

本田、现代等车型自动变速器油的滤清器安装在变速器内部，必须解体才能更换 ATF 滤清器。

3）加注 ATF 后的必做工作。加注完自动变速器油后，在油位正确并且达到正常温度的情况下，需要测量系统的主油压，以确保液压系统工作正常。

对于新型自动变速器，在更换 ATF 之后，还需要执行匹配程序。

4）事先做好风险评估。在承接车辆保养换油前，对于车况、车型、变速器型号、油品等相关信息要做到心中有数,特别是老旧车型和存在缺陷的自动变速器要当心,以免发生维修纠纷。

如某汽修厂使用循环等量换油机给一辆雪佛兰科鲁兹 6 速自动变速器换油后,出现换档冲击并伴有异响的故障,这是由于新 ATF 的清洗能力很强,使变速器内积聚的油泥、污垢、磨粒等流动到油道内,从而造成堵塞,直至引发车辆冲击或异响等现象。因此,保养老旧车型以及零件磨损严重、长时间不换 ATF 的自动变速器,可以与用户签订风险协议,约定双方的责任。考虑到循环等量换油法存在的风险,采用传统换油方式可能更保险一些。

17 自动变速器进水后怎样检修?

一辆宝马 5 系轿车,搭载采埃孚 8HP 变速器,变速器进水后,由于某些原因半个月才进厂修理,表面已经锈迹斑斑,需要解体变速器,并且切割变矩器检查(图 1-38)。

该变速器进水的途径是变速器壳体顶部的通气孔(图 1-39 中的圆圈部位)。由于变速器在工作过程中会产生热量和气压,需要通气孔向外排出变速器内的部分气体。当涉水深度高于通气孔位置时,就会导致变速器内进水。

图 1-38 泡水半个月后变矩器已经生锈

图 1-39 变速器壳体顶部的通气孔

检修过程如下:

1)拆开变速器检查,发现变矩器的油液与污水混合,已经变为乳白色(图 1-40)。对于高转矩变速器来说,进水的伤害往往是致命的,受损最大的零件是液力变矩器内用于连续控制锁止滑差的锁止离合器。

采埃孚 8HP 变速器变矩器锁止离合器的摩擦片属于 HTS 材质(原来 6 速变速器为碳基摩擦片),摩擦片的耐热性、防颤性比较优越。锁止离合器片被水侵蚀,其过程好比一块海绵吸水,水分穿透摩擦表面的黏合剂达到钢芯,甚至导致摩擦材料脱落,严重影响变矩器的锁止。

由于锁止离合器处于变矩器内部,更换锁止离合器片的过程相对复杂,技术要求高,需要经过切割、焊接、平衡等多道工序(图 1-41)。

图1-40 变矩器进水

图1-41 利用车床沿着变矩器的焊接线切割

在更换锁止离合器片、安装密封组件以后，需要对变矩器进行切口焊接，将切割后的总成复原。当然，作为旋转件的变矩器，动平衡是最后一道关键工序。

2）采埃孚 8HP 变速器使用 5 个换档元件来切换 8 个档位，其中 2 个是固定安装的片式制动器，3 个是旋转的多片离合器。换挡元件拆解后，密封胶圈要全部更换。如同上面提到的锁止离合器，多片离合器片也必须更换。另外，还需要测试轴承、检查控制元件的气密性。

3）该车型具有起停功能，实现起停功能要求变速器能够迅速建立油压，不能出现明显的延迟。为此，变速器设置了一个液压脉冲式出油罐（HIS），如图1-42所示。它由一个电子机械式锁紧装置和一个单向节流阀组成，TCU 通过控制辅助 ATF 油泵，使换档元件在起停瞬间迅速建立油压。进水后，需要单独更换 HIS，不可有侥幸心理。

图1-42 液压脉冲式出油罐（HIS）

4）采埃孚 8HP 变速器的阀体上共有 9 个电磁控制阀，它们的控制特性分为两种，一种是随控制电流增大特性曲线线性上升，另一种是随控制电流增大特性曲线线性下降。进水后，必须一一测试各电磁阀的工作曲线，再决定是否需要更换。

对于阀体部分更要仔细清洁，滑阀要全部拆下来清洗，仔细检查表面有没有因为进水造成的异常磨损。

5）最后，在组装部件之前，需要将部件用新的变速器油整体浸泡，还要检查执行部件的气密性。

18 自动变速器漏油如何处理？

有的客户投诉：搭载 8HP 自动变速器的宝马汽车停放一段时间后，车辆底部有漏油；有的车辆在车间保养或维修时，在变速器油底壳（包括底护板）上有油迹（图1-43）。

8HP变速器漏油分为以下多种情况：①曲轴径向密封环损坏；②变矩器侧变速器径向密封环泄漏；③变矩器侧变速器供油连接螺栓松动；④变矩器侧变速器油泵O形圈泄漏；⑤输出法兰侧变速器径向密封环泄漏（图1-44）；⑥发动机油底壳泄漏；⑦变速器油底壳泄漏；⑧变速器插头漏油（图1-45）；⑨换档轴泄漏；⑩变速器后部安装支架的螺纹孔泄漏；⑪变速器左侧或右侧壳体泄漏；⑫分动器泄漏；⑬前驱动桥泄漏。

图1-43　油底壳垫漏油　　　图1-44　输出法兰侧变速器径向密封环泄漏　　　图1-45　变速器插头

首先判断油底壳上的液滴是冷凝水还是机油（可以在手指间捻动，或者闻气味）。如果是水，可能是从空调器排水软管出来的冷凝水。因为空调排水管路正好位于变速器附近，不要将来自空调排水管的水滴与ATF混淆。

由于变速器的漏油点比较多，处理客户投诉时一定要耐心和仔细。具体处理方法如下：

1）查看汽车附件"8HP变速器漏油诊断指导"（以下称作"指导"），参照指导完成各检修步骤。

2）观察漏油来自A区（变速器前部以及与发动机结合处）还是B区（变速器后部以及与输出轴结合处），如图1-46所示，并拍摄刚送修时变速器的漏油照片。

3）使用发动机冷清洁剂（宝马零件号83 12 0 026 958）仔细清洗变速器和相关部件。对于变矩器部位，在拿掉密封塞后，尽最大可能将变矩器下部壳体上的油迹清洗干净。

A区：变速器前部以及与发动机结合处
B区：变速器后部以及与输出轴结合处

图1-46　变速器A区与B区的范围

4）向可能漏油的部位喷射适量的粉末喷涂剂（宝马零件号83 19 2 358 648），并在试车之前拍摄喷涂后的照片。

5）试车约30min，然后关闭发动机，再冷却约30min，使变速器油和相关部件逐步冷却。

6）仔细检查变速器上使用了粉末喷涂剂的区域，对出现油迹的位置拍摄照片。

在维修实践中，图1-47、图1-48所示为漏油频发的部位。

其中A区（图1-47）主要是在变矩器下端，即变速器与发动机联结处。

B区（图1-48）包括：①变速器后部安装支架的螺栓孔；②变速器输出轴油封、变速器插头、变速器散热油管及其密封圈；③变速器左侧或右侧壳体；④变速器油底壳；⑤换档轴。

1. 请仔细并严格按照PuMA措施5370364检查，一定要区分油汽(图C1)、油泥(图C2)和漏油(图D)
2. 当只有油汽、油泥时无需维修
3. 当油滴聚集明显时，创建PuMA案例。按照案例的技术要求上传完整的多角度照片
4. 得到技术支持批准后，请按要求抬下变速器(严格遵守"变矩器拆卸指导")

A区.前部漏油诊断步骤

C1.油汽，无需维修

C2.油泥，无需维修

D.油滴聚集，创建PuMA案例

抬下变速器后，请注意观察右图这三个部位的漏油情况：曲轴后油封(图E)，变速器输入轴油封(图F)和变速器前壳体密封圈(图G)。并从多个角度分别对这三个部位拍摄清晰的照片，反馈给技术支持做进一步诊断

E.曲轴后油封

F.变速器输入轴油封

G.变速器前壳体密封圈

图 1-47 变速器 A 区容易漏油的位置

B区.后部漏油诊断步骤

1. 观察变速器后部支架螺栓孔(图H)是否漏油 → 清先油迹，使用密封胶Loctite243(PN 83 19 2 210 339)于螺栓及螺栓孔涂抹适量胶水，参照ISTA将螺栓紧固到标准力矩，详情参见PuMA措施59737162
   H.后部螺栓孔

2. 检查变速器散热器油管与变速器连接处(图K)，输出轴油封(图M)，线束插头密封圈(图N)是否漏油

3. 查看是否为四驱车型

4. 可能VTG漏油油迹会聚集到变速器油底壳处，检查变速器与VTG连接处是否有油迹 → 更换VTG相关部件

   K.散热油管及其密封圈
   参见PuMA措施61222833更换O形密封件及外置油管
   更换相应密封件及法兰，若不确认，创建PuMA，案例
   M.变速器输出轴油封
   N.线束插头密封圈

5. 检查变速器左侧壳体(图P)或右侧壳体(图Q)是否漏油 → 创建PuMA案例来详细描述漏油的位置同时附上视频(使用粉末喷涂剂PN 83 19 2 358 648，清晰地反映漏油点扩大的过程(包含VIN及变速器号码)。
   P.左侧壳体　　Q.右侧壳体

6. 检查8HP变速器油底壳是否漏油
   ⚠ 注意:油底壳漏油极容易误判，油底壳上的螺栓孔是通透的非常不易清洗干净。若按照措施5370364清洁好油迹后试车，仍看到油底壳螺栓位置有油流出，或者油底壳密垫有可见变形(图R1)或者油底壳有裂痕(图R2)，请创建PuMATC案例来详细描述漏油位置，并附上清晰的照片来显示漏油的严重程度，等待技术部的进一步支持
   R1.油底壳垫变形　　R2.油底壳裂痕

图 1-48 变速器 B 区漏油的处理步骤

注意　判断漏油程度时，要结合"指导"中的图片。密封环上的油膜是允许的。

7）在确认漏油（指能看到聚集油滴）来自变速器后，按照以下步骤处理：

① 如果变速器后部安装支架的螺纹孔漏油，参照"指导"以及 PuMA 措施 59737162。

② 如果变速器散热油管及其密封圈漏油，更换 O 形密封件及外置油管。

③ 如果变速器输出轴油封或变速器插头漏油，可以更换相应的密封件。

④ 如果变速器油底壳漏油，为了防止误判，只有当油底壳垫有可见的变形，或者油底壳有裂痕时，才考虑更换油底壳。

⑤ 如果变速器换档轴漏油，应当更换换档轴油封。

19 发动机和变速器都点亮故障灯怎样检修？

一辆宝马 M5 E60 轿车，搭载 S85V10 发动机和 SMG 7 档序列式直接换档变速器。据客户反映，行驶中发动机故障灯点亮；变速器黄色故障灯偶尔点亮，有时显示红色，但很快熄灭，车辆又可以正常行驶。

维修人员试车验证故障，发现在怠速运转时，空调系统可以正常工作，但是当车辆正常行驶后，空调自动关闭，同时显示故障信息"来自发动机控制单元通过 CAN 线的关闭"。

连接故障诊断仪 ISTA 读码，在发动机控制单元中读到 2 个故障码：0027AA，DME 气缸列 1 废气触媒转换器前极限位置上的氧传感器调校值；002B59，DME 冷却液节温器，监控（图 1-49）。执行检测计划，查看发动机氧传感器的调校值，发现第一列气缸混合气调校已经超出极限 20%。

代　码	说　明
0027AA	DME 气缸列 1 废气触媒转换器前极限位置上的氧传感器调校值
002B59	DME 冷却液节温器，监控
004F40	SMG 液压单元：低于压力范围
004F43	SMG 液压单元：接通时间
005200	SMG：发动机转速信号有错误（DME）
009D12	SINE 内部蓄电池
009D2A	CDC 转换匣机械机构，拉开
00A3EC	CNAV 车轮转速信号缺失
00A46D	中央信息显示器：由外围设备引起的中央信息显示器功能故障

图 1-49 检测到的故障码

在变速器控制单元中存储了以下 3 个故障码：

1)"004F40，SMG 液压单元：低于压力范围"。可能故障原因包括：①液压泵功率低；②液压系统泄漏；③液压油液面低。

2)"004F43，SMG 液压单元：接通时间"。其含义是液压系统建压的时间过长，可能故障原因包括：①液压泵损坏；②液压系统泄漏。

3)"005200，SMG：发动机转速信号有错误（DME）"。其含义是发动机与变速器的转速控制存在偏差。可能故障原因包括：①离合器摩擦片打滑；②液压系统压力低于正常值后，离合器控制失常导致的次生故障。

根据经验判断，混合气调校值明显超标，多数是空气流量计损坏或者供油有问题。读取空气流量及前氧传感器数据，均正常。把气缸列1和气缸列2的空气流量计互换，删除氧传感器调校值后观察数据流，看到气缸列2的调校值在逐渐增加，直至超出20%。于是更换有问题的气缸列1的空气流量计。

宝马SMG变速器由一套液压单元执行机构和齿轮机构手动变速器组成。液压单元由变速器控制单元控制，负责离合器的分离与结合，换入需要的档位，并自动减压以保持液压单元的压力。液压单元包括液压泵、蓄压器、储液罐、离合器液压缸、换档活塞板、电磁阀（含1个离合器电磁阀、4个换档电磁阀、2个换档调压阀）以及液压管路。电控部分除了变速器控制单元外，还包括变速器输入转速传感器、离合器位置传感器、液压压力和油温传感器。

连接ISTA读取变速器的数据流，发现在未起动时，系统油压为5.20MPa。起动车辆后，原地怠速时的系统油压每秒下降0.15MPa，下降到4.70MPa时液压泵开始工作，直到系统油压升高到6.20MPa时停止。液压泵大概每10s运转一次，明显不正常。分析认为，起动车辆后离合器电磁阀开始工作，系统会自动结合离合器，此时液压系统出现内泄漏。

拆下变速器，检查液压系统和离合器。由于离合器电磁阀用于打开或关闭油路，不存在泄漏问题，因此问题应该出在4个换档电磁阀或2个换档调压阀上。

从换档逻辑分析，4个换档电磁阀控制8个档位，每次换档只有一个电磁阀工作。但每次换档时换档调压阀都要工作，磨损和泄压的可能性更大，于是更换2个换档调压阀（图1-50），但是故障依旧。

再拆检离合器，发现离合器片已经严重磨损。更换离合器，起动车辆后观察液压系统油压的保持情况，发现系统油压每间隔10min建压一次，说明故障得到解决。

就在即将交付车辆时，在一次挪车过程中变速器再一次报警，并且变速杆无法换入档位。连接诊断仪检测，发现系统油压低、无法建压以及液压泵不运转的故障信息。检查液压泵电动机的继电器及线路，均正常，怀疑问题出在液压泵电动机上（图1-51）。再次拆下变速器并拆解液压泵，发现液压泵电动机的电刷已经严重磨损，造成接触不良（这也印证了液压系统建压时间过长的故障信息）。

图1-50 换档调压阀的位置

图1-51 液压泵电动机

更换液压泵电动机的电刷，装复各零件后试车，故障不再出现。

第二章 液力变速器（AT）

01 液力变速器传感器失常会产生哪些影响？

以大众 09G 变速器安装的几种传感器为例，其失常将产生以下影响。

1. ATF 温度传感器 G93

1）信号功能。变速器油温传感器 G93 具有负温度系数（NTC）的特性，当油温升高时，传感器的电阻值变小。作为一个热敏电阻，用来测量变速器油的温度，并把油温信号传送给变速器控制模块 J217。

变速器油温传感器的信号用于以下几方面控制：

① 适应系统换档油压的建立和释放，适应换档过程。

② 激活或解除暖机程序，以及变矩器锁止离合器等的温度依赖功能。

③ 在热车模式，当油温过高时，激活变速器的保护功能。

2）安装位置。ATF 油温传感器 G93（图 2-1）位于变速器的控制阀板上，由一块安装板固定，浸没在变速器油之中，它是阀体总成的一个部件。

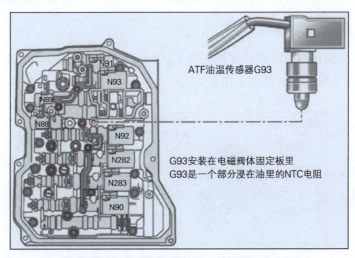

图 2-1 油温传感器 G93 的安装位置

3）信号失常的影响。变矩器锁止离合器将失去调节功能，只能断开或闭合；没有适应的换档压力，往往导致难以换档。

为了防止变速器过热，当 ATF 温度超出定义的油温范围时，触发以下对策：

① 对策 1（油温约 127℃时）：利用动态换档程序（DSP）功能，在更高转速下换档。变矩器锁止离合器较早闭合，不再进行调整。

② 对策 2（油温约 150℃时）：发动机减少转矩输出。

2. 输入轴转速传感器 G182

1）信号功能。变速器输入轴转速传感器 G182（图 2-2）负责检测离合器 K2 外摩擦片支架上的变速器输入速度（即涡轮转速），它根据霍尔原理工作。

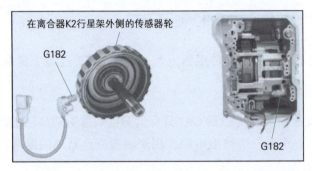

图 2-2　输入轴转速传感器 G182 的外形和安装位置

变速器控制模块 J217 的以下功能需要借助精确的变速器输入转速信号：

① 换档的控制、适应和监测。

② 变矩器锁止离合器的调节和监测。

③ 发动机转速与变速器输出转速的可信度分析。

④ 换档元件的诊断。

2）信号失常的影响。变矩器锁止离合器闭合；用发动机转速来替换变速器输入转速。

3. 输出轴转速传感器 G195

1）信号功能。变速器输出轴转速传感器 G195（图 2-3）负责检测驻车锁定轮处的变速器输出转速，它也是根据霍尔原理工作。

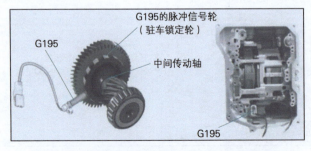

图 2-3　输出轴转速传感器 G195 的安装位置

驻车锁定轮是中间轴从动齿轮的组成部分。由于行星齿轮系统输出轴和中间轴之间的传动比，两者转速之间存在相应的关系。自动变速器控制单元 J217 根据编程的变速比计算实际的变速器输出转速。

对电子控制变速器而言，变速器输出转速是最重要的信号之一，下列功能需要这个参数：

① 选择换档点。

② 动态换档程序 DSP 功能。

③ 诊断换档元件，检查发动机转速和变速器输出转速的可信度。

2）信号失常的影响。自动用 ABS 控制模块 J104 的转速信号替换变速器输出转速信号。

对 G182 和 G195 传感器的故障诊断方法相同。当 G182 或 G195 短路时，传感器的电压约为 4.6V；当 G182 或 G195 断路时，传感器的电压为 0V。此外，由于这两个传感器具有相同的特性，在故障检测时可以互换，做交叉验证，从而快速判断故障点。

02 如何检修 09G 变速器 3 档升 4 档打滑故障？

一辆大众朗逸轿车，搭载 CDE 型发动机和 09G 自动变速器，行驶里程 37623km。

据车主反映，早上第一次冷起动后，前几分钟的车速只能达到 40km/h 左右，即使发动机转速达到 4000r/min，车速也是处于滑行降低状态。该车因水灾造成变速器内部进水，在别厂更换了大修包、活塞组件及小修包，对变速器内外进行了全面清洗。

试车验证故障，基本如车主所述。当车辆进入热车状态后，入档无冲击，升档及降档正常。

连接诊断设备 VCDS，读取变速器控制单元 J217 的故障码，显示"4档传动比错误，偶发"。观察变速器的数据流，发现油温达到 30℃以后，变速器可以升入 4 档，随后基本正常（图 2-4）。尝试更换电磁阀、阀体、变速器控制单元，未能消除故障。

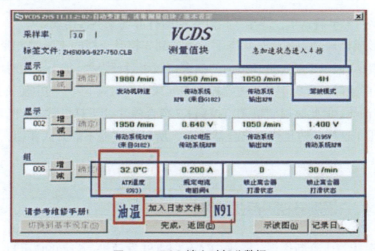

图 2-4 TCC 锁止时部分数据

第二天早上连接诊断设备试车，果然 3 档升 4 档打滑，不能升入 4 档。

查看显示组 007 的数据流，无论急加速还是缓加速，离合器 K1、K2 都处于正常状态，在 30℃以上时数据正常；冷车状态 3 档升 4 档时，电磁阀 N282 的数据正常，但是不能升入 4 档。

根据上述检测，认为变速器的电控系统基本正常，难道是电子元件在冷态下工作失常？由于之前的维修已经更换了电磁阀、阀体及控制单元，冷车故障现象没有任何改善，问题应该出在终端执行元件或壳体油道上。

拆下变速器油底壳及阀体总成，对 K2 离合器进行加压测试（图 2-5），调整气枪压力为 200kPa，用听诊器听到 K2 活塞"啪、啪"的动作声，说明 K2 活塞、油道及支撑座正常。于是怀疑低温时 K2 活塞的橡胶密封唇口收缩，引起泄压。

接下来分解变速器，检查 K2 活塞唇口的四周，未发现损伤、鼓包、脱落等情况，而且橡胶唇口弹性良好。检查 K2 活塞供油支撑座的密封环，发现两道密封环竟然分别安装在第一道环槽和第二道环槽中，而第二道环槽恰恰是离合器 K2 的进油道口（槽内有进油孔）。将第二道密封环移到第三道环槽中，安装好 K2 组件，多次用 200kPa 气压测试，K2 活塞的动作正常了（图 2-6）。

图 2-5　离合器 K2 测试口位置

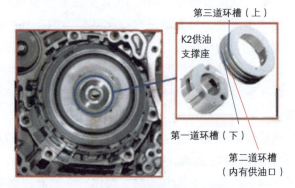

图 2-6　离合器 K2 活塞的密封环槽及支撑座

装车后连续两个早晨试车，冷车 3 档升 4 档的打滑现象不再出现。

本故障的形成机理是：在冷车状态下，当达到 3 档升 4 档的工况时，变速器控制单元发出油压控制指令，但由于第二道环槽内的油道口被密封环阻挡，加上低温时油液的流速慢，使离合器 K2 不能及时接合，于是变速器控制单元减小电磁阀 N282 的电流（直至 0A），以增大 K2 的工作油压，但此时控制单元监控到 K2 离合器片处于打滑状态，TCU 又增大电流，即完全解除油压（这样能防止烧毁离合器片），所以变速器不能升入 4 档，只能用 3 档以下档位行驶。

03　怎样排查大众途观升档滞后的故障？

一辆 2017 款上汽大众新途观，搭载 CEAA 1.8 TSI 发动机，6 速 09G 手自一体式变速器，行驶里程 2870km。车主反映该车 1 档升 2 档、2 档升 3 档都在发动机转速 3000r/min 以上时升档，故障现象时有时无，出现故障前没有任何征兆。

连接专用诊断仪 ODIS 读取整车的故障信息，没有发现故障码存储。导致换档滞后的一般原因是发动机动力不足、换档模式或程序错误等。

对变速器做失速试验，结果失速转速为 2000r/min 左右，说明发动机的动力正常。驾驶汽车到车辆较少的路段试车，将诊断仪 ODIS 连接发动机控制单元，在节气门全开的情况下，数据块 120 组第三区显示发动机转矩为 255N·m，说明转矩输出正常；数据块 115 组显示增压压力值为 1.7bar（$1bar=10^5Pa$），也正常。

再测试变速器的换档程序。在确保档位不在 S 位（运动模式）的前提下，连接 ODIS 诊断仪，进入变速器控制单元，读取数据块，发现档位显示正确。根据引导性功能的提示，进行变速器的档位匹配，然后试车，故障仍然存在。

找来一辆同型号的汽车，拆下其变速器控制单元进行互换，重新进行匹配并试车，故障依旧。又将该车的变速器控制单元安装到另一辆汽车上，结果换档正常，说明该车变速器控制单元本身没有故障。

此时维修陷入困境，于是咨询厂家的技术部门，答复说该车带有 ESP 功能，在驻车制动控制单元（图 2-7）内安装有横向加速度传感器 G200、横摆角速度传感器 G202、纵向加速度传感器 G251，在车辆上坡或下坡时，变速器的换档时刻可能滞后。

图 2-7　驻车制动控制单元

接着用诊断仪 ODIS 进入 ABS 控制单元，读取传感器的数据流（图 2-8），并且与正常车辆的数据流（图 2-9）对比，发现纵向加速度传感器 G251 的信号为 $1.5568m/s^2$，异常（正常为 $0m/s^2$），它反馈给变速器控制单元的信息是车辆在坡道上，而实际在水平路面行驶。

电子稳定程序警告灯 K155	ASR/ESP-WL 关闭		3.4
转向角传感器 G85	−31.15°	−1433.6 < = x < = 1433.56°	4.1
横向加速度传感器 G200	0.480068999999999995 m/s²	−321.45 < = x < = 321.44 m/s²	4.2
横摆角速度传感器 G202	0.0°/s	−93.88 < = x < = 93.87°/s	4.3
纵向加速度传感器 G251	1.5568 m/s²	−11.504 < = x < = 12.458 m/s²	4.4
制动器压力传感器 1-G201	−0.25 bar	−327.68 < = x < = 327.67 bar	5.1
转向角传感器 G85 初始化状态	转向角初始化		5.2

图 2-8　故障车数据流

电子稳定程序警告灯 K155	ASR/ESP-WL 关闭		3.4
转向角传感器 G85	0.0°	−1433.6 < = x < = 1433.56°	4.1
横向加速度传感器 G200	0.03924m/s²	−321.45 < = x < = 321.44 m/s²	4.2
横摆角速度传感器 G202	0.43548°/s	−93.88 < = x < = 93.87°/s	4.3
纵向加速度传感器 G251	0.0m/s²	−11.504 < = x < = 12.458m/s²	4.4
制动器压力传感器 1-G201	−0.5bar	−327.68 < = x < = 327.67bar	5.1
转向角传感器 G85 初始化状态	转向角初始化		5.2

图 2-9　正常车数据流

检查该车的驻车制动控制单元 J540，呈水平安装（正常），安装底座也没有变形，可能是纵向加速度传感器失常，灵敏度不够。由于纵向加速度传感器集成在驻车制动控制单元内，只能更换驻车制动控制单元总成，重新进行匹配后，该车故障被彻底排除。

更换 J540 后，还需要进入 03-11-40168-04-60，对横向加速度传感器进行设定，进入 03-11-40168-04-61，对纵向加速度传感器进行基本设定，进入 03-11-40168-04-66，对制动压力传感器进行设定。然后对 ABS 系统和 EPB 系统进行编码。

分析该车故障形成的机理，纵向加速度传感器的信号通过车载网络传送，控制单元计算出车辆的倾斜角度，供 TCM、EPB、ABS 等使用。TCM 据此识别车辆处于水平还是爬坡，如果坡度较大，上坡时控制在低档位，使发动机在较高转速时升档，以便获得更大的转矩；如果下坡，控制在低档位，以便获得发动机的牵阻制动。判断此类故障的关键是读取路况信息和数据流，如果 004 组 3 区显示 "UP"，表示上坡；读取 005 组 2 区的坡度系数，如果显示为 "0"，表示在水平路面。如果汽车在水平路面行驶而纵向加速度传感器报出坡度，就会出现升档滞后的现象。简便判断方法是：断开驻车制动控制单元 J540 的插头，如果升档时机恢复正常，即可判定纵向加速度传感器失常。

04 斯柯达明锐轿车为何冷车换档抖动？

一辆上汽大众斯柯达明锐轿车，搭载 CLR 1.6L 发动机（大众 EA111）和 KPH 6 速自动变速器，行驶里程大约 12.5 万 km。该车因变速器冷车换档抖动而进厂维修。

等待车辆冷却，然后试车，故障的确如用户所述。

维修人员进行初步检查，发现变速器线束插头有漏油现象，更换变速器线束，故障消失。但是没过几天车辆返厂，用户反映冷车换档时车身抖动更严重，进入 D 位后车辆加速不良，行驶大约 5min 后恢复正常。

连接大众故障诊断仪检测，在变速器控制单元内存储有故障码 "00300，变速器油温传感器 断路/对正极短路"（图 2-10）。怀疑之前更换的变速器线束有问题（油温传感器与变速器线束集成在一起），于是再次更换变速器线束，试车正常后交车。谁知过了一天，用户又返厂，诉说原来的故障再次出现。

进口商：	743				车辆身份识别号：			
经销商：	21714				发动机：			
任务：	—							
控制单元	得分	任务	DISS	产品技术信息（TPI）		检测计划	流程	特殊功能
02 – 变速器电控系统（KWP2000/TP20/09G927750JB/1373/H94）								
事件代码	SAE 代码		事件文字					
00300			变速器油温传感器					
010			断路/对正极短路					
类型/名称			数值					

图 2-10 检测到的故障信息

再连接故障诊断仪检测,发现变速器控制单元还是存储故障码00300。读取数据流,油温传感器G93反馈的温度为-48℃,明显不合理。初步判断故障原因有以下几方面:①油温传感器故障;②油温传感器线路断路;③变速器控制单元J217失常。

为了缩小故障范围,查阅电路图(图2-11),然后断开变速器线束上的T8u插接器,在此插接器的T8u/1端子和T8u/2端子之间连接一个1kΩ的电阻,代替油温传感器,然后读取数据流,显示油温59℃;再连接一个10kΩ的电阻,数据流显示油温为2℃;将T8u插接器装回原位,数据流又显示油温为-49℃。上述试验说明,变速器控制单元是正常的,油温传感器已经更换,应该是线路问题。

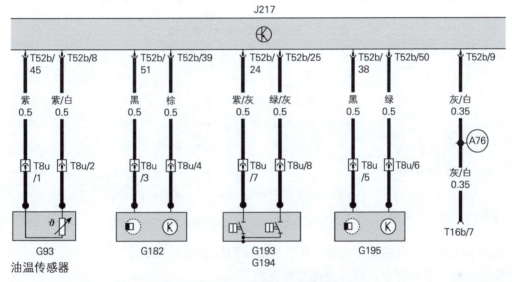

图2-11 KPH变速器油温传感器电路图

拆卸变速器的油底壳和阀体检查,发现油温传感器的线路被阀体夹住了(图2-12),引起电阻值变大,所以油温数据显示为-48℃。

再次更换变速器线束(内含油温传感器),并且按照规范装复,然后试车,故障现象消失。一个星期后回访,用户反映故障已经排除。

本故障的形成机理是:基于自动变速器的控制策略,ATF温度是影响换档品质的重要因素之一;因为该车油温传感器的线束被夹破,造成电阻过大,报出极低的温度信号,干扰了变速器控制单元的工作,所以出现冷车换档抖动的故障。

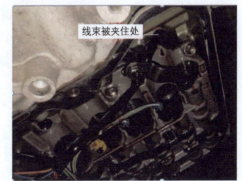

图2-12 油温传感器的线束被夹住

05 怎样检修本田雅阁换档时的顿挫感?

一辆2011款广汽本田雅阁2.4L轿车,搭载BCLA型5速自动变速器,行驶里程约为15万km。客户反映:因变速器换油不及时导致离合片烧损,经大修后出现D位起步加速时有明显的顿挫感。

目测该车变速器的外观，没有破损、漏油现象。试车验证故障，与客户反映的一致，初步判断为低速换档冲击。

检查各电气插头连接，变速器总线束与电控单元的线束连接良好；ATF油量、颜色正常；发动机热车后怠速为840r/min（正常）。进行失速试验，转速为2240～2310r/min，在标准范围内，说明发动机的状况基本正常。

使用本田诊断系统HDS进行变速器扫描，读到故障信息"P0752，换档电磁阀A卡在打开位置"。清除故障码，再试车，故障依旧。

查阅维修资料，该变速器5个电磁阀在各档位的工作情况见表2-1。

表2-1 各换档电磁阀的运行状态表

档　位	电磁阀状态				
	A	B	C	D	E
N位	OFF	ON	ON	OFF	OFF
保持在1档	ON	ON	ON	OFF	OFF
保持在2档	OFF	ON	OFF	ON	OFF
保持在3档	OFF	OFF	ON	ON	OFF
保持在4档	ON	OFF	OFF	OFF	OFF
保持在5档	ON	OFF	ON	ON	OFF

从表2-1看出，电磁阀A能够工作，与故障码信息相互矛盾。

按照维修手册的提示，断开变速器外壳右下方的换档电磁阀线束插接器（图2-13），再拆卸蓄电池支架、变速器上的换档电磁阀盖，拔开电磁阀A的插接器，用万用表测量电磁阀A的电阻值为17Ω，正常（标准值12～25Ω）。将电磁阀A连接蓄电池，进行动作试验，听到清脆的"咔哒"声，说明换档电磁阀A运动自如。

再检查发动机及变速器控制单元（PCM）与电磁阀之间的线路，拔下发动机舱内的PCM插头，然后用万用表电阻档测量PCM插头C1端子和电磁阀A信号线（线束插头中蓝色5号线）之间的

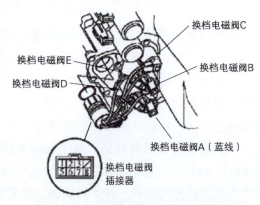

图2-13 5个换档电磁阀的所处位置

电阻值，小于1Ω，与接地的阻值为无穷大。重新装上电磁阀，再测量PCM插头里各端子对地的阻值，显示为15Ω（图2-14）。由此判定，PCM与各换档电磁阀的连接线路正常。

再进行试车，并且启用HDS的动态测试功能，调取"主轴转速""副轴转速"和"换档控制"3个参数，如图2-15所示，图中显示变速器从1档到2档有明显的换档延迟，主轴转速和副轴转速在2档和3档时差距较大，进入4档后趋于同步，由此怀疑电磁阀工作不良，或者油路存在问题。

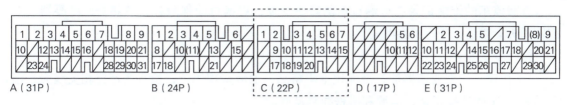

图 2-14 变速器控制单元端子位置图

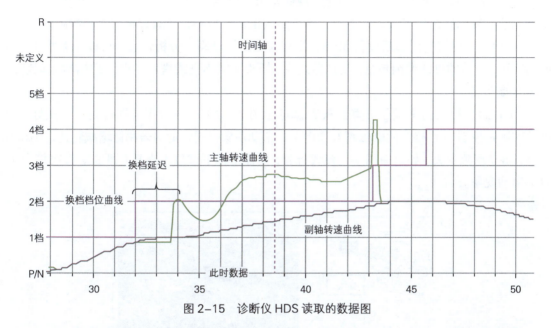

图 2-15 诊断仪 HDS 读取的数据图

在 2 档离合器检查孔连接油压表，测试发现，油压值只有 630kPa，维修手册规定为 840kPa。

接下来拆解变速器，检查换档电磁阀，发现电磁阀 A 上的 O 形密封圈已经老化破损（图 2-16）。更换同型号的新换档电磁阀后，重新试车，故障被彻底排除。

本故障的形成机理是：由于电磁阀 A 的 O 形密封圈损坏，ATF 泄漏，导致 2 档换 3 档时离合器的工作油压异常，从而引起换档顿挫；当 PCM 检测到主轴与副轴的转速相差过大时，就记录故障码 P0752——电磁阀 A 卡滞在打开位置。

图 2-16 电磁阀 A 的 O 形密封圈破损

06 马自达 6 行驶中连续窜动怎样检修？

一辆一汽马自达 6 2.0L 轿车，搭载 5 速手自一体式自动变速器，行驶里程约 6.5 万 km。据客户反映，该车因右前侧碰撞进行过维修，大约 20 天后，以 40~50km/h 车速行驶时车辆连续窜动。

查阅该车的维修记录：车辆右前侧碰撞受损，更换过前保险杠、散热器、冷凝器、右前发动机支撑垫，矫正了右侧前梁。

检修步骤如下：

1）初检。检查变速器油，液面比上限略高，油液呈现黑色；检查变速器相关线束，组合插头与 TCM 连接正常，电源和搭铁线路良好。

2）试车。基本如客户所述，同时发现偶尔没有倒档，但稍等一会儿，车辆窜动一下倒档又有了。故障只在热车状态下出现，冷车路试正常。另外，仪表板没有点亮故障灯。

3）检测。连接专用诊断设备 MDS，没有检测到故障码。分析认为，可以排除发动机方面的问题，故障的可能原因包括：变速器线束、插头接触不良或搭铁不良；变速器内部故障；TCM 控制失常。

4）在组合插头的 F 端子并联二极管试灯（图 2-17），然后用 4 档行驶，当试灯点亮时（实际是控制 TCC 接合的电磁阀 E 通电），窜动现象出现，此时若稍微增减转速，则试灯不亮，窜动现象消失。如果使用手动模式行驶，同样条件下试灯不点亮（即 TCC 没有接合），也无窜动现象。

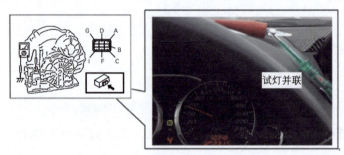

图 2-17　用试灯测试 TCC 的接合点

5）使用 MDS 监测 TCM 和 TSS（涡轮转速传感器）的转速数据（RPM），结果显示：TCM 的转速为 2003r/min，TSS 的转速为 1987.5r/min，两者基本一致（图 2-18）。

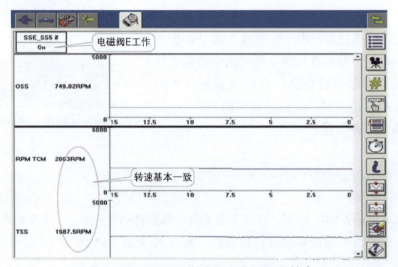

图 2-18　用 MDS 监测 TCM 和 TSS 的转速

当窜动出现时,发现这两个转速相差 360r/min,明显过大(图 2-19),正常车这两个数据的差值在 50r/min 以下。

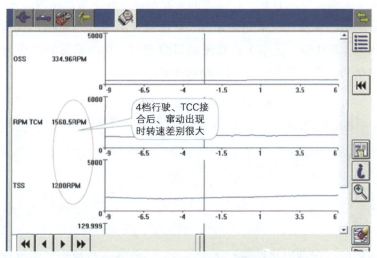

图 2-19 用 MDS 监测 TCM 和 TSS 转速的差异

根据以上检测,判断 TCC 离合器出现了断续接合现象。引起这一现象的原因是:主控阀体故障、TCC 离合器本身失常。

而引起没有倒档的原因是 TCM 故障、主控阀体故障、倒档离合器故障和低速倒档制动器故障。

6)使用 MDS 监测电磁阀 A、B、C 的信号,挂倒档时电磁阀信号都为 0(即倒档 A、B、C 阀失磁)。控制上没有问题,所以排除 TCM 失常的可能;倒档离合器和低速倒档制动器都是机械执行元件,一般不会出现间歇性故障,要么就完全失效。因此,重点检查主控阀体。

7)拆开变速器的油底壳,发现油底壳中有不少金属粉末,说明某个部件异常磨损。进一步检查发现,副阀体处有油水混合物,其他部件表面有锈迹,说明 ATF 中有水分。接下来查找水的来源,终于发现 ATF 散热器有一个渗漏点。

清洗变矩器、变速器和阀体,更换散热器,然后试车,故障被彻底排除。

本故障是由于 ATF 散热器渗漏,防冻液进入变速器油中,对摩擦片等部件产生氧化腐蚀作用,形成了粉末杂质;杂质妨碍电磁阀阀芯的正常动作,同时热车时水分变为蒸汽,气体可以被压缩,导致油液压力传递衰减,使 TCC 离合器出现断续结合,因而导致热车时换档顿挫以及偶尔没有倒档的现象。

07 一汽奔腾变速器换档闯动怎样检修?

一辆奔腾 B70 轿车,搭载 2.0L LF 发动机,FS5A-EL 手自一体式 5 速变速器。用户反映 1 档升 2 档有轻微冲击,急加速时 2 档升 3 档闯动严重,缓慢加速时 2 档升 3 档闯动现象减轻,3 档升 4 档、5 档及高速行驶都正常,AT 故障灯未点亮。

连接 F-ADS 诊断仪检测,未见故障码存储。连接油压表测量管路油压,怠速时为

410kPa（标准值 330～470kPa）；将变速杆置于 R 位，压力表读数为 620kPa（标准值 490～710kPa）；将变速杆置于 D 位，压力表读数为 420kPa（标准值 331～471kPa）。

接下来做失速试验，发现 D 位、R 位时的失速转速处在正常范围内。

再测试管路油压，在发动机最高转速时，D 位的管路油压为 800kPa（低于标准值），R 位的管路油压为 1275kPa（正常）；在发动机怠速时，D 位的管路油压为 400kPa，R 位的管路油压为 600kPa。维修手册规定的管路油压见表 2-2。

表 2-2　维修手册规定的管路油压

档位 / 范围	管路压力 /kPa
D、M 位，怠速（1GR、2GR）	330～470
D、M 位，失速转速（1GR、2GR）	1200～1320
R 位，怠速	490～710
R 位，失速转速	1620～1930

根据管路油压的测试结果进行评估（表 2-3），判断故障根源是前进档离合器液压回路漏油。

表 2-3　管路油压的测试评估

管路油压	可能原因
油压过低（全部档位）	油泵磨损；控制阀或变速器壳漏油；压力调节阀堵塞；减压阀粘住；电磁减压阀粘住
油压过低（只存在于 D 位和 S 位）	前进档离合器液压回路漏油
油压过低（只存在于 L 位和 R 位）	低档和倒档离合器液压回路漏油
油压过低（只存在于 R 位）	倒档离合器液压回路漏油
油压过高（全部档位）	压力控制电磁阀故障

该型变速器的 1、2、3 档共用前进档离合器，如果前进档离合器的油压异常，将引起接合力变化，从而造成 1 档升 2 档、2 档升 3 档冲击。该车 2 档升 3 档转速高而且换档冲击明显，说明升档过迟或执行元件打滑，应当检查液压控制阀体及电磁阀、液压离合器、制动器等执行元件。

于是分解主控制阀体（图 2-20），检查换档阀电磁阀、压力调节阀、换档阀、档位减压阀、变矩器安全阀、手动阀，都未见异常磨损。清洗控制阀体后试车，闯车故障没有改善。找来一个拆车件的控制阀体，安装后试车，故障现象依旧。

再次检查前进档离合器的液压通道。拆下变速器后盖，拆下 2/4 档制动鼓，检查 2/4 档制动带、单向离合器、变矩器单向离合器，没有发现不正常的磨损和

图 2-20　清洗后的控制阀体

烧蚀现象；检查3/4档离合器活塞、离合器片，也未见异常，说明机械零件没有明显磨损。

接着分解前进档离合器，其主动盘、从动盘都正常；检查前进档离合器活塞，无泄压现象。但是当检查油泵壳体上的前进档离合器供油密封环时，发现两道密封环没有了弹性，在环槽中失去密封作用（图2-21）。

更换前进档离合器的两个密封环，装复后试车，2档升3档的冲击现象消失。

本故障的形成机理是：由于前进档离合器的供油密封环失去弹性，导致所控制的油路泄压，从而不能平稳换档，使前进档离合器打滑，接合不平稳，最终造成2档升3档闯动。

图 2-21　前进档离合器密封环失效

08　2013款路虎神行者2为何起步冲击？

一辆2013款路虎神行者2，搭载224DT型2.2L柴油发动机和TF-81型6速自动变速器，行驶里程为92851km。据车主反映，该车在等红灯起步时冲击严重，但起步后行驶、换档正常。另据了解，该车在两年前发生过一次交通事故，期间经过多次维修。

接车后，检查变速器油的油位和油质，都正常。连接诊断仪对全车模块进行扫描，变速器模块内没有故障码，发动机模块和ABS模块内也没有相关的故障信息。

与车主一同试车，发现在热车状态下挂D位和在D位踩制动踏板超过2s后再起步，就会出现起步延时和冲击现象；在手动模式M1状态下的故障现象与D位相同。如果从其他任意档挂到D位，立刻松开制动踏板起步，不会出现冲击。另外，用倒档起步也没有冲击现象。

综合上述故障现象，初步判断是由该车变速器"怠速空档控制功能"异常引起的。怠速空档控制功能是指变速器处于前进档时，踩下制动踏板后车辆静止，系统会自动松开前进档离合器。

对于没有"怠速空档控制功能"的车辆，挂入前进档后，变速器C1离合器接合发动机动力，动力经变矩器、C1离合器传递到车轮，单向离合器F2反向制动行星架，此时车辆进入爬行（缓慢移动）模式。当踩下制动踏板车辆静止时，由于输入轴静止不动，发动机的功率就被变矩器消耗。此时发动机将通过增加喷油量来提高转矩，以维持发动机怠速稳定，同时也牺牲了燃油经济性。而具有怠速空档控制功能的变速器，在此过程中会释放C1离合器，使变速器进入空档，降低液力变矩器和发动机的负荷，这样能提高燃油经济性，同时降低怠速时的车身振动。

车辆上没有操纵此功能的物理按键，该功能是通过TCU软件写入的。部分车辆可以通过刷写软件来关闭这一功能。带自动起停系统的车辆没有此项功能。

该车激活变速器怠速空档控制功能需要具备一定的条件（表2-4），否则该功能会处于关闭状态。

表 2-4 怠速空档控制功能的启用条件

项　目	具体要求
档位	档位开关处在 D 位、制动信号持续
变速器温度	20 ~ 100℃（各厂家规定的范围不一）
当前坡度	车头的坡度不大于 5°
操作模式	正常模式，雪地模式、运动模式下关闭
ECU/TCU	非故障模式下运行

根据原理分析（图 2-22），TCU 控制电磁阀的电流，该电流的大小决定了离合器油压的大小，如果油压过大，离合器的接合速度较快，容易造成起步冲击。

为了验证上述判断，连接诊断仪调取变速器的相关数据，如图 2-23 和图 2-24 所示。当油温超过 88℃时，TCU 的控制电流高达 9.30A，C1 离合器的压力瞬间达到 7.5bar 左右；当油温低于 80℃时，压力电磁阀 F 的控制电流约为 5.90A，C1 离合器压力从 0 缓慢上升到 4bar 左右。挂入 D 位后，TCU 控制电磁阀接通 C1 离合器的油压，实现档位的正常接合。因此，该故障是因为控制油压过大造成的，而油压过大是由于 TCU 给了电磁阀过高的控制电流。

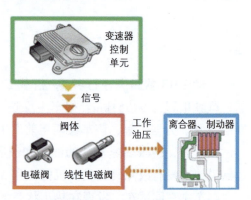

图 2-22　离合器的控制过程

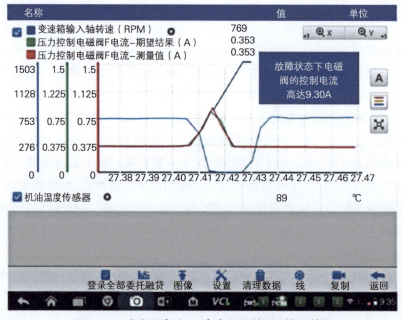

图 2-23　发生故障时 C1 离合器电磁阀的检测数据

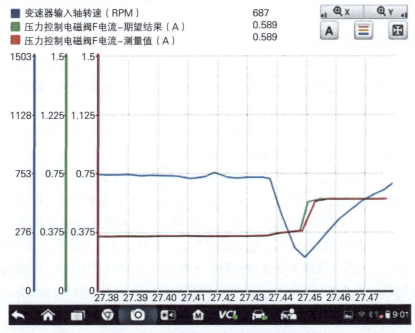

图 2-24 离合器 C1 的正常控制电流

综合以上分析，该车起步冲击的主要原因是变速器控制模块 TCU 失常。在征得车主同意后，订购了变速器控制模块 TCU，装车并编程后试车，在各种温度条件下，压力控制电磁阀 F 的电流始终为 0.5A 左右，C1 离合器油压的数值也恢复正常，至此故障被彻底排除。

09 大众 09M 变速器锁档的根源是什么？

一辆 2012 款上汽大众途观 SUV，搭载 2.0TSI 发动机，匹配 09M 型（与 09G 结构基本一样）6 档自动变速器。用户反映无论换 D 位还是换 R 位，都严重冲击，起步加速无力，同时仪表板上档位显示不正常。

试车验证故障，发现从 P 位换 R 位时冲击严重，由 N 位换入 D 位时也严重冲击；此时仪表板上显示"D5"（有时显示"D3"，即锁档）；起步时车辆在发动机怠速工况下没有爬行过程，必须深踩加速踏板才能行驶；行驶中没有任何换档的感觉。

连接故障诊断仪，对变速器及其他相关电控系统进行检测，结果在变速器电控系统读到故障码"00266，电磁阀 5-N92"（图 2-25）。

故障码提示			
上海大众 V21.66 > 大众通风系统 > 系统选择 > 02 自动变速器系统			
故障码	描述	状态	配件
00266	电磁阀 5-N92		

图 2-25 读取到的故障码

该故障码可以删除，删除后短时间内车辆换档正常，但是5档降4档时略有冲击，行驶1～2km后车辆又不正常了，故障码再次出现。

查阅维修资料得知，电磁阀N92是控制K1离合器的，主要用来实现1～4档的动力传递。在未锁档时，变速器之所以在5档降4档时出现冲击，是因为K1被重新启用。

通过发动机转速和实际车速的对比，可以判断变速器锁定在5档。检测动态数据流，发现电磁阀N92处于未激活状态，相当于变速器控制单元处于不工作状态。

分析认为，换档冲击、加速无力的原因是变速器锁档。车辆锁在5档后，变速器控制单元会中断与5档无关的所有电磁阀的驱动电流。

当出现锁档时，变速器控制单元同时会中断主油压及变矩器锁止离合器（TCC）电磁阀的驱动电流。此时变速器的油压处于最高状态，因此换入D位或R位出现冲击。由于TCC不参与工作，发动机与变速器之间处于液压连接状态，发动机的输出功率无法全部传递至驱动轮上，因此出现发动机转速与实际车速不匹配，而且变速器油容易出现高温。

变速器之所以锁档，是因为变速器控制单元记录了故障码"00266，电磁阀5-N92"。对于09M变速器，所有换档电磁阀都是反比例控制的，变速器控制单元只要记录了任意一个电磁阀的故障码，都会进入锁档模式。

变速器控制单元记录N92故障码的原因有以下几种：
① 电磁阀N92线圈断路或短路。
② 变速器控制单元到电磁阀N92的线路出现断路或短路。
③ 变速器控制单元内部故障。

首先使用万用表对线路及电磁阀进行测量。根据电路图（图2-26），断开变速器控制单元（J217）的T52插头和变速器外侧的T14C线束插头，分别测量T52/42至T14c/3以及

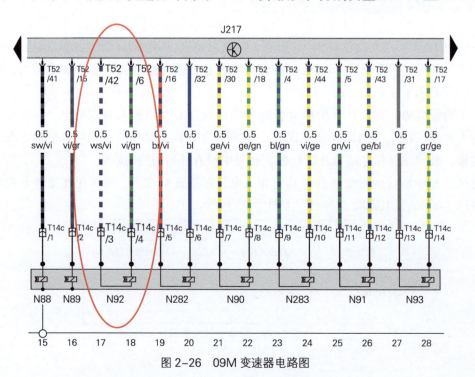

图2-26 09M变速器电路图

T52/6 至 T14c/4 的导通情况。测量结果显示,外围线路导通正常。

拆下变速器油底壳,继续测量从变速器壳体外侧插座到电磁阀的线束,也没有问题。再测量 N92 电磁阀线圈的阻值为 5.5Ω,在正常范围内,并且与其他换档电磁阀的阻值几乎一样。

以上检测结果表明,线路与电磁阀本身没有问题,疑点集中到了变速器控制单元。为了保险起见,先更换一个 N92 电磁阀试试,同时从控制单元的 T52/42 和 T52/6 端子引出 2 根导线到 T14b/3 和 T14b/4 端子,临时代替原来的线路。简单做了屏蔽后再次试车,结果故障依旧,据此确定故障原因就是变速器控制单元损坏。

更换与原车型号一致的变速器控制单元(零件号 09G927750 LC),恢复线路,故障被排除。

需要说明的是,更换新变速器控制单元后,虽然不锁档了,但换档还会有冲击,需要行驶一段时间,做自适应学习。

⑩ 奔驰 S500 轿车锁定在 3 档如何检修?

一辆奔驰 S500 轿车,配置 722.632 型变速器,行驶里程约 18.3 万 km。该车行驶不升档,起步和行驶都锁定在 3 档。

检查变速器油,油位正常,但颜色乌黑,黏度较低,没有焦糊的气味,摩擦片似乎没有烧坏。

连接诊断仪,扫描变速器系统的故障信息,读到两个故障码:"7 部件"Y3/6y2(换档压力控制电磁阀)内部电气检测失败;"103 部件"Y3/6y2(换档压力控制电磁阀)内部电气检测暂时失败。在故障引导程序中,提示测量电磁阀的电阻。

对照线路图(图 2-27),断开变速器的插头,测量电磁阀 Y3/6 的 6 号端子(电磁阀共用电源)和 10 号端子间的电阻值,为 5.9Ω(标准为 4~8Ω),说明换档压力控制电磁阀基本正常。

再测量控制单元(位于发动机舱的右后部)侧电磁阀的电阻,控制单元的 38 号和 37 号端子分别连接变速器插头的 6 号端子和 10 号端子,测量结果也是 5.9Ω,说明从电磁阀到控制单元的线路正常。

线路和电磁阀的电阻都正常,怀疑电磁阀卡滞。于是排放变速器油,拆下阀体,检查电磁阀,结果没有卡滞。

再次连接检测仪,在不起动发动机的情况下读取数据流,数据流中的转速正常,在 R 位时的油温也正常,变速杆在 P、R、N 位时的显示都正常,但在 D 位时档位显示错误。根据该车的控制原理,档位信号来自于换档模块,换档模块与变速器控制单元之间采用 CAN 通信(图 2-28)。

接下来检测换档模块,使档位在 P、R、N、D 和 +、- 之间切换,并且查看数据流,所有显示都正确,据此判断换档模块没问题,于是检查 CAN 通信状况。

连接示波器,分别检测 CAN-H 和 CAN-L 的波形,发现波形对称,幅值相等,正常。

怀疑阀体里面的线路板失常。试着拔掉变速器的插头,断开控制单元与变速器的连接,再读取数据流,档位信号还是错误,并且不再有倒档显示。

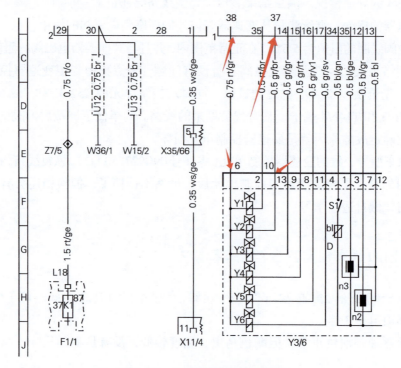

图 2-27 变速器电路图（局部）

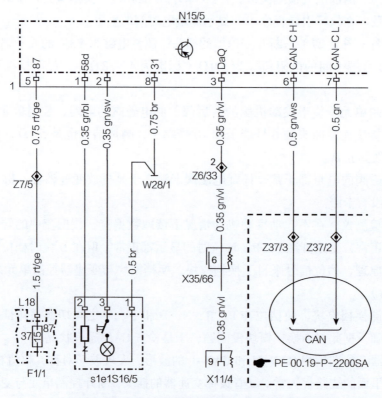

图 2-28 换档模块与变速器控制单元之间的网络连接图

重新连接变速器的插头，此时又报换档压力电磁阀故障，但是上述检测证实压力电磁阀的线路及电磁阀本身是好的。于是连接示波器，检测变速器压力控制电磁阀的控制信号，控制单元37号端子是换档压力控制电磁阀的控制端（38号端子是所有电磁阀的12V电源端）。测量37号端子，发现没有电压（0V）。立刻检查38号电源线，电压也为0V，原来是控制单元没有输出电压。

拆下控制单元的电路板，发现控制单元的一个角已经严重腐蚀，并且有进水的痕迹。

更换新的变速器控制单元，用万用表测量38号端子与搭铁之间有11.2V电压。用示波器检测37号端子（换档压力控制电磁阀）的波形，在发动机怠速换D位时有正常的方波信号，信号幅值约14V。清除之前存储的故障码，然后试车，系统正常，数据流中的档位信号在换到D位时显示当前档位2档（奔驰该款变速器正是2档起步），同时升档、降档平顺，故障被排除。

本故障是由于变速器控制单元损坏，没有给换档压力电磁阀输出电源，也监测不到换档压力电磁阀反馈的电压，因此报出关于换档压力控制电磁阀的故障码，并且进入故障模式——锁档。因为该电磁阀只在D位时才动作，所以在P、R、N位时档位显示正常。

11 奔驰 E300 变速器一直处于 N 位怎样检修？

一辆奔驰E300轿车，底盘号为LE4213148，搭载274型发动机和9速自动变速器，行驶里程约1.1万km，因变速器一直处于N位而要求检修。

接车后验证故障，发动机能够顺利起动。踩下制动踏板，尝试变换档位，将变速杆推入D位或R位，但是立刻跳到N位，此外变速器无法换至P位。

维修人员检查自动变速器油，油质和液位都正常；尝试对自动变速器控制单元进行断电处理及升级，但故障依然存在。

连接故障检测仪，对车辆进行快速测试，在自动变速器控制单元内读到的故障码如图2-29所示。其中，故障码"P07E400"的含义是"未能进入驻车位置"；故障码"P280600"的含义是"驻车止动爪位置传感器未学习"。查看自动变速器控制单元数据流中的实际值，发现档位一直处于N位（图2-30）。分析可能的故障原因是驻车止动爪故障、驻车止动爪位置传感器故障、自动变速器阀体故障。

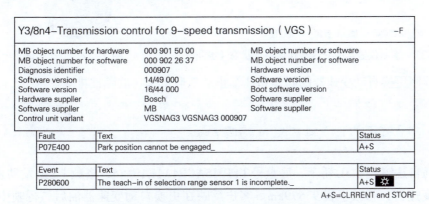

图 2-29 自动变速器控制单元内存储的故障码（截屏）

编号	姓名	实际值	标准值
724	变速箱油温度	53°C	≤ 120
208	变矩器锁止离合器的状态	已打开	
316	选择范围滑阀的位置	P	
375	实际档位	档位N	
941	目标档位	驻车止动爪	
942	发动机转速	704 1/min	
042	涡轮转速	699 1/min	
185	变矩器滑差转速	3 1/min	
541	发动机转矩	0Nm	
311	工作压力	1124mbar	

图 2-30 自动变速器控制单元数据流（截屏）

对故障码执行引导性功能测试，提示需要对驻车止动爪位置传感器进行学习。该车型执行驻车止动爪位置传感器学习的前提条件是发动机怠速运转、制动踏板保持在踩住状态、自动变速器处于 N 位或 P 位。在满足上述条件后，根据系统的提示，点击"继续"，然后执行驻车止动爪位置传感器学习，但是系统提示学习不成功。

根据上述检查结果及功能原理分析，该车驻车止动爪及自动变速器阀体都可能有问题。

再连接故障诊断仪，对自动变速器的阀体进行冲洗。这是该款变速器的一个新功能，可以多次操作油液促动器对所有电磁阀予以冲洗，从而在不拆卸电磁阀的情况下清除细小杂质，预防电磁阀卡滞。开启冲洗功能后，系统依次执行 10 个冲洗过程，故障诊断仪会显示冲洗过程的数量（图 2-31）。但是冲洗完毕后试车，故障依旧。

由于该车处在"三包"期内，为了确保"保修"和排除故障两不误，向厂家寻求技术支持，厂家技术部门建议更换自动变速器阀体和驻车止动爪（图 2-32）。

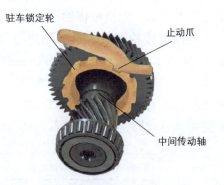

姓名	实际值	标准值
发动机转速	695.00 1/min	≥ 400.00
实际档位	档位N	档位N
冲洗过程状态	允许	
冲洗过程数量	10	

提示
▶ 冲洗过程正在启动，依次执行10个冲洗过程。

图 2-31 诊断仪显示的变速器阀体冲洗状态（截屏）　　图 2-32 驻车止动爪

按照程序更换自动变速器的阀体和驻车止动爪后试车，故障被排除。

12 马自达睿翼不能升入 4 档如何检修？

一辆马自达睿翼 2.5L 轿车，底盘号 LFPM5ACP4A1E10185，搭载 L5 型发动机，5 速手自一体式变速器，行驶里程 93579km。客户反映在更换自动变速器油后，行驶中换档闯车严重,而且不能升入 4 档,组合仪表上 AT 警告灯点亮。

连接故障诊断仪对变速器控制单元进行检测,读到故障码"P0758,换档电磁阀 B 电路故障"。清除故障码后试车,再次出现这一故障码。产生该故障有以下原因:一是换档电磁阀 B 故障;二是换档电磁阀 B 与变速器控制单元 TCM 之间的导线或插接器故障;三是 TCM 故障。

根据维修手册上的检测图(图 2-33),对电磁阀 B 的端子进行测量,发现"C"端子与"GND"之间的电阻接近 0(标准值见表 2-5),怀疑换档电磁阀 B 损坏,需要拆卸变速器油底壳,做进一步检查。

表 2-5 换档电磁阀各端子间的标准电阻值

端 子	电磁阀	电阻值 /Ω
A-GND	换档电磁阀 A	1.0 ~ 4.2
C-GND	换档电磁阀 B	1.0 ~ 4.2
G-GND	换档电磁阀 C	1.0 ~ 4.2
B-GND	换档电磁阀 D	10.9 ~ 26.2
F-GND	换档电磁阀 E	10.9 ~ 26.2
D-I	压力控制阀	2.4 ~ 7.3

注:ATF 温度为 40 ~ 150℃。

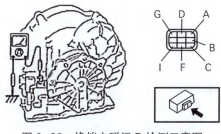

图 2-33 换档电磁阀 B 检测示意图

拆卸变速器油底壳后,发现电磁阀 B 的线束被油底壳内的磁铁挤破,并且贴在阀体上,造成换档电磁阀 B 的控制线束对搭铁短路(图 2-34)。修复线束后,测量电磁阀 B 的电阻为 2.7Ω(标准值 1.0 ~ 4.2Ω),恢复了正常。电磁阀 B 的线束之所以被挤压,很可能是在更换自动变速器油及滤芯后,在安装油底壳时,磁铁没有放到正确的位置上。该型变速器对油底壳磁铁的安装位置有严格的规定,如果位置不正确,容易产生挤碰线束的危害,从而制造人为故障。

图 2-34 故障车上被磁铁挤破的线束

装复变速器油底壳,加注变速器油后试车,读取故障码,依然为 P0758。再次测量电磁阀 B 的电阻,仍为 2.7Ω,属于正常。

考虑到电磁阀 B 的电路造成了人为短路,可能对变速器 TCU 造成了损伤,于是查询维修手册上换档电磁阀的电路图(图 2-35),将变速器控制单元的盖子拆开检查,但是没有发现明显损坏。依据电路图,对照电路板分析,换档电磁阀 B 应该由变速器控制单元内的 MOS 场效应晶体管控制。

拆下电路板上的电阻 R10 测量,其电阻为无穷大(> 50kΩ),说明已经断路(另一电阻 R10 是采样电阻 1W 5%,其阻值为 0.1Ω);拆下 J600 MOS 场效应晶体管,测量其电阻值为 4Ω(图 2-36),正常情况应大于 8MΩ。

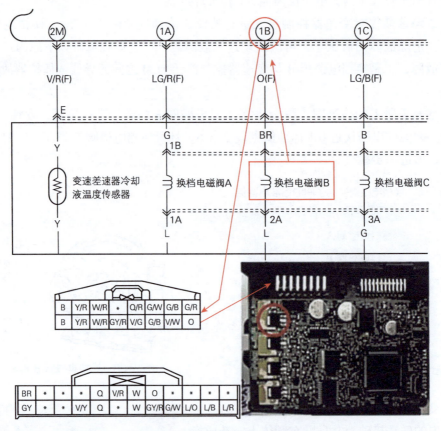

图 2-35 换档电磁阀 B 电路简图

图 2-36 电路板元件测量结果

更换电阻 R10 和 J600MOS 场效应晶体管后,该车故障被彻底排除。

本故障的形成机理是:由于变速器控制单元电路板的电阻 R10 和 J600MOS 场效应晶体

管损坏,导致换档电磁阀 B 无法正常工作,变速器进入故障运行模式,所以不能升入 4 档,并且点亮 AT 警告灯。

13 雪佛兰探界者 GF9 变速器为什么没有倒档?

一辆 2018 款雪佛兰探界者,搭载 2.0T 型发动机、GF9 型自动变速器。车主反映该车在发生倒档冲击后,再也没有倒档了。

接车后连接专用诊断仪,系统内未读到任何故障码。查看数据流,发现很多数据不正常,变速器各档位油压为 2.5 ~ 3.0bar,而且踩加速踏板后油压未见明显上升。在正常情况下,变速器液压系统的油压应为 7bar 左右,踩下加速踏板后油压会上升至 14bar 左右。

该车主要故障是没有倒档,结合数据流异常等情况,初步判断故障点在变速器内部,很可能是机械故障,需要拆解变速器做进一步检查。

GF9 系列是美国通用公司与福特公司联合开发的自动变速器。该系列自动变速器包括 9T45 型、9T50 型、9T60 型和 9T65 型四种型号。发动机为 1.5T 的车型搭载 9T45 型变速器,发动机为 2.0T 的车型搭载 9T50 型变速器。

GF9 系列变速器是在 GF6 系列的基础上开发的,因此其内部结构与 GF6 较为相似。GF9 变速器采用 3 套行星齿轮机构,实现 9 个前进档和一个倒档;由 3 组多片式液压离合器与 3 组多片式液压制动器对档位进行切换;用一个选择式单向离合器(SOWC)对 D 位和 R 位进行选择;选档模式设置为 P-R-N-D 与 M-L 模式。GF9 变速器内部的主体结构如图 2-37 所示。

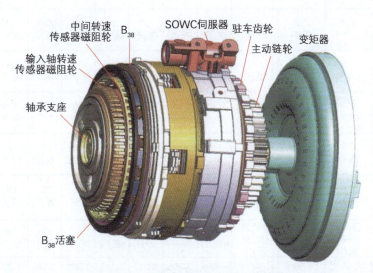

图 2-37　GF9 变速器内部的主体结构

图 2-38 所示为 GF9 变速器对应各档位的离合器工作状态,从中可以看出,与倒档关联的离合器有两个:5-7 档倒档离合器和选择式单向离合器(SOWC)。

图 2-39 是 GF9 变速器对应各档位的电磁阀工作状态,从中可以看出,与倒档相关的电磁阀包括:1-2-3-4-5-6 档换档电磁阀 A(ON)、2-9 档换档电磁阀 B(OFF)、3-8 档

换档电磁阀C(OFF)、4档换档电磁阀D(OFF)、5-7档换档电磁阀E(ON)、1档倒档和6-7-8-9档换档电磁阀F(OFF)以及离合器选择电磁阀(ON)。

档位	驻车档	倒档	空档	前进档								
				1档	2档	3档	4档	5档	6档	7档	8档	9档
1-2-3-4-5-6档离合器	–	–	–	G	接合	接合	接合	接合	–	–	–	–
2-9档离合器	–	–	–	–	接合	–	–	–	–	–	–	接合
3-8档离合器	–	–	–	–	–	接合	–	–	–	–	接合	–
4档离合器	–	–	–	–	–	–	接合	–	–	–	–	–
5-7档倒档离合器	–	G	–	–	–	–	–	接合	–	接合	–	–
6-7-8-9档离合器	–	–	–	–	–	–	–	–	接合	接合	接合	接合
选择式单向离合器(SOWC)	–	保持	O	保持	–	–	–	–	–	–	–	–

O=打开,但不承受负载
G=原地换档,打开并且承受负载

图 2-38 各档位对应的离合器状态

档位	驻车档	倒档	空档	前进档								
				1档	2档	3档	4档	5档	6档	7档	8档	9档
1-2-3-4-5-6档换档电磁阀A指令	On(接通)	On(接通)	On(接通)	Off(断开)	Off(断开)	Off(断开)	Off(断开)	Off(断开)	On(接通)	On(接通)	On(接通)	On(接通)
2-9档换档电磁阀B指令	Off(断开)	Off(断开)	Off(断开)	Off(断开)	On(接通)	Off(断开)	Off(断开)	Off(断开)	Off(断开)	Off(断开)	Off(断开)	On(接通)
3-8档换档电磁阀C指令	Off(断开)	Off(断开)	Off(断开)	Off(断开)	Off(断开)	On(接通)	Off(断开)	Off(断开)	Off(断开)	Off(断开)	On(接通)	Off(断开)
4档换档电磁阀D指令	Off(断开)	Off(断开)	Off(断开)	Off(断开)	Off(断开)	Off(断开)	On(接通)	Off(断开)	Off(断开)	Off(断开)	Off(断开)	Off(断开)
5-7档倒档换档电磁阀E指令	Off(断开)	On(接通)	Off(断开)	Off(断开)	Off(断开)	Off(断开)	Off(断开)	On(接通)	Off(断开)	On(接通)	Off(断开)	Off(断开)
1档倒档和6-7-8-9档换档电磁阀F指令	Off(断开)	Off(断开)	Off(断开)	On(接通)	On(接通)	On(接通)	On(接通)	Off(断开)	On(接通)	Off(断开)	Off(断开)	Off(断开)
离合器选择电磁阀	On/Off(接通/断开)	On(接通)	On/Off(接通/断开)	Off(断开)	Off(断开)	Off(断开)	Off(断开)	Off(断开)	Off(断开)	Off(断开)	Off(断开)	Off(断开)
传动比9T50	–	2.96	–	4.689	3.306	3.012	2.446	1.923	1.446	1.000	0.747	0.617

注:对于换档电磁阀,"On(接通)"=电磁阀通电(有压力),"Off(断开)"=电磁阀断电(无压力)。

图 2-39 各档位对应的换档电磁阀状态及传动比

选择式单向离合器(SOWC)是GF9系列变速器采用的一项新技术,它与倒档相关联。SOWC的总体结构如图2-40所示,1-倒档选择式单向离合器如图2-41所示。

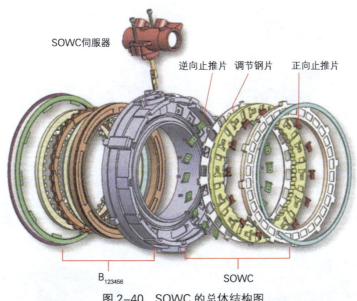

图 2-40 SOWC 的总体结构图

在图 2-41 中，中间内齿为单向离合器，它只能逆时针方向旋转。当伺服器活塞被油压顶起、弹簧被压缩时，SOWC 下方的"T"形钢片旋转，上翘一个角度，SOWC 被双向制动。正向止推"T"形钢片使活动零件只能单向旋转，逆向止推"T"形钢片使活动零件双向制动。

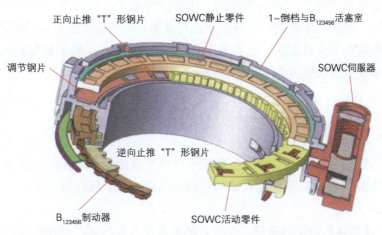

图 2-41 1-倒档选择式单向离合器结构图

单向离合器（SOWC）伺服器的结构如图 2-42 所示。当油液顶压活塞时，弹簧被压缩，SOWC 被双向制动，此时为倒档。

通过对上述结构原理的分析，GF9 变速器没有倒档故障，应重点检查 5-7 档倒档离合器、单向离合器（SOWC）以及与倒档相关联的电磁阀。

对变速器进行解体，发现 5-7 档倒档离合器以及与倒档相关联的电磁阀没有异常之处，但是单向离合器（SOWC）出现了明显损坏（图 2-43、图 2-44）。

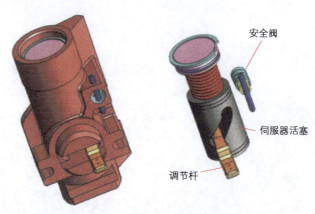

图 2-42　单向离合器（SOWC）伺服器（左为选择式单向离合器液压机构，右为液压机构内部）

图 2-43　SOWC 钢片调节下方壳体破裂

图 2-44　SOWC 背面 B_{123456} 侧活塞缸壳体破裂

该车是在发生倒档冲击后丧失倒档的，因此故障的产生机理是：倒档油压调节失常，冲击单向离合器，使其壳体破裂；于是液压出现泄漏，最终造成没有倒档的故障现象。

按照该型变速器的大修方案，更换单向离合器（SOWC），然后装复并试车，证实倒档已经恢复，该车故障被彻底排除。

14 如何检修 GF6 变速器挂档不蠕动的故障？

一辆通用科鲁兹 1.6L 轿车，搭载 6 速 GF6 自动变速器，行驶里程 51283km。客户反映：发动机怠速时挂 D 位或 R 位车辆没有蠕动功能，但加速起步后行驶正常。

检修步骤如下：

1）检查变速器油的油位和质量，正常，油液里没有发现零件磨损产生的碎屑。

2）试车，车辆可以行驶，换档也未发现异常，但是挂 D 位或 R 位松开制动踏板后，车辆不能蠕动，踩下加速踏板后汽车才能正常行驶。

3）连接专用诊断仪 GDS2 检测，在变速器控制模块（TCM）内没有发现存储任何故障码。

4）断开 TCM 的插头试车，车辆还是行驶不正常，说明故障不在电控系统，而在变速器的机械部件（图 2-45）。

5）分析出现这一故障的可能原因包括：变速器油泵的压力不足；低档和倒档离合器工作异常；阀体内的滑阀卡滞；变矩器故障。

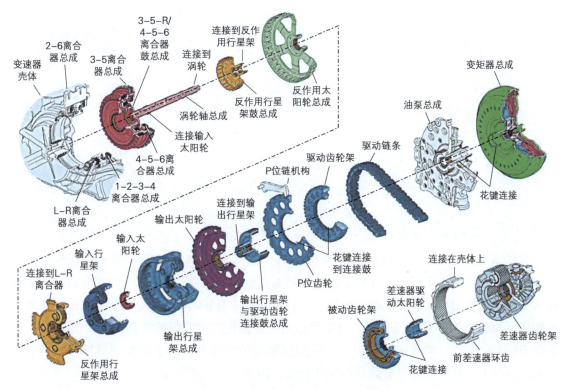

图 2-45　GF6 变速器主要机械部件

6）测量变速器处于 D 位和 R 位时的管路油压，与正常车辆无异。

7）读取数据流，对比故障车变速器的换档数据与正常车辆变速器的换档数据，未发现明显不同。

8）解体变速器检查，发现 2/6 档离合器片烧蚀变形，如图 2-46 所示。

9）检查变速器油泵，检查 2/6 档离合器活塞、卡簧及回位弹簧，都正常。

10）更换 2/6 档离合器片和相关零件，将变速器装配完毕，反复试车，故障被彻底排除。

GF6 自动变速器一共有 5 组离合器：C_{2-6}、C_{3-5-R}、C_{4-5-6}、C_{L-R} 和 $C_{1-2-3-4}$（表 2-6）。

图 2-46　2/6 档离合器片

表 2-6　档位参考表

变速杆位置	档位	C_{4-5-6}	C_{3-5-R}	C_{2-6}	C_{L-R}（OWC）	C_{L-R}	$C_{1-2-3-4}$
P	P					接合	
R	R		接合			接合	
N	N					接合	

变速杆位置	档位	C_{4-5-6}	C_{3-5-R}	C_{2-6}	C_{L-R}（OWC）	C_{L-R}	$C_{1-2-3-4}$
D	1st				执行		接合
	1st				执行	接合	接合
	2nd			接合			接合
	3rd		接合				接合
	4th	接合					接合
	5th	接合	接合				
	6th	接合		接合			

为什么 2/6 档离合器片烧蚀，会造成挂 D 位或 R 位松制动踏板车辆不蠕动呢？因为 C_{2-6} 离合器是固定反作用太阳轮的，当 2/6 档离合器片烧蚀变形后，2/6 档离合器处于半接合状态，使反作用行星齿轮组的太阳轮不能自由转动（有转动阻力）。在 D1 位和 R 位时，反作用行星齿轮组一直参与工作，但是反作用行星齿轮组的太阳轮转动发卡（图 2-47）。在挂 D1 位或 R 位、松开制动踏板、不踩加速踏板的情况下，由于反作用行星齿轮组的太阳轮转动发卡，加上怠速时变速器的油压较低，因此车辆不能蠕动。

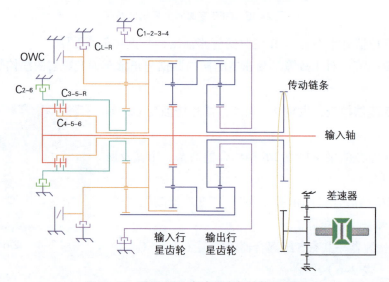

图 2-47 通用 GF6 变速器内部结构示意图

C_{2-6}—固定反作用太阳轮　　C_{3-5-R}—连接反作用太阳轮和输入轴　　C_{4-5-6}—连接输入轴和反作用行星齿轮架
C_{L-R}—固定反作用行星齿轮架　　$C_{1-2-3-4}$—固定输出行星齿轮太阳轮　　OWC—低档/倒档单向离合器
传动链条—连接驱动齿轮架和被驱动齿轮架

15 大众新朗行在 N 位不能起动如何检修？

一辆 2015 款上汽大众新朗行 1.6L 轿车，搭载 CSR 型发动机，匹配 09G 型 6 档自动变速器，行驶里程约 5100km。用户反映该车变速杆处在 N 位时，发动机无法起动。

维修人员接车后，将变速杆移动到 N 位，尝试起动发动机，发现起动机没有任何起动的迹象，确认故障现象与用户描述的一致。再将变速杆移动到 P 位，发动机可以顺利起动。

连接专用诊断仪 ODIS 检测变速器控制单元，没有记录相关故障信息。于是查看电路图，得知该车起动机所需的工作电流由总线端 50 继电器提供，而 50 继电器的电压是由车身控制模块（BCM）的 T73a/55 号端子提供的（图 2-48）。

在正常情况下，当起动发动机时，只要变速杆处在 P 位或 N 位，BCM 就会给 50 继电器的控制线路供电。而 P/N 信号是由多功能开关 F125 的 2 号端子提供的。多功能开关的 2 号端子连接 BCM 的 T73b/55 端子（图 2-49）。

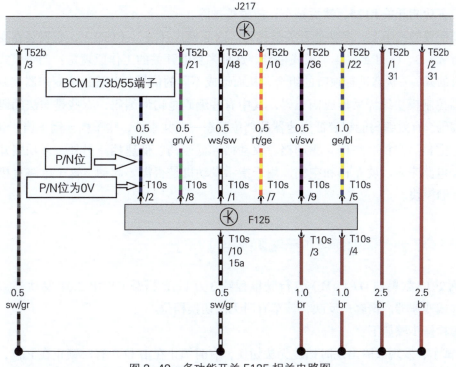

图 2-48　50 供电继电器电路简图

图 2-49　多功能开关 F125 相关电路图

在结构上，变速器多功能开关 F125（图 2-50）通过电缆与变速杆相连接，多功能开关把变速杆的机械运动转换为电信号，并把这些信号传送到变速器控制模块（TCM）J217。

接下来测量当变速杆处于 P/N 位时，多功能开关的 2 号端子与搭铁之间的电压。将变速杆移动到 P 位，测量多功能开关的 2 号端子与搭铁之间的电压，为 0V；再将变速杆移动到 N 位，多功能开关的 2 号端子的电压为 6.72V（图 2-51）。将变速杆分别移动到 R 位、D 位和 S 位，2 号端子的电压也是 6.7V。

063

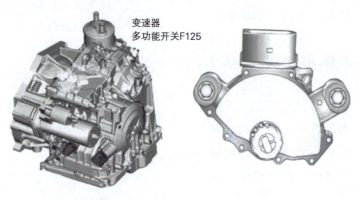

图 2-50　大众汽车变速器的多功能开关 F125

图 2-51　测量变速杆在 N 位时多功能开关 2 号端子的电压

既然变速杆处在 P 位时起动机可以正常运转，说明多功能开关的 2 号端子与搭铁之间的电压为 0V 是正常的，那么变速杆处在 N 位时，多功能开关的 2 号端子与搭铁之间的电压也应该是 0V，而实测为 6.7V，由此推断多功能开关内部出现故障。

更换多功能开关 F125，然后试车，故障被排除。

在高配置的汽车上，多功能开关被称为"内部模式开关"（ISM），它安装在变速器的顶部，有 A、B、C、PA 共 4 个模式信号。这种多功能开关的工作原理是：四个模式的电路通过各自的开/关状态进行独特的组合，从而形成不同的信号，并输送给变速器控制模块，由变速器控制模块编译后形成四位码，其中有些编码是错误编码，有些是非法编码，有些是有效编码。有效编码能够表征变速器的档位状态——驻车档、驻车档－倒车档、倒车档、倒车档－空档、空档、空档－驱动档、驱动档－低速档、低速档。另外，多功能开关还提供另一个电路来表示驻车档和空档，用于指示发动机是否需要起动，这个电路直接连接到发动机控制模块。

16　奥迪 Q7 变速器为何偶尔无法切换档位？

一辆 2017 款奥迪 Q7（4M），行驶里程约 3 万 km，搭载 CYRB 2.0T 发动机，ZF 8AT 手自一体式变速器。据客户反映，该车有时无法切换档位。

故障检修步骤如下：

1）试车，发现故障出现时档位无法切换，有时锁止在 D 位，有时锁止在 P 位，熄火后重新起动车辆，故障会暂时消失。

连接诊断仪 VAS6150B 检测，没有发现故障码存储。

2）根据自学手册的提示，该车换档操纵机构和变速器控制单元（J217）之间的换档数据流向是：信息娱乐 CAN—网关—FlexRay。变速杆控制单元（J587）确定变速杆的位置以及按键信号，并将这些信息传输至变速器控制单元（J217）。J217 触发变速杆锁止电磁阀 N110、选档范围显示 Y5 发光二极管以及驻车锁指示灯 K320，于是换档时相应档位的符号亮起（有短时延迟）。

3）依据故障现象分析，存在以下几种可能原因：

① J587 没有将切换档位的信息传出。
② J587 至 J217 之间信息传输失误。
③ J217 接收到档位切换信息，但是没有发出执行指令。

4）为了检测 J587 的性能，当故障重现时，读取 J587 中的档位数据信息。从档位数据信息分析，J587 要求切换档位的信息已经发出，但是变速器没有执行切换，导致档位一直停留在 P 位。

5）该款变速器有一个应急功能，即当 J587 没有通信时，仪表会提示变速器故障："只有同时操作两个换档拨片时才能实现换档"（图 2-52）。

当故障出现时，同时操作两个换档拨片，使用应急功能换档，故障消失，说明出现故障时 J217 能够接收换档拨片的换档请求，J217 应该是正常的。

6）查阅维修资料得知，该车换档拨片 E479 及 E480 传递信息的路径如图 2-53 所示，与正常情况下的换档信息传送相比，该信息只使用 FlexRay 总线交换数据，而不通过网关 J533 转换。

图 2-52　组合仪表显示的应急操作方法

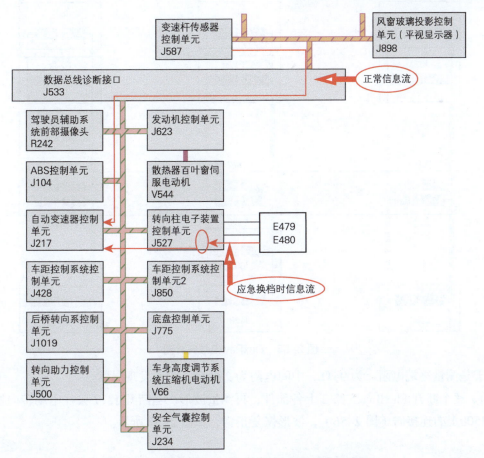

图 2-53　换档拨片 E479 及 E480 传递信息的路径

7）既然 J217 正常，那么故障点应该在 J587 至 J217 之间的线路上。由于信息都是通过总线传递的，于是使用示波器分析 FlexRay 总线的波形，在变速器控制单元 J217 总线端子处测量，发现波形异常，如图 2-54 所示。

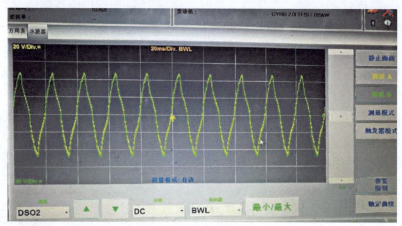

图 2-54　故障波形

8）怀疑 FlexRay 总线的 J217 支路短路。查阅维修手册，得到如图 2-55 所示的拓扑图。

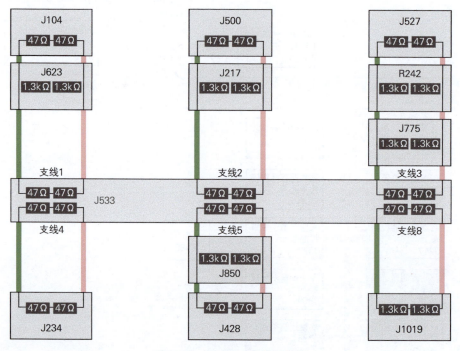

图 2-55　FlexRay 总线拓扑图

于是测量终端电阻，为 94Ω，中间电阻为 2.6kΩ，没有发现异常。

9）逐个断开 FlexRay 支路 2 上各部件，再测量波形。当断开 J217 去往电动转向控制单元（J500）的连接时（图 2-56），波形恢复正常，如图 2-57 所示。

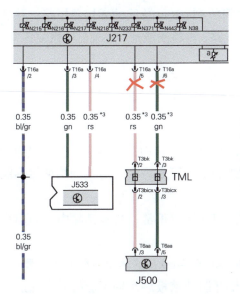

图 2-56 断开 J217 去往 J500 的连接

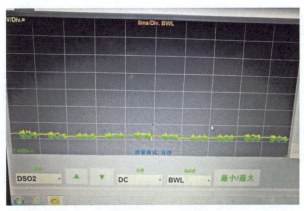

图 2-57 正常波形

10）采用排除法，最终发现故障点是 TML 插接器。断开 J217 和 J500 之间的总线端子，使用万用表测量 FlexRay 总线上的电压，分别为 8V 和 11V 左右，如图 2-58 所示。继续断开 J500 的 15# 端子，供电电压消失。

经过以上检测，确认 FlexRay 总线受到 J500 的 15# 供电线路的电磁干扰。

11）再次与客户沟通，得知该车曾出过事故，导致 TML 插接器损坏，原维修技师未经认真修理，只是在破损的地方打胶了事（图 2-59）。

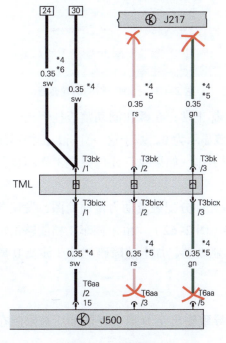

图 2-58 测量电压

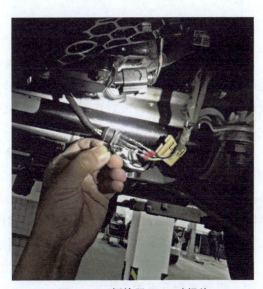

图 2-59 插接器 TML 破损处

12）本故障产生的根本原因，是 J217 至 J500 之间的 FlexRay 总线的插接器短路，并且形成电磁干扰。把插接器上的胶质物清除干净，修复线路，再检测波形，发现已经恢复正常。通过长时间试车，证实故障消失。

⑰ 路虎发现倒档失效怎样检修？

一辆 2013 款路虎发现，搭载 3.0 L 柴油发动机和 8HP70 型自动变速器，行驶里程约为 9 万 km。该车在一家综合汽修厂做了自动变速器常规养护，可是一个月后换倒档突然不能行驶，但是前进档正常。

进行基本检查，变速器油的油量符合标准，颜色和气味也正常，初步排除内部高温烧坏摩擦片的可能。

连接故障诊断仪，读到故障码 P2703-07 和 P0736-64（图 2-60）。这两个故障码可以删除，但是踩制动踏板换倒档，故障码 P2703 就会出现，松开制动踏板后车辆不能行驶，踩加速踏板时发动机只是空转，此时故障码 P0736 也会出现。

删除故障码后试车，挂前进档时变速器输入轴转速（即涡轮转速）信息正常，但挂倒档后输入轴转速没有变化，就像空档一样，仍然自由旋转（图 2-61）。

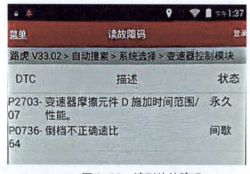
图 2-60 读到的故障码

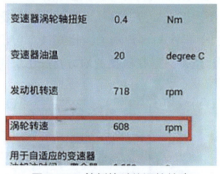
图 2-61 挂倒档时的涡轮转速

在正常情况下，如果参与倒档的所有执行元件都正常，在踩住制动踏板挂倒档时，变速器输入轴就会与输出轴连接，此时输入轴转速应该显示为 0。基于这一分析，倒档不能行驶的原因，是倒档执行元件中至少有一个没有参与工作。如果执行元件只是工作不良，至少在踩加速踏板时车辆应该有移动的感觉。

查找 8HP70 变速器的相关资料，分析换档执行元件分配表及动力传递简图，发现参与倒档的执行元件是 A 制动器、B 制动器和 D 离合器（图 2-62）。由于该车 1 档能够正常起步行驶，而参与 1 档的执行元件也有 A 制动器和 B 制动器，加上故障码 P2703 涉及 D 离合器的内容，因此判断 D 离合器出问题的可能性大。

导致 D 离合器不能正常工作的可能原因如下：

1）控制 D 离合器的电磁阀或滑阀出现卡滞，导致输出至 D 离合器的油压被限制在阀体内，使 D 离合器不能工作。

2)阀体至 D 离合器的油路存在严重泄漏。

3)D 离合器本身失常,活塞泄漏油液,或者摩擦组件的卡簧弹出。

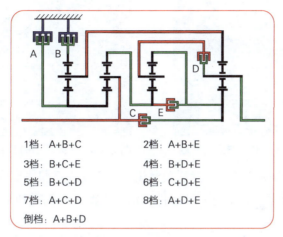

图 2-62 传动简图及换档元件在各档位的参与情况

根据之前检查的 ATF 状态,判断变速器硬件烧损的可能性很小,应该是控制方面的问题,因此暂时不拆卸变速器总成,只是把机电液压控制单元拆下来,寻找故障部位。

在机电液压控制单元上找到换档执行元件供油孔的位置(图 2-63),然后用压缩空气对每一个执行元件做加压试验。当对 A、C、D、E 四个油孔加压时,活塞的动作声音明显,说明其工作良好;B 制动器的工作也是正常的(由于其活塞没有回位弹簧,所以加压后的表现与其他 4 个元件有所不同),上述试验说明变速器的油道没有堵塞。

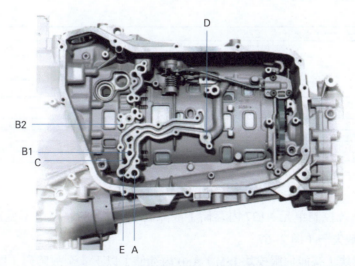

图 2-63 相关换档执行元件供油孔的位置

故障范围缩小到机电液压控制单元上。根据维修资料,找到了控制 D 离合器电磁阀的位置(图 2-64),将其拆下来,准备与其他控制类型一致的电磁阀做对换试验,发现该电磁阀阀孔内的滑阀已经完全卡住(图 2-65)。

图2-64 D离合器控制电磁阀的位置　　　　图2-65 卡死不动的D离合器电磁阀滑阀

仔细清洗阀体（特别是阀孔），然后装复试车，证实故障彻底排除。两个月内多次回访，车辆运行正常，客户很满意，毕竟一个部件也没有更换，问题得到了解决。

18 奔驰C200L轿车为何行驶中不能换档？

一辆奔驰新C200L，搭载274涡轮增压发动机，VIN：LE4WG4CB5GL×××××。该车在行驶中有时不能换档，并且组合仪表报警。

接车后测试车辆性能，正常，组合仪表没有出现客户反映的故障报警。

连接奔驰专用诊断仪对电控系统进行快速诊断，读到以下多个故障码：

1）在电子点火开关N73内存储了故障码"U119887，与智能伺服模块（ISM）的通信存在故障，信息缺失"（图2-66）。

N73-电子点火开关（电子点火开关（EZS））				-i-
梅赛德斯-奔驰硬件号	205 901 01 12	梅赛德斯-奔驰软件号		222 902 60 11
诊断标识	020511	硬件版本		13/29 001
软件状态	15/03 001	引导程序软件版本		14/40 001
硬件供应商	Marquardt	软件供应商		Marquardt
控制单元型号	EIS222_EIS222_0511			
事件	文本			状态
U119887	与智能伺服模块（ISM）的通信存在故障，信息缺失。			S
	姓名		首次出现	最后一次出现
	频率计数器		---	4
	总行驶里程		7968km	8720km
	自上次出现故障以来的点火周期数		---	25

S=已存储

图2-66 故障码1

2）在传动系统控制单元N127内存储了故障码"U010387，与电子变速杆模块的通信存在故障，信息缺失"（图2-67）。

3）在换档模块（智能伺服模块ISM）A80内存储了以下4个故障码（图2-68）：

① P124088，控制器区域网络（CAN）总线存在故障，总线关闭。

② P179A12，直接换档（DIRECT SELECT）备用系统存在故障，对正极短路。

③ U01688F，与电子点火开关的通信存在故障。信号或信息不规则。

④ P179D00，直接换档（DIRECT SELECT）备用系统已激活。

N127-"传动系统"控制单元(PTCU)				–f–
梅赛德斯–奔驰硬件号	000 901 64 02	梅赛德斯–奔驰软件号	000 904 17 00	
梅赛德斯–奔驰软件号	000 902 09 29	梅赛德斯–奔驰软件号	000 903 98 05	
诊断标识	022FIC	硬件版本	12/27 000	
软件状态	12/48 005	软件状态	14/45 003	
软件状态	15/05 020	引导程序软件版本	11/39 005	
硬件供应商	Delphi	软件供应商	Delphi	
软件供应商	Delphi	软件供应商	Delphi	
控制单元型号	CEPC_VC12_2_Star2			

故障	文本			状态
U010387	与电子选档杆模块的通信存在故障,信息缺失。			S
	姓名		首次出现	最后一次出现
			*********Data Record 2*********	---
	*********Data Record*********		---	*********Data Record 3*********
	蓄电池电压		12.0V	12.3V
	内燃机的运行状态		接通	接通
	经过控制器区域网络(CAN)总线的发动机转速		896 1/min	1024 1/min

图 2-67 故障码 2

A80-换档模块(智能伺服模块(ISM))				–f–
梅赛德斯–奔驰硬件号	005 446 19 10	梅赛德斯–奔驰软件号	012 448 61 10	
梅赛德斯–奔驰软件号	012 448 44 10	诊断标识	000004	
硬件版本	11/30 000	软件状态	12/22 000	
软件状态	12/47 000	引导程序软件版本	08/24 000	
硬件供应商	Continental	软件供应商	Continental	
软件供应商	Continental	控制单元型号	DSH222 0004	

故障	文本		状态
P124088	控制器区域网络(CAN)总线存在故障。总线关闭		S
	姓名	首次出现	最后一次出现
	蓄电池电压	14.99V	12.29V
	部件'A80(直接换档(DIRECT SELECT)智能伺服选档模块)'上的温度	56.00℃	65.00℃
	位置A80(直接换档(DIRECT SELECT)智能伺服选档模块)	77.01°	76.92°
	频率计数器	---	22.00
	总行驶里程	5108.00km	8928.00km
	自上次出现故障以来的点火周期数	---	21.00
事件	文本		状态
P179A12	直接换档(DIRECT SELECT)备用系统存在故障。存在对正极短路·		
	姓名	首次出现	最后一次出现
	蓄电池电压	11.99V	13.29V
	部件'A80(直接换档(DIRECT SELECT)智能伺服选档模块)'上的温度	75.00℃	36.00℃
	位置A80(直接换档(DIRECT SELECT)智能伺服选档模块)	77.01°	76.83°
	频率计数器	---	15.00
	总行驶里程	7968.00km	8720.00km
	自上次出现故障以来的点火周期数	---	25.00
U01688F	与电子点火开关的通信存在故障。信号或信息不规则。		S
	姓名	首次出现	最后一次出现
	蓄电池电压	12.29V	12.29V
	部件'A80(直接换档(DIRECT SELECT)智能伺服选档模块)'上的温度	63.00℃	63.00℃
	位置A80(直接换档(DIRECT SELECT)智能伺服选档模块)	53.09°	53.09°
	频率计数器	---	1.00
	总行驶里程	9008.00km	9008.00km
	自上次出现故障以来的点火周期数	---	10.00
P179D00	直接换档(DIRECT SELECT)备用系统已激活		S

图 2-68 故障码 3

4)在 ME 发动机电子设备 N3/10 内存储了故障码"U010387,与电子变速杆模块的通信存在故障"(图 2-69)。

5)在全集成化变速器控制 Y3/8n4(起动离合器油压传感器 VGS)内存储了故障码"P280500,部件 Y3/8n1(选档范围传感器)或 A80 换档模块(直接换档智能伺服模块)的信号不可信"(图 2-70)。

N3/10-内燃机'M274'的发动机电子设备'MED40'（ME（发动机电子设备））				–f–
梅赛德斯–奔驰硬件号	274 901 12 00	梅赛德斯–奔驰软件号	270 004 07 00	
梅赛德斯–奔驰软件号	274 902 67 00	梅赛德斯–奔驰软件号	274 003 44 02	
诊断标识	0239 18	硬件版本	12/12 000	
软件状态	12/11 000	软件状态	14/48 000	
软件状态	14/50 000	引导程序软件版本	12/11 000	
硬件供应商	Bosch	软件供应商	Bosch	
软件供应商	Bosch	软件供应商	Bosch	
控制单元型号	MED10 vc13			
故障	文本			状态
U010387	与电子选档杆模块的通信存在故障。信息缺失。			S
	姓名		首次出现	最后一次出现

图 2-69 故障码 4

Y3/8n4-全集成化变速器控制（起动离合器油压传感器（VGS））				–f–
梅赛德斯–奔驰硬件号	000 901 71 00	梅赛德斯–奔驰软件号	000 000 00 00	
梅赛德斯–奔驰软件号	000 902 11 27	梅赛德斯–奔驰软件号	000 000 00 00	
诊断标识	000806	硬件版本	13/08 001	
软件版本	10/44 001	软件状态	15/20 000	
软件状态	04/82 000	引导程序软件版本	11/10 000	
硬件供应商	Continental	软件供应商	Continental	
软件供应商	MB	软件供应商	MB	
控制单元型号	VGS4NAG2 YGS40 000805h			
故障	文本			状态
P280500	部件'Y3/8n1（选档范围传感器）'和（或）；A80（直接换挡DIRECT SELECT）智能伺服模块）'的信号			S
	姓名		首次出现	最后一次出现
	自动变速箱的机油温度		77.00℃	–50.00℃
	选档杆位置		1'	SWh
	实际档位		Noutral	Noutral
	目标档位		Noutral	Noutral
	涡轮转速		0.001/nin	0.001/nin
	变速箱输出转速		0.001/nin	0.001/nin
	蓄电池电压		11.80V	0.00V
	用于研发部门的故障停顿数期		2B 00 00 00 00 00 00 00	00 00 00 00 00 00 00 00
	频率计数器		---	1
	总行驶里程		9022.00km	0.00km
	自上次出现故障以来的点火周期数		---	39
	点火开关接通后已过去的时间（s）		193.00soc	0.00soc
事件	文本			状态
U010302	与电子选档杆模块的通信存在故障。存在一个一般信号故障。			S

图 2-70 故障码 5

综合分析上述故障码，初步判断是换档模块失常。因为发动机、点火开关、传动系统控制模块都报出与换档模块的通信故障，并且变速器换档模块本身报出几个相关故障码。之所以报通信故障，是因为这些控制模块都需要换档模块的信号。

由于故障是偶发性的，故障出现的频率又很高，于是查看实际值，结果发现"档位选择实际值"中第 2 项不正常——412，功能"换档锁"已激活（图 2-71）。

档位选择 实际值				
编号		姓名	实际值	标准值
007		伺服马达的当前位置	P	
412	ⓘ	功能'换档锁'	已激活	
131		促动马达调节的次数	0	
517		备用系统的激活次数	7	

信息

图 2-71 数据流

图 2-71 中备用系统激活的次数 7 是不正常的，因为备用系统是在车辆缺电或者有紧急情况（变速器出现故障）时才激活。该车的行驶里程才几千千米，缺电的可能性小，那么只能是汽车出现过紧急情况。

进一步询问客户得知，当故障出现且车速慢下来时，变速器自动跳到 P 位。经过试验，当车速低于 8km/h 时车辆会自动跳到 P 位，这进一步说明故障来自于换档模块。

既然接车时测试不到故障现象，只有对照电路图，全面检查换档模块的供电及 CAN 通信情况（图 2-72）。

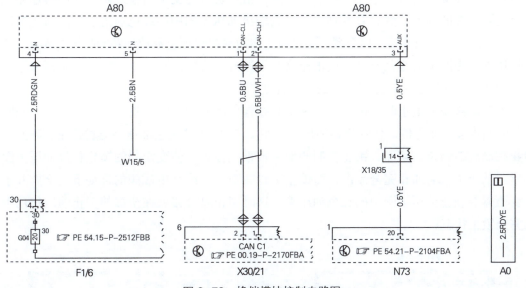

图 2-72　换档模块控制电路图

检查换档模块的供电电压，为 12V；对地电阻为 0.2Ω，都正常。检查换档模块 CAN H 线的信号电压为 2.6V，CAN L 线为 2.4V，数据正常。难道是换档模块内部出现问题？此车为新车，客户投诉压力很大，只好订货换换档模块了。

更换换档模块，然后试车，换档恢复正常。但是没想到交车仅一周，客户又投诉同样的故障。

重新整理诊断思路，思考哪里存在纰漏。再次检查相关线路，检查供电和搭铁，线路未见虚接、腐蚀现象。再检查换档模块 A80 的 CAN 线，终于发现换档模块 CAN 线的插接器虚接，所以故障现象时有时无，很难判断。

试着把换档模块的 CAN 线插头拔掉，模拟故障，组合仪表果然出现了报警。

恢复换档模块的插接器，再一次试车，故障彻底排除，交车。之后回访客户一切正常。

19　本田奥德赛变速器为什么出现过热？

一辆本田奥德赛轿车，搭载 5 档 AT 自动变速器，行驶里程约为 18 万 km。据客户反映，该车变速器换档冲击明显。

维修人员试车后发现，变速器在冷车时换档基本正常，但是热车后出现换档冲击。检查变速器油,油液已经变色。根据以往的维修经验,出现这种现象是变速器过热造成的。

按照此类故障的维修流程,对变矩器进行翻新,更换了加大的油压调节阀柱塞,更换了变速器油散热器。然后进行路试,发现换档冲击现象消失了,但是导致变速器过热的原因是什么呢?

因为散热器是新换的,存在泄漏的可能性较小,所以怀疑进入散热器的油液流量不足。

分析本田奥德赛轿车变速器的油路,它分为锁止油路和散热器油路两部分。

变矩器半锁止时的油路如图2-73所示,变速器控制单元(TCM)增加C线性电磁阀的占空比,以降低锁止滑差率("锁止滑差率"指发动机与变速器输入轴之间的转速差),直至达到理想的程度。然后C线性电磁阀的输出油压(图中的绿色通道)推动锁止控制阀和锁止正时阀,以调节锁止离合器。此时锁止作用油路和锁止释放油路同时被注入油压(锁止作用油压为图中的红色通道,锁止释放油压为图中的紫色通道),TCM动态调节这两个油路的油压,它决定了锁止离合器的锁止程度。

当变矩器完全锁止时,锁止控制阀在C线性电磁阀的推动下进一步向左移动,同时锁止正时阀也被推向左侧,使变矩器的出油(图2-74中的橘黄色油压)通过锁止正时阀流向锁止控制阀的通道被切断,锁止控制阀向左被推到极点,使变矩器的锁止释放油压(图中的紫色油压)从泄油孔完全流出,而锁止正时阀则在C线性电磁阀的推动下完全放开了通往变矩器的锁止油压(图中的红色油压),这时锁止离合器就在全部的锁止油压作用下进入完全锁止状态。

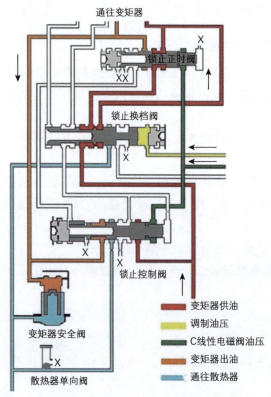

图2-73 变矩器半锁止状态时的油路图

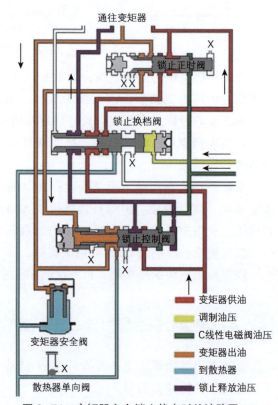

图2-74 变矩器完全锁止状态时的油路图

引起油液流通失常的是图中淡蓝色的散热油路,在半锁止和全锁止状态下,图中橘黄色的变矩器输出油压只要不打开散热器单向阀就会全部转变为散热油压。由于图中橘黄色的变矩器输出油路与锁止正时阀和锁止控制阀的泄油通道靠得很近(X位置),如果阀芯和阀孔之间因磨损而间隙变大,变矩器的输出油液就会从这里泄漏到油底壳去,不能完全进入散热器,从而造成了变速器过热。变速器在冷车时换档正常,热车后出现换档冲击也是这个原因。

于是拆卸阀体,对锁止控制阀的变矩器回油油道进行真空度测试,发现测试气压只能达到 18 kPa(过低)。更换加大的锁止控制阀,再次进行真空度测试,测试气压达到 72kPa。

装复阀体后试车,无论变矩器处于部分锁止还是完全锁止状态,变速器不再过热,说明进入散热器的 ATF 流量比较充足,故障被彻底排除。

20 新蒙迪欧换档旋钮无法转动如何检修?

一辆长安福特新蒙迪欧轿车,搭载 2.0T 发动机和 6F35 型自动变速器,行驶里程约为 1 万 km。用户反映该车的换档旋钮无法转动,而且仪表信息提示"换档系统故障,需要维修"。

维修人员试车确认故障,当故障现象出现后,多次开关点火钥匙,发现故障暂时消失,换档旋钮可以正常工作,但有时不能转动。

该车的旋钮换档系统的工作原理如图 2-75 所示。当驾驶人需要换档时,通过旋转中央扶手箱上的换档控制单元(GSM)旋钮,选择 R、N、D、S 或者 P 位。GSM 旋钮内有霍尔式传感器,该传感器能感应旋钮的位置,即驾驶人操作的档位要求,该信息通过高速局域网络 2(HS2-CAN),经由网关控制单元(GWM),再通过高速局域网络 1(HS1-CAN)发送给动力控制单元(PCM)。PCM 接收来自 GSM 的信息,同时结合车况以确定受控的变速范围,然后通过 HS2-CAN 经由 GWM 向变速器范围控制单元(TRCM)发出指令。

TRCM 通过变速杆拉索将档位移动到指令的位置,PCM 会读取变速器档位传感器(TRS)的信息,并确认已到达正确位置,然后 PCM 发送一条信息至 GSM 和仪表控制单元(IPC),用于显示变速器当前的档位。

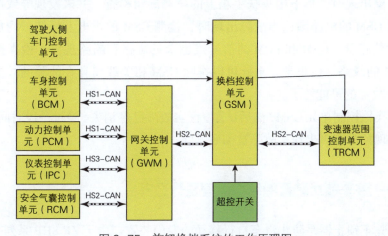

图 2-75 旋钮换档系统的工作原理图

当车辆低速行驶，而且满足以下条件之一时，该车的安全功能将启用，GSM 会自动将变速器切换到 P 位：

① 点火开关已关闭，且车速低于阈值。

② 驾驶人侧车门打开，且未扣上安全带。

③ 在驾驶人侧车门打开时解开了安全带。

连接专用诊断仪（IDS）对车辆进行检测，在换档控制单元（GSM）读到故障码"P0929，齿轮换文件锁定电磁阀电路 A，范围 / 性能"（图 2-76）。查阅维修资料得知，如果 GSM 检测到换档旋钮在自动旋转功能期间没有返回停车位置，就会出现此故障码。造成该故障码的可能原因有：换档旋钮中有异物卡滞，导致其不能返回 P 位；GSM 相关线路故障，如插接器受损、端子脱落、开路，GSM 的电压反馈线上存在高电阻或搭铁连接松动；GSM 本身故障。

选择功能	齿轮换文件模块
合格 –RCM	▶
合格 –RTM	▶
合格 –SCCM	▶
合格 –TRCM	▶ 说明 –P0929
P0929:00–AF–GSM	▶ 齿轮换文件锁定电磁阀电路 A，范围 / 性能
B1189:39 28–PDM	▶ 失效类型 –00
可选安装模块	没有有关次 DTC 额外的失效类型信息
失败 –APIM	▶ 状态 –AF{ 当前 DTC 警告灯亮 }
失败 –C–CM	▶ 当前故障出现，警告灯亮（MIL，扳手，信息中心等）
失败 –DACM–C	▶ 诊断协议 –14229
失败 –DSM	▶ 选择 1 按钮，可获取关于 14229 DTC 结构的更多信息
失败 –DSP	▶
失败 –GPSM	▶
失败 –HCM	▶
失败 –HSWM	▶
失败 –HUD	▶
失败 –RACM	▶

图 2-76　检测到的故障码信息

在故障现象出现时，拆下中央扶手箱上的换档旋钮检查，并未发现导致换档旋钮卡滞的异物。根据 GSM 的电路图，当故障出现时，检测 GSM 的供电及搭铁，均良好。再进行网络测试，通信正常，GSM 和 PCM 的信号线也未见短路和断路现象。检查换档联锁开关及开关至 GSM 的线路，也正常。至此可以排除 GSM 相关线路存在故障的可能性，就剩下 GSM 本身内部故障的可能性了。

更换新的换档控制单元 GSM，然后试车，证实故障已经消失。经过一段时间的跟踪回询，用户反馈故障现象没有再出现，故障被彻底排除。

21 ZF 8HP 驻车锁止装置的结构原理是什么？

变速器的驻车锁止器是防止汽车自行移动的专门装置。由于 ZF 8HP 系列变速器采用了全电子控制，因此该变速器驻车锁的锁止和解锁由电子及液压配合来实现。

ZF 8HP 变速器的电控驻车锁的执行机构与普通带机械拉索变速杆的自动变速器锁止器类似，通过驻车锁棘轮 1 与棘爪 2 啮合来锁死变速器的输出轴（图 2-77），实现车辆的驻车锁止，防止车辆移动。

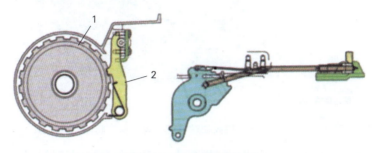

图 2-77　驻车锁机械部分

ZF 8HP 系列变速器电子驻车锁止器的动作——解除 P 位锁及挂入 P 位上锁，由变速器控制模块 TCU 通过回位弹簧、解锁压力电磁阀、解锁保持电磁阀（也称电磁铁）及液压油路配合来控制。换言之，驻车锁棘爪在弹簧力的作用下挂入 P 位，而移出 P 位则是依靠 TCU 控制两个电磁阀，再通过阀体的液压力来驱动连杆解锁并保持解锁状态。阀体中驱动驻车棘轮带动连杆移动的液压柱塞的结构如图 2-78 所示。

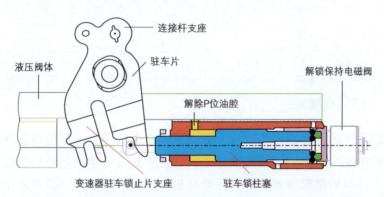

图 2-78　阀体中驱动驻车棘轮带动连杆移动的液压柱塞结构图

变速器控制模块 TCU 通过控制解锁压力电磁阀 MV1，将主油路油压引入解除 P 位的工作油腔，油腔中的油压推动驻车锁柱塞向右移动，同时变速器模块控制解锁保持电磁阀 MV 通电，该电磁阀通电后，其前端的开口销收紧，这样就卡住了驻车锁柱塞左侧的凸台，使得驻车锁柱塞保持在左侧位置，驻车锁止机构也就保持在解锁状态了。解锁保持电磁阀 MV 的实物如图 2-79 所示。

参与驻车锁解锁的两个电磁阀分别安装在阀体的左右两端，如图 2-80 所示。控制驻车锁

图 2-79　解锁保持电磁阀 MV

解除 P 位的压力电磁阀 MV1 安装在阀体的右侧，阀体的左侧（即前端）是解锁保持电磁阀 MV（又称为电磁铁、驻车锁阀、调节阀）。

图 2-80　解锁保持电磁阀和解锁压力电磁阀在阀体上的位置

上述两个电磁阀具有不同的功能，解锁压力电磁阀负责控制解锁油压，解锁保持电磁阀负责控制部件的动作，这两个电磁阀的工作状态与各档位的对应关系见表 2-7。

表 2-7　不同档位时 MV1 电磁阀和 MV 电磁阀的工作状态

档位	解锁油压电磁阀 MV1	解锁保持电磁阀 MV	驻车锁状态
P	断电	断电	上锁
R	通电	通电	解锁
N	通电	通电	解锁
D1	通电	通电	解锁
D2	通电	通电	解锁
D3~D7	通电	通电	解锁
D8	通电	通电	解锁

以上所述的是解除 P 位的工作过程，那么车辆停车以后，由其他档位挂入 P 位时，系统又是如何运作的呢？当变速器控制模块接收到已经挂入 P 位的信号后，就对这两个电磁阀断电，负责卡住保持解锁位置的解锁保持电磁阀 MV 卡销张开，负责解锁的油压电磁阀也断电，驻车锁柱塞在没有卡销以及油压推动的情况下，依靠驻车锁回位弹簧的弹力，将驻车棘爪插入输出轴上的驻车棘轮中，从而实现挂 P 位后的锁止动作。

22 宝马变速杆为什么自动跳入 P 位？

宝马 525LI、530Li、X3 等车型都出现过等红灯时变速杆跳 P 位的情况，其原因是误操作、控制逻辑出错或者变速器内部零件损坏。具体问题如下：

1）临时停车时，驾驶人或车上乘客误碰了 P 位按键。

2）驾驶人侧车门打开了，或者没有关紧。

3）点火装置关闭了，此时发动机关闭，档位会自动从 D 位或 R 位跳到 P 位。点火装置在以下情况下会关闭：①汽车处于联锁状态；②蓄电池即将放完电，为了保证下次可以起动发动机，会自动关闭点火装置；③驾驶人已系上安全带且关闭近光灯，此时打开车门。

4）收音机处于待机状态，此时关闭发动机，档位会自动从 D 位或 R 位跳到 P 位。

5）变速器的控制程序不良。

6）变速器阀体故障。

从上面的分析可以看出，具有自动起停功能的汽车会增加本故障的概率，因为等红灯时自动起停功能启用，发动机会关闭。

一辆宝马 320Li 轿车，搭载 N20 型发动机，ZF 8HP 自动变速器，行驶里程约为 5 万 km。客户反映车辆挂 D 位时，只要前行几米变速杆就自动跳入 P 位，汽车无法正常行驶。

汽车被拖进维修店，试车验证故障，与客户描述的一致。维修人员的第一反应是驾驶人侧车门没有关好，导致跳档，因为该车型以驾驶人侧车门触点信号来识别车门是否关闭。如果车门没有完全关闭，档位会自动切换到 P 位（如果车速大于 15km/h，会自动跳入 N 位），以保障车辆和人员安全。

在试车中还发现，前照灯闪烁，右前 FEM 模块内的继电器发出吸合 / 断开的声音，组合仪表报警，同时限速功能失效。

连接宝马诊断设备 ISTA，读到的故障信息如图 2-81 所示。

执行多个检测计划，发现都是关于发动机方面的检测计划，故障码与跳档现象没有直接的联系，而且故障一直存在，所以需要设法隔离故障。

| CAAC0D CAS/FEM 接口（中控锁和风门状态，0x2FC） |
| 8040BD 总线端 K1.30F 复位或关闭 |
| 1B5202 电源，总线端 K1.15N-1：对地短路 |
| 1B5402 电源，总线端 K1.15N-3：对地短路 |
| 1B5302 电源，总线端 K1.15N-2：对地短路 |
| 030410 多功能转向盘（MFL）LIN 副控制单元缺失 |

图 2-81 故障码截图

为此做了一个试验：驾驶人系上安全带，发现车辆可以正常行驶，不跳档了。找一辆同型号的正常汽车做对比，只要驾驶人系上安全带，不管左前车门已关闭还是没关闭，档位都不会跳入 P 位。据此分析，宝马汽车的该项安全功能的控制策略是：以左前车门的触点信号为准，但是只要驾驶人系上安全带，就改为以安全带系上与否为准。

鉴于该车存在限速功能缺失、前照灯闪烁以及 FEM 模块内继电器发出吸合 / 断开声音等问题，所以查询前部电子模块相关电路图（图 2-82），发现前照灯开关和转向柱开关中心（SZL）都由熔丝 30F（5A）供电。测量前照灯开关和 SZL 的供电继电器，在断开瞬间没有电压。

连接诊断设备进入 FEM，试着开 / 关车门，读取车门触点的信号，能正常显示，但在跳档瞬间车门触点信号显示是关闭的。由此判断 FEM 模块内部失常，无法正确采集左前车门开闭的触点信号，从而导致变速杆跳入 P 位。更换左前 FEM 模块，然后编程，再试车，变速杆自动跳入 P 位的现象消失了。

本案例说明了一个原理：变速杆自动跳入 P 位是 ZF 8HP 变速器的一种故障保护措施，但是产生该故障的具体原因需要认真查明。

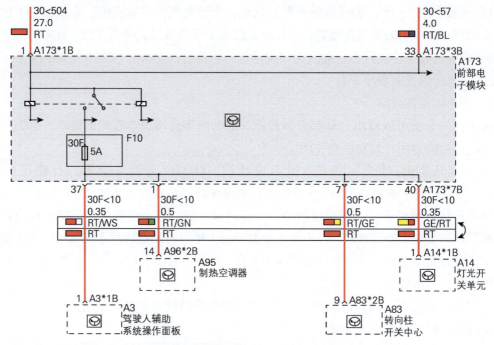

图 2-82　前部电子模块 FEM 电路图

23 宝马报驻车锁止器传感器故障怎样检修？

对于 2009—2016 年生产的部分搭载 6PH-21 型变速器的宝马 7 系（730、740、745、750、760、730Li、740Li 等）F02 车型，连接专用设备检测，可能读到"驻车锁止器传感器导线 L1、L2、L3、L4"的故障信息。

这种故障往往是由于变速器控制单元（TCU）出问题，但是不需要更换 TCU 总成，可以拆下 TCU 的电路板进行修复，价格是更换总成的 1/20～1/10。

1. 故障现象

在行车过程中显示屏提示变速器异常（图 2-83），变速器锁档，有的锁在 P 位，变速杆不能移动，或者退不出前进档；也可能偶发性跳空档、跳 P 位。出现这种现象的一般都是行驶里程 10 万 km 以上的车辆。

图 2-83　仪表盘上的故障提示

2. 故障信息

连接宝马专用设备检测，读到以下故障信息：驻车锁止器传感器导线 L1、L2、L3、L4 损坏；400625，涡轮转速传感器信号低，过小；400626，涡轮转速传感器断路／对地短路或开路。

还可能出现以下故障码：400401，传动比监控 离合器 A 不可信；400431，传动比监控 离合器 D 不可信；400391，传动比监控 换档 3-2 不可信；4004A1，传动比监控 离合器 B-E 不可信；400491，传动比监控 离合器 B-D 不可信；1D3901，EGS 信号分析（涡轮转速）- 无效信号内容；1D3B01，EGS 信号分析（档位信息）- 无效信号内容。

维修实践表明，只要同时报 400625 或 400626 涡轮转速传感器信号的故障码，驻车锁止器传感器导线 L1、L2、L3、L4 的故障都可以维修。

3. 维修措施

1）拆装 TCU 一定不能用蛮力，否则部件可能被拆坏。

2）如果 TCU 已经装配到汽车上，并且做了匹配，这个 TCU 就不能放在第二辆汽车上使用。所以 TCU 只能修理一次，如果操作失误，电路板就要报废。

3）在电路板上，钽电容器（图 2-84）旁边有很多细小的金色导线，不小心容易碰断。钽电容器负责滤波，减小电路中因电压波动对整个电路造成不良影响，而电压过高会使钽电容器损坏（电容器上印有耐压值）。更换变速器 TCU 的钽电容器时，只要滤波数据符合就行。

4）找到电路板内部脱焊的地方，然后重新焊接。最好使用进口的德国 ZF 公司生产的焊接材料，成分相同，能更好地粘合，不容易脱焊（图 2-85）。

图 2-84　夹子夹住的是钽电容器

图 2-85　驻车锁止传感器 4 根导线连接的位置（中间圆圈内）

5）尽量使用专用工具（图 2-86）。

6）宝马 7 系 6PH-21 型变速器有两款 TCU，一款是大陆（Continental），2009 年开始装配使用，可以维修；另一款是博世（BOSCH），只能更换，不能维修。

图 2-86　维修宝马 TCU 的专用工具

24 雪地模式灯和运动模式灯为何交替闪烁？

有的标致雪铁龙轿车在早晨冷车刚上路时，AL4 型自动变速器 2 档升 3 档时车辆会突然振动一下，雪地模式灯和运动模式灯（图 2-87）就交替闪烁。此时自动变速器被降级至安全模式（锁定在 3 档），并将主油路压力调到最大，打开闭环控制以应急。读取故障码，大多数为油压方面的问题。

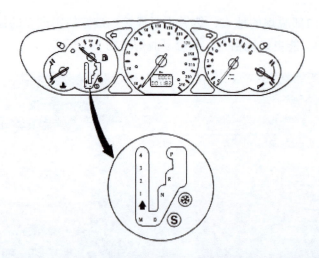

图 2-87　标致 307 轿车组合仪表的雪地模式灯和运动模式灯

维修这种故障，不必更换昂贵的阀体总成，只需要更换油压调节电磁阀或者密封圈。一般同时更换油压调节电磁阀和变矩器锁止电磁阀。

一辆东风雪铁龙凯旋轿车，行驶里程约 8.3 万 km，搭载 AL4 型自动变速器。用户反映：该车仪表板上雪地模式灯和运动模式灯交替闪烁，起步缓慢，加速无力，最高车速低于正常值。

1. 故障原因

产生这种故障的原因大致有以下几方面：

1）ATF过热或者很久未更换，油液氧化。

2）变速器控制单元的版本不正确；变速器控制单元与组合仪表之间通信中断。

3）变速器控制单元供电不足，控制单元本身失常，换档电磁阀（EVS1～EVS6）、主油压调节电磁阀（EVMPL）、变矩器锁止电磁阀（EVMPC）、ATF流量电磁阀（EPDE）、空档开关、输入轴转速传感器、车速传感器、变速器油压传感器、节气门位置传感器或模拟传感器等出现故障。

4）加速踏板未进行初始化，输入轴转速、输出轴转速以及发动机转速等信号异常。

5）漏装油底壳永久磁铁。

2. 维修方法

连接诊断仪检测，该车没有存储故障码。读取数据流，在发动机刚起动时变速器油温超过150℃。用红外线测温仪测量，实际温度不到80℃；检查ATF的颜色，正常；测量油温传感器线路，无异常；测量油温传感器的电阻值，为0Ω。

拆下变速器的油底壳，更换变速器油温度传感器，然后原地怠速运转，雪地模式灯和运动模式指示灯不再闪烁，故障被排除。

在维修实践中，可以分为以下几种情况进行处理：

1）原地怠速时雪地模式灯和运动模式灯交替闪烁，应检查变速器控制单元、线路以及6个换档电磁阀。

2）在行驶中雪地模式和运动模式灯交替闪烁，应重点检查变速器控制单元、线路以及主油压电磁阀、锁止电磁阀和油压传感器。

3）雪地模式灯和运动模式灯同时点亮，但是不闪烁，应重点检查组合仪表及其线路。

25 大众09G变速器数据流的含义是什么？

该型变速器的数据流分析主要针对档位开关、输入轴转速和输出轴转速、油温信号以及各档位电磁阀的工作状态。

显示组001

显示区1：发动机转速，0～7650r/min，"Error"表示出现故障。

显示区2：变速器的输入转速（传感器G182，0～7650r/min）。

显示区3：变速器的输出转速（传感器G195，0～7650r/min）。

显示区4：挂入的档位，"0"表示P位，"R"表示倒档，"N"表示空档，"1H、1M、1S"表示1档，"2H、2M、2S"表示2档，"3H、3M、3S"表示3档，依次类推。"H"表示转矩转换器离合器断开，"M"表示转矩转换器离合器接合，"S"表示转矩转换器离合器滑脱。

显示组 002

显示区 1：变速器的输入转速。

显示区 2：变速器输入转速传感器（G182）的电压，0～5.15 V。

显示区 3：变速器的输出转速。

显示区 4：变速器输出转速传感器（G195）的电压，0～5.15 V。

显示组 003

显示区 1：当前的驱动程序。

显示区 2：加速踏板值（0～100%），已按下降档开关为强制降档。

显示区 3：车速（km/h），由变速器输出转速传感器 G195 的信号确定。

显示区 4：挂入的档位。

显示组 004

显示区 1：变速杆的位置。

显示区 2：加速踏板值。

显示区 3：汽车的行进状态，"UP"表示上坡，"Flat"表示平地，"DW"表示下坡。

显示区 4：挂入的档位。

显示组 005

显示区 1：空。

显示区 2：运动阻力指数，0～100%。

显示区 3：驱动动态代码，0～100%。

显示区 4：加速踏板值。

显示组 006

显示区 1：变速器的机油温度，-55～205℃。

显示区 2：电磁阀 4（N91）的控制电流，0～1000 A。

显示区 3：锁止离合器的状态，"0"表示锁止离合器断开，"1"表示锁止离合器接合，"2"表示锁止离合器滑脱。

显示区 4：锁止离合器滑脱时的转速，-1250～1250r/min。

显示组 007

显示区 1：电磁阀 5（N92）的控制电流，0～2.55 A。

显示区 2：电磁阀 9（N282）的控制电流。

显示区 3：电磁阀 3（N90）的控制电流。

显示区 4：电磁阀 10（N283）的控制电流。

显示组 008

显示区 1：电磁阀 6（N93）的控制电流。

显示区 2：电磁阀 4（N91）的控制电流。

显示区 3：电磁阀 2（N89）与电磁阀 1（N88）的状态，"00000000"表示两者都断开；

"00000001"表示电磁阀 N89 断开，电磁阀 N88 接通；"00000010"表示电磁阀 N89 接通，电磁阀 N88 断开；"00000011"表示两者都接通。

显示区 4：端子电压 15（0～××V）。

显示组 009

显示区 1：制动测试开关与制动灯开关的状态，"00000000"表示两者都关闭；"00000001"表示制动测试开关接通，制动灯开关关闭（只在出现故障时才发生）；"00000010"表示制动测试开关关闭，制动灯开关接通（只在出现故障时才发生）；"00000011"表示两者都接通。

显示区 2：无油信息/降档开关的状态，"00000000"表示无油信息不可用且未按下降档开关，"00000001"表示无油信息不可用且已按下降档开关，"00000010"表示无油信息可用且未按下降档开关，"00000011"表示无油信息可用且按下了降档开关（正常情况下不发生）。

显示区 3：变速杆的位置。

显示区 4：多功能开关 F125 的设置，"1001"表示 P 位，"1010"表示 N 位，"1100"表示 R 位，"1110"表示 D/手动/自动一体换档槽，"1111"表示 S 位。

显示组 010

显示区 1：变速器油温度。

显示区 2：变速器油温传感器的电压，0～5 V。

显示区 3：变速器的状态，"WL"表示预热阶段；无读数，表示正常状态；"Error"表示变速器故障。

显示区 4：端子电压 15。

显示组 011

显示区 1：制动灯开关的状态，"Bls.ON"表示制动灯开关接通，"Bls.OFF"表示制动灯开关关闭。

显示区 2：变速杆锁止电磁阀（N110）的状态，"SL"表示该电磁阀被激活，释放变速杆，"--"表示该电磁阀被屏蔽，锁止变速杆。

显示区 3：车速。

显示区 4：变速杆的位置。

显示组 012

显示区 1：变速杆的位置。

显示区 2：手动电控换档程序开关（F189）的状态，"M"表示手动/自动一体换档槽识别；无读数，表示手动/自动一体式变速器。

显示区 3：挂入的档位。

显示区 4：转矩限制，0～100%。

显示组 013

显示区 1：变速杆的位置。

显示区 2：多功能开关 F125 的设置。

显示区 3：手动电控换档程序开关 F189。

显示区 4：手动电控换档程序开关（F189）/ 转向盘（E389）上的手动电控换档程序。"××××1"表示转向盘上的手动电控换档程序开关，降档；"×××1×"表示转向盘上的手动电控换档程序开关，升档；"××1××"表示手动电控换档程序开关，降档；"×1×××"表示手动电控换档程序开关，识别；"1××××"表示手动电控换档程序开关，升档。

显示组 014

显示区 1：加速踏板值（0～100%）。

显示区 2：空。

显示区 3：无油信息，"00000000"表示开关未按下，"00000001"表示开关已按下（加速踏板值为 0%）。

显示区 4：加速踏板值不正确，"00000000"表示开关未按下，"00000001"表示开关已按下。

显示组 015

显示区 1：转向盘（E389）上手动电控换档程序开关的电压，0～5V。

显示区 2、显示区 3、显示区 4：空。

显示组 080

显示区 1：AN1 ×××/ 日 . 月 . 年 /×××× H×× /001××××，它表示制造商代码 / 制造日期 / 制造商变更情况 / 制造商测试状态号以及制造商的连续编号。

显示组 125

显示区 1：发动机控制单元的检测状态，"发动机 0"表示发动机控制单元未在 CAN 上，"发动机 1"表示发动机控制单元在 CAN 上。

显示区 2：ABS 控制单元的检测状态，"ABS 0"表示 ABS 控制单元未在 CAN 上，"ABS 1"表示 ABS 控制单元在 CAN 上。

显示区 3：仪表板的检测状态，"Combi 0"表示仪表板未在 CAN 上，"Combi 1"表示仪表板在 CAN 上。

显示区 4：四轮驱动控制单元的检测状态，"4WD 0"表示四轮驱动控制单元未在 CAN 上，"4WD 1"表示四轮驱动控制单元在 CAN 上。

26 8HP 变速器自适应功能失效如何处理？

以宝马汽车搭载 ZF8HP 自动变速器（图 2-88）为例，介绍对自适应功能失效的处理方法。

1. 执行 ZF8HP 变速器自适应学习的基本程序

1）驾驶汽车行驶，变速器先后采用 M3、M4、M6、M7、M8 档位，并且让发动机的转速为 1000r/min，缓慢加速至 2000r/min，然后松开加速踏板，使车辆滑行至转速为 1000r/min，再加速，行驶大约 5km。

2）行驶时，变速器用 D1 档位，轻踩加速踏板，使变速器加速至 D8 档位，再轻踩制动踏板，降至 D1 档位（当车速降到 5km/h 以下后，制动一定要轻，以确保能降到 D1 档位），如此重复 10 次。

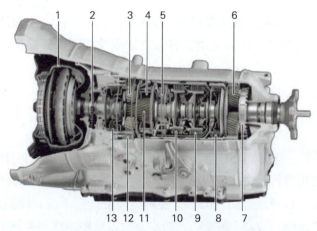

图 2-88 宝马 ZF8HP 自动变速器剖视图

1—液力变矩器 2—油泵驱动链 3—行星齿轮组 1 4—行星齿轮组 2 5—行星齿轮组 3
6—行星齿轮组 4 7—驻车锁 8—多片离合器 D 9—多片式离合器 C 10—多片式离合器 E
11—行星齿轮组 1 和行星齿轮组 2 共用的太阳轮 12—多片式制动器 B 13—多片式制动器 A

以上几个自适应步骤的顺序没有硬性要求，可以根据路况和油温做调整。

在变速器自适应学习全过程中，应当保持变速器油温度为 60～100℃，并且用诊断设备 ISID 监控，如果超过规定的油温，应当等待 ATF 冷却以后再继续。

也可以运行宝马变速器的静态自适应功能（STADA）。

2. 运行变速器静态自适应功能的条件

运行变速器静态自适应功能的条件如下：

1）汽车的行驶里程超过 200km。

2）变速器油温度处在 40～80℃的时长多于 2h。

3）STADA 功能不适用于新变速器，或者刚刚更换的变速器/阀体。

4）STADA 功能适用于软件版本为 J900（I-Level 14-03-430 或更高）的 8HP45 变速器与 N20/N55 发动机匹配的车型，也适用于 8HP70 与 N57/N63T 发动机匹配的车型。STADA 不适用于 8HP45 变速器与 N14/N52T 发动机匹配的车型以及 8HP70 与 N74 发动机匹配的车型。

3. 静态自适应功能不能运行的处理方法

STADA 功能需要依托宝马汽车专用诊断设备 ISTA/D 3.42 及更高版本，这一设备供执行服务时使用。当处理变速器换档质量差，并且需要复位及重新学习变速器调校值的时候，可以在 ISTA/D 中通过相应的模块运行变速器静态自适应功能。

可以通过以下路径运行 STADA 功能：过程→读取车辆数据→车辆处理→服务功能→01 电动机→变速器控制 8HP →匹配→标准调校。

在中文版 ISTA/D 中，对于"变速器静态自适应"的翻译不够准确，当前中文显示为"标准调校"。

也可以利用 Auto H 来激活变速器静态自适应功能。当 Auto H 激活后，检测模块可以识别驻车制动器的状态为被激活，变速器静态自适应功能便可开始运行，并且成功完成自学习。

27 怎样检修变速器插接器虚接的故障？

一辆奥迪 Q5 轿车，搭载 CDNC 型发动机以及 0BK 型变速器，累计行驶里程 6543km。据客户反映，该车在正常行驶中组合仪表偶尔显示"变速器故障，可继续行驶"。

连接故障诊断仪，选择地址码"02"，检测自动变速器系统，读到故障码"P189000：Tiptronic 信号线电气故障，被动/偶发"。初步分析该故障由线路接触不良所引起。根据该车引导性故障测试计划的提示，检查换档控制单元 J587 和变速器控制单元 J217 之间的插头是否存在弯曲、腐蚀、进水和虚接现象。

首先检查变速器控制单元的插接器，发现存在进水现象。为了排查水的来源，检查变速器油冷却控制电磁阀，没有发现漏水，但是看到车辆左前下弯臂处系有一块大红布，怀疑是这块红布不断吸收地面溅起的水分，在行驶过程中甩在线束上，并进入变速器控制单元的插接器。于是吹干该插接器，在征得客户同意后去除左前下方那块红布。但是行驶两天后故障再次出现，故障码仍然是"P189000：Tiptronic 信号电气故障"，而且频率为 10 次。难道又进水了？再次拆下变速器控制单元的插接器，但是没有发现进水。

为了彻底查清变速器控制单元插接器进水的原因，决定检查 J217 至换档控制单元 J587 之间的线路，如图 2-89 所示。

测量从 J217 到 J587 之间两根导线的电阻，都是 2Ω，在正常范围之内。断开 T17d 红色 17 端子插接器（位于排水槽左侧的配电盒内，如图 2-90 所示），检查端子 T17d/10 和端子 T17d/11，都没有退缩现象。试着将维修用端子插在端子孔侧，发现 T17d/11 端子孔没有一点阻滞力，能够来回活动，而其他端子在多次插拔中能感觉到明显的阻力。

事实上，正常的电路插接器的端子和端子孔配合很紧密，在端子孔内有一个压紧片，用来防止插接器出现虚接（图 2-91）。插接器的常见故障形式是插头脏污、端子退缩、插头松动等。检查方法是：在插接器的两端连接一个万用表，然后测量其电阻，如果接触良好，没有开路，万用表的读数大约是 0Ω。

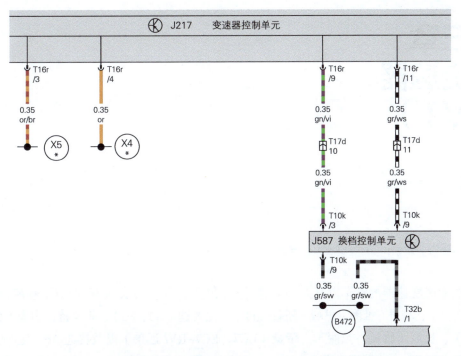

图 2-89 变速器控制单元 J217 相关电路图

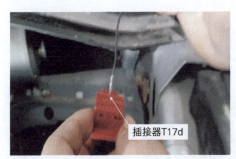

图 2-90 故障点在插接器 T17d

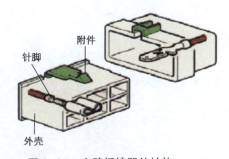

图 2-91 电路插接器的结构

检查插接器 T17d，发现压紧片已经损坏。使用该车型的线束维修工具 VAS1978B，更换损坏的插接器 T17d，然后试插，发现阻滞力明显增加。经过反复试车，确认故障被排除。

本案例说明了一个维修要领：在排除电路虚接故障时，如果测量线束的电阻正常，不要轻率地认定线束没有问题，应该再检查线路中间的插接器，将所有相关端子和端子孔检查一遍，查看端子有无退缩现象，端子孔的压紧片是否完好。只有把基本检查工作都做到位，才能提高偶发性故障的诊断效率。

第三章
无级变速器
（CVT）

01 无级变速器的基本结构是怎样的？

搭载无级变速器的汽车以日系和奥迪居多，包括日产（阳光、天籁、轩逸、逍客、新骐达、奇骏、楼兰）、本田（雅阁、思域、新款飞度）、比亚迪（G3、F6）、菲亚特派力奥（西耶那、周末风）、长城（腾翼、炫丽）、帝豪（EC7、EC7-RV/远景）以及奥迪A6、宝马MINI、雷克萨斯CT200h、奇瑞旗云等。

奥迪无级变速器的基本结构如图3-1所示。

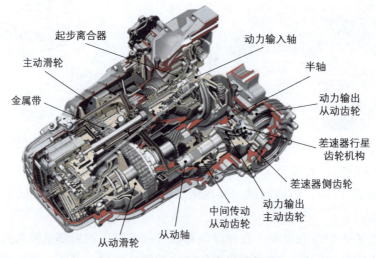

图3-1 奥迪无级变速器的基本结构

目前汽车采用的是摩擦式无级变速器，它又分为金属带式（日系汽车采用较多）和金属链式（奥迪汽车采用较多）两种型式。这两种无级变速器的结构基本相同，其结构框图如图3-2所示。

下面以本田飞度的CVT（图3-3）为例加以说明。该变速器具有4个平行轴：输入轴、主动带轮轴、从动带轮轴以及主传动轴。输入轴和主动带轮轴与发动机曲轴呈直线布置，输入轴由太阳轮、行星轮及行星架等构成；主动带轮轴包括主动带轮以及前进档离合器；

第三章 无级变速器（CVT）

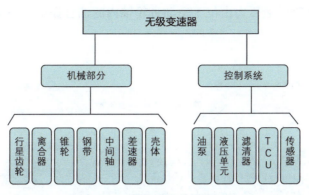

图 3-2 无级变速器的结构框图

从动带轮轴包括从动带轮、起步离合器以及与驻车齿轮一体的中间从动齿轮；主传动轴位于中间主动齿轮与主减速从动带轮之间，主传动轴由主减速主动齿轮和中间从动轴等组成。当前进档离合器和倒档制动器接合后，动力即由主动带轮轴传递至从动带轮轴，从而提供 L、S、D 和 R 等档位。

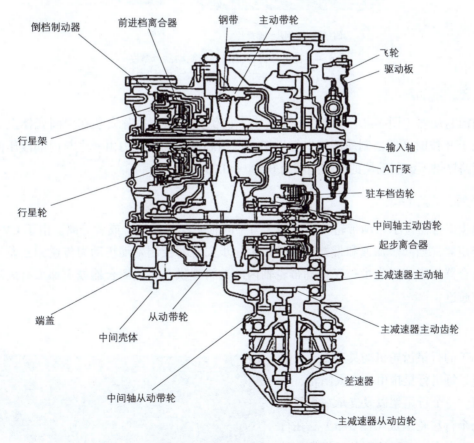

图 3-3 本田飞度的 CVT 结构图

1. 前进档离合器

该型变速器的前进档离合器（图 3-4）与太阳轮啮合或者分离，它位于主动带轮轴的前部。

前进档离合器所需的液压力由位于主动带轮轴内的油管提供,手动阀挂到 D、S、L 位时直接供油。

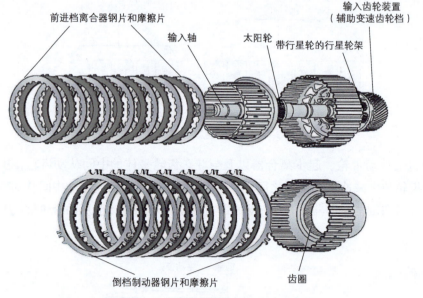

图 3-4 前进档离合器和倒档制动器分解图

2. 倒档制动器

倒档制动器(图 3-4)安装在行星架上,而倒档制动摩擦片安装在中间壳体上。当变速杆处于 R 位时,倒档制动器锁定行星架,倒档制动器的液压力由一个与内部液压回路相连的管路提供。该制动器的标准间隙为 0.50～0.70mm。

3. 起步离合器

起步离合器位于从动带轮轴的后端,与中间轴主动齿轮啮合或者分离。由于 CVT 没有液力变矩器,当起步加速和带档停车时,由起步离合器控制发动机动力传递到主差速器。起步离合器所需液压力由位于主动带轮轴内的油管提供,在该离合器鼓上加工有大流量润滑冷却通道。

4. 行星齿轮机构

CVT 的行星齿轮机构具有 2～3 组行星排,每组行星排由一个太阳轮、一个齿圈、一个行星架以及支承在行星架上的几个行星轮组成(图 3-5)。在行星架上固定有内行星轮和外行星轮,其中外行星轮和齿圈啮合,内行星轮和太阳轮啮合。

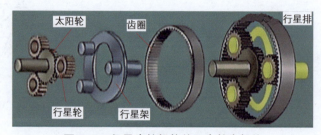

图 3-5 行星齿轮机构的几个基本部件

太阳轮通过花键与输入轴连接，行星架位于输入轴的端部。发动机的动力由太阳轮通过输入轴传递至行星轮，再通过行星架往下输送。

5. 带轮及传动带

每个带轮由一个活动面和一个固定面组成。主动带轮和从动带轮通过钢带（图3-6）连接。

图3-6 钢带安装要使箭头顺着旋转方向

02 "无级"变速的工作原理是什么？

无级变速器（CVT）与其他变速器的主要区别在于，它不采用大小齿轮啮合来改变传动比，而是依靠工作直径可以无级调节的主动轮（即初级轮、主轮）、从动轮（即次级轮、副轮）以及一根金属带（或传动链）来改变传动比。

1. V形带轮传动装置的组成（图3-7）

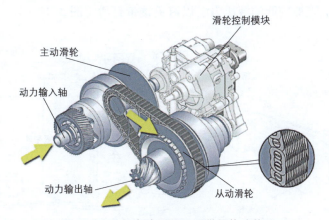

图3-7 无级变速器的V形带轮传动装置

无级变速器的金属带组件由2条柔性钢带支承1组金属块。柔性钢带的宽度约9mm，长度600～760mm，它由10～12层（每层厚度0.2mm）薄钢片叠成，以增加挠曲性，从而形成一个"钢板环"；金属块由280～400片厚度为2mm的小钢片叠成。这一钢带组件的总高度为14.5mm，总宽度为24mm，断面夹角为22°（图3-8和图3-9）。

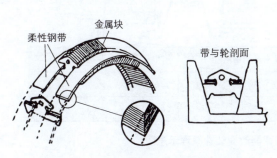

图3-8 无级变速器V形钢带的结构图

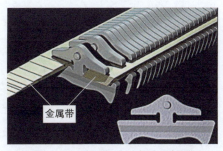

图3-9 展开的无级变速器钢带

CVT 的主动轮组和从动轮组都由可动盘与固定盘组合而成，可动盘和固定盘都是锥形结构。靠近油缸一侧的可动盘能够在轴上滑动，另一侧固定，可动盘在液压推力的作用下接近或者离开固定盘，以此来调节 V 形槽的宽度，进而改变带轮的直径，于是传动比发生相应的变化。

2. 无级变速的基本原理

"无级"变速是指在一定范围内能够连续改变传动比和转速。发动机转矩经过 CVT 的无级调节，能使动力输出与汽车的工况达到最佳匹配。

CVT 变速器通过主动轮和从动轮的可动盘作轴向移动来改变主动轮、从动轮锥面与 V 形传动带配合的工作半径。可动盘的轴向移动是根据驾驶人的需求通过控制系统调节主动轮、从动轮液压泵油缸压力来实现的。因为主动轮和从动轮的工作半径可以连续调节，所以能够实现无级变速。

当需要比较低的传动比时，高的液压力施加在从动带轮的可动盘上，并减小主动带轮的有效直径，此时主动带轮的可动盘上受到较低的液压力，以避免钢带打滑；当需要比较高的传动比时，主动带轮的可动盘上被施加高液压力，并减小从动带轮的有效直径，此时从动带轮的可动盘上施加较低的液压力，以避免钢带打滑（图 3-10）。

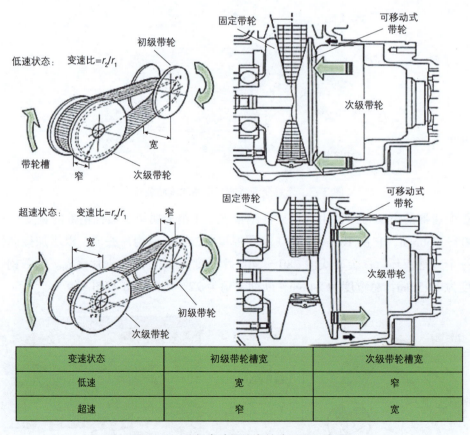

变速状态	初级带轮槽宽	次级带轮槽宽
低速	宽	窄
超速	窄	宽

图 3-10　无级变速器改变转速原理示意图

3. CVT 模拟档位的原理

无级变速器不但实现了连续可变传动比，而且手动换档模式可以模拟出 6 档位、7 档位或者 8 档位。发动机的转矩通过输入轴传递到 CVT 的行星齿轮机构后，变速器输出的转矩有前进和后退两个方向。

CVT 通过制动器固定行星齿轮机构中的某一部件（齿圈、行星架或太阳轮），可以形成若干不同的组合，从而获得若干个档位，其排列组合如下：

① 齿圈固定，太阳轮带动行星架。
② 齿圈固定，行星架带动太阳轮。
③ 行星架固定，太阳轮带动齿圈。
④ 行星架固定，齿圈带动太阳轮。
⑤ 太阳轮固定，行星架带动齿圈。
⑥ 太阳轮固定，齿圈带动行星架。
⑦ 齿圈、行星架、太阳轮都不固定。

假设齿圈与太阳轮的齿数比为 α，根据机械原理，可以得到 7 个不同的档位，见表 3-1。

表 3-1 行星齿轮机构的不同组合及相应的档位

档 位	1	2	3	4	5	6	7
太阳轮	主动	从动	主动	从动	固定	固定	不固定
行星架	从动	主动	固定	固定	主动	从动	不固定
齿 圈	固定	固定	从动	主动	从动	主动	不固定
传动比	$1+\alpha>1$	$1/(1+\alpha)<1$	$-\alpha<0$		$\alpha/(1+\alpha)<1$	$(1+\alpha)/\alpha>1$	
对应档位	低速前进档	高速前进档	倒档	反向增速	高速前进档	低速前进档	空档

03 无级变速器是如何传递转矩的？

无级变速器的带轮装置依靠摩擦力传递动力，传动带与带轮锥面之间摩擦力的产生原理是：在油压的作用下，从动带轮夹紧钢片，钢片被挤向外侧，钢板环被拉紧，并且产生张力；主动带轮一侧的钢片被夹在带轮之间，于是钢带与带轮之间形成摩擦力。也就是说，通过压缩作用传递动力的钢片与为传递动力而产生摩擦力的钢板环分别承担作用，由于钢板环的张力是由整体分散承担的，因此这种摩擦力具有应力变化小、持久性强的特点。

在无级变速器的动力传递过程中，从发动机、飞轮减振器到输入轴以后，动力分成了两路，一路是：输入轴→主动锥轮→钢带→从动锥轮→副轴→差速器→车轮（图 3-11）；另一路是：输入轴→油泵。

以比亚迪 F6 轿车搭载的 VT2 无级变速器为例，其转矩传递路径可以分为以下不同工况。

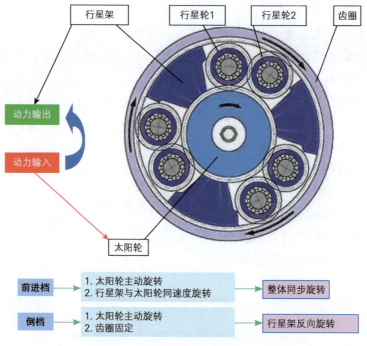

图3-11 CVT前进档和倒档切换示意图

1. N位或P位

当变速杆处于N位或P位时,前进档离合器1和倒档离合器2分离,没有转矩输出,不能使车轮转动(图3-12)。具体状态如下:

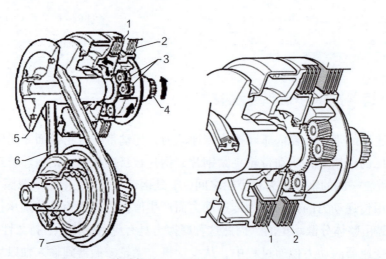

图3-12 变速杆处于N位或P位时的动力传递

1—前进档离合器 2—倒档离合器 3—行星轮 4—输入轴 5—主动锥轮 6—钢带 7—从动锥轮

1)变速器输入轴4与发动机的转速一致。

2)倒档离合器2分离。

3)前进档离合器1分离。

4)行星轮3绕太阳轮空转。

5)太阳轮不动,主动锥轮5、从动锥轮7以及车轮都不转动。

2. 前进档

变速杆置于前进档后,前进档离合器接合,倒档离合器分离,行星架和太阳轮锁住,太阳轮主动旋转,行星架随太阳轮同速旋转,即整体同步旋转(图3-13)。

3. 倒档

当变速杆选定倒档后,各部件的状态如下(图3-14):

1)输入轴4与发动机的转速和旋转方向一致。

2)倒档离合器2结合。

3)前进档离合器1分离。

4)齿圈6通过倒档离合器2与变速器壳体连接,齿圈固定在变速器的壳体上不动。

5)输入轴4直接传动的行星轮3环绕齿圈旋转,由于齿圈不动,从而驱使太阳轮5、主动锥轮10和从动锥轮8朝相反的方向转动。

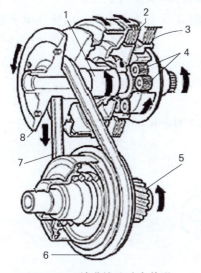

图3-13 前进档的动力传递

1—输入轴 2—前进档离合器 3—倒档离合器
4—行星轮 5—从动锥轮驱动轴 6—从动锥轮
7—钢带 8—主动锥轮

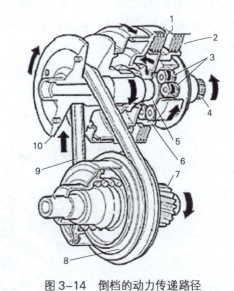

图3-14 倒档的动力传递路径

1—前进档离合器 2—倒档离合器 3—行星轮
4—输入轴 5—太阳轮 6—齿圈 7—从动锥轮驱动轴
8—从动锥轮 9—钢带 10—主动锥轮

04 无级变速器的阀体总成包括哪些部件?

以本田飞度汽车搭载的无级变速器为例,其阀体总成包括主阀体、控制阀体、手动阀体以及变速器油泵体等部件。主阀体用螺栓固定在飞轮壳上,变速器油泵体固定在主阀体上,控制阀体位于变速器壳体的外部,手动阀体用螺栓固定在中间壳体上。

1. 主阀体

主阀体包括PH调节阀、PH控制换档阀、离合器减压阀、换档锁定阀、起步离合器蓄压阀、起步离合器换档阀、起步离合器后备阀以及润滑阀，如图3-15所示。

1）PH调节阀。它用于调节变速器油泵提供的液压，并向液压控制回路及润滑回路提供PH压力。PH压力是由PH调节阀根据PH控制换档阀提供的PH控制压力（PHC）进行调节的。

2）PH控制换档阀。它向PH调节阀提供PH控制压力（PHC），以便根据主动带轮控制压力（DRC）和从动带轮控制压力（DNG）对PH压力进行调节。

3）离合器减压阀。它接收来自PH调节阀的PH压力，对离合器减压压力（CR）进行调节。

4）换档锁定阀。它用于切换油液通道，以便在电路发生故障时将起步离合器的控制由电子控制切换到液压控制。

5）起步离合器蓄压阀。它对提供给起步离合器的液压起稳定作用。

6）起步离合器换档阀。在电子控制系统发生故障时，起步离合器换档阀接收换档锁定压力（SI），并将润滑压力（LUB）旁路转换至起步离合器后备阀。

7）起步离合器后备阀。它提供起步离合器的控制B压力（CCB），以便在电子控制系统发生故障时对起步离合器进行控制。

8）润滑阀。它用于稳定液压回路的润滑油压力。

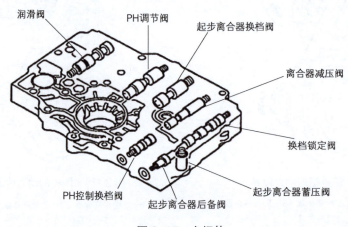

图3-15 主阀体

2. 控制阀体

控制阀体包括主动带轮压力控制阀、从动带轮压力控制阀、起步离合器压力控制阀、主动带轮控制阀以及从动带轮控制阀（图3-16）。

1）主动带轮压力控制阀。它向主动带轮控制阀提供主动带轮的控制油压。

2）从动带轮压力控制阀。它向从动带轮控制阀提供从动带轮的控制油压。

3）起步离合器压力控制阀。它根据节气门的开度调节压力的大小，并向起步离合提供起步离合器油压（SC）。

以上3个控制阀都由线性电磁阀和滑阀组成，并由动力系统控制模块（PCM）控制。

4）主动带轮控制阀。它对主动带轮的油压进行调节，并向主动带轮提供油压。

5）从动带轮控制阀。它对从动带轮的油压进行调节，并向从动带轮提供油压。

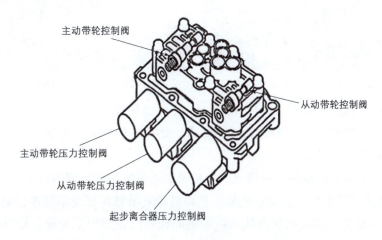

图 3-16　控制阀体

3. 手动阀体

手动阀体包括手动阀和倒档限止阀（图3-17）。

1）手动阀。它根据变速杆的位置，以机械方式开启或封闭油液通道。

2）倒档限止阀。它由倒档限止装置电磁阀提供的倒档锁定压力进行控制。当车辆以10km/h以上的车速向前行驶时，倒档限止阀将截止通向倒档制动器的液压回路。

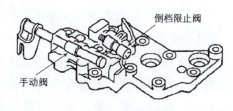

图 3-17　手动阀体

05 奥迪CVT大修一个月后为何链条断裂？

一辆奥迪A6L轿车，搭载2.4L发动机和01T型无级变速器，行驶里程约为15万km。该车变速器在专修厂进行了大修，一个月后出现无法行驶的故障，换档后变速器内发出"哗啦、哗啦"的异常响声。

根据上述故障现象，初步判断变速器内的链条断裂。拆解变速器，发现主动链轮轴在中壳上的定位卡簧已经折断（图3-18）。

图 3-18　折断的定位卡簧

将中壳拆下来,看到链条断裂成许多小块,很少有完整的一段(图 3-19)。同时,链轮表面有不同程度的刮伤(图 3-20)。

图 3-19 断裂的链条小块

图 3-20 链轮表面的擦伤痕迹

CVT 链条的承载能力达到 280N·m 以上,根据链轮表面的伤痕分析,它是在链条没有完全断裂之前(依然在传输动力时)被擦伤的,此时链条与链轮表面异常摩擦,不是 V 形端面与面板之间全面接触式的摩擦过程。

根据 01T 型无级变速器的结构特点,分析导致链条断裂的原因有以下几方面:

1)在传递动力过程中,主动链轮缸、从动链轮缸沿轴向移动不同步,某一个轮缸移动时出现了卡滞,或者主动链轮缸与从动链轮轴的相对位置发生了变化,使链条在传动中产生扭曲,于是承受着额外的侧向推力和阻力。

2)链轮对链条的夹紧力过大,在改变主动轮缸、从动轮缸的有效直径时,形成很大的阻力。

3)链轮轮缸内的油压变化不均匀,频繁出现突变。

4)链条本身质量不佳。

检查液压控制阀体,各滑阀活动自如,没有卡滞和磨损现象,因此可以排除链条接触压力不正常的可能。人为对主动链轮轮缸和从动链轮轮缸进行加压试验,从加压到复位都很顺畅,没有卡滞现象,可以排除链轮本身的问题。根据之前维修单位的介绍,链条的质量可以保证。因此,怀疑主动链轮轴与从动链轮轴之间的相对位置不正常。

在正常情况下,链条的对称中心应该自始至终处在一个平面内,通过滚动摩擦来实现动力传递。如果其中一个链轮轴的轴向间隙过大,将影响链条的承载能力。而造成链轮轴轴向间隙过大的原因之一,就是卡簧损坏。

接下来分析链轮轴卡簧折断的原因,不外乎受力不均匀以及卡簧自身不良。

在结构上,主动链轮轴在中壳上的定位依赖这一卡簧,而该卡簧是卡在链轮轴的环槽内,一般不轻易损坏。仔细观察卡簧的断口及其与卡簧槽的接触痕迹,发现接触面不完整,仅有局部的接触。将断裂的两部分卡簧放在平面玻璃上,发现断口对接不正常,说明卡簧在断裂之前已经变形。由此推断:上次变速器大修时,维修人员在拆卸和组装该卡簧时,可能没有使用专用工具——卡簧钳,造成卡簧变形,于是卡簧在传动过程中因受力不均匀而折断并脱落,造成链轮轴的轴向间隙过大,最终导致链条断裂。

更换定位卡簧和一套链传动装置(含链条),更换内外滤清器,装配变速器后试车,故障被排除,使用 3 个月后车辆一切正常。

06 奥迪 A4L 起步加速无力怎样检修？

一辆 2011 款一汽奥迪 A4L 2.0T 轿车，搭载 CDZ 发动机及 0AW 型无级变速器，行驶里程约为 9 万 km。客户反映该车变速器故障灯点亮，起步加速无力，而且有耸车现象。

连接故障诊断仪检测，在变速器 TCU 读到 3 个故障码：P1741，离合器压力匹配达到极限，主动/静态；P1743，离合器打滑监控信号太高，主动/静态；P1774，离合器温度监控，被动/偶发（图 3-21）。删除故障码后试车，发现前进档怠速没有爬行功能。

故障码
P1741 离合器压力匹配达到极限，主动/静态
P1743 离合器打滑监控信号太高，主动/静态
P1774 离合器温度监控，被动/偶发

图 3-21 检测到的故障码

根据故障码的提示，解体变速器，检查离合器和阀体，没有发现明显的问题，链传动部分正常。问题应该出在液压控制系统。

再次连接诊断仪，检测变速器冷却/安全阀 N88 的起动电流，在倒档时为 595mA（没有波动），而前进档时在 0～605mA 之间波动，如图 3-22 所示。

在倒档		在前进档	
离合器反向匹配，最大转矩	550mA	离合器反向匹配，最大转矩	550mA
离合器前进特性匹配，最大转矩	500mA	离合器前进特性匹配，最大转矩	500mA
离合器起动电流	240mA	离合器起动电流	250mA
冷却/安全阀起动电流	595mA	冷却/安全阀起动电流	0mA

图 3-22 变速器冷却/安全阀 N88 的起动电流数据

更换外部滤清器（图 3-23），然后试车，故障再次重现，而且一旦热车后，即便在不存在故障码的情况下前进档也没有爬行过程，而倒档基本正常。在无奈之下，又更换了控制单元。

更换控制单元后解锁试车，结果故障没有任何改变。于是求助奥迪 4S 店，4S 店技术人员告知：需要升级控制单元的程序，如果无效，更换变速器总成。但是升级控制单元版本后故障依旧。

图 3-23 更换的外部滤清器

找到一辆无故障的奥迪 A4L 车，检测其所有动态数据，然后对比，发现正常车电磁阀 N88 的驱动电流在前进档和倒档虽然也是变化的，但是幅度不大。

从结构原理分析，挂前进档时，如果电磁阀 N88 的驱动电流不停地变化，说明前进档油路的基本预备油压不正常，控制单元认为离合器压力调节电磁阀 N215 的调节能力不够，需要电磁阀 N88 协助。如果离合器的油压过高，N88 的电流变大，起到切断作用，反之如果离合器油压过低，N88 的电流变小，多给离合器提供预充油。根据以上分析，说明前进档的供油油路失常，否则控制单元不会通过电磁阀 N88 去调控。

离合器油压的调控源头是控制单元和阀体，终端是离合器。于是再次分解变速器，从阀体的输出端查起，一直查到离合器的进油处。根据前面的检测，源头和终端都正常，问题应该出在从阀体手动阀的输出端到离合器之间的油路上。

该型变速器从阀体至前进档离合器与阀体至倒档制动器的供油油路是不一样的。倒档油路比较简单，它由一根导油管连接，靠两端的油封实现密封；而前进档油路则相对复杂，先从阀体手动阀输出，经过一个吸气泵，然后进入前进档离合器的导油管，最终才进入前进档离合器活塞处。因此，维修人员重点检查这个吸气泵，终于发现塑料吸气泵上有一个不起眼的小裂痕，如图 3-24 所示。

图 3-24 塑料吸气泵上有不起眼的小裂痕

拆下该吸气泵，将吸气泵一侧堵住，然后放在水中，从另一侧充入压缩空气，看到吸气泵有气泡冒出，证实吸气泵存在裂纹。当油温升高后，该缝隙变大，泄漏量加大，影响到离合器的正常工作，从而导致起步加速无力，热车失常。更换吸气泵后，故障被排除。

07 奥迪 A4L 倒档起步异常如何检修？

一辆 2011 款一汽奥迪 A4L 2.0T 轿车，搭载 CDZ 型发动机、0AW 型 8 速无级变速器，行驶里程 323km。车主反映早上起动车辆时，挂倒档轻踩加速踏板不行驶，重踩时车辆突然向后窜动。

维修人员接车后验证故障，起动发动机，发现该车用前进档起步正常，第一次挂倒档起步时出现冲击，再挂倒档，起步又正常。

连接故障诊断仪，检测相关电子控制单元，没有发现故障码存储。

才行驶 323km 的新车就出现这种现象，怀疑是变速器内部机械系统失常。根据该型变速器的控制原理，分析倒档打滑的原因如下：倒档离合器片卡滞、倒档离合器压力腔压力不足、液压压力传感器 G194 的轴向花键卡滞，引起测量失准，造成传动钢带打滑。

再次试车，挂倒档，松开制动踏板但不踩加速踏板，车辆在原地窜动并伴有"嚓嚓"声；踩下加速踏板，感觉 R 位时离合器突然接合，有明显的冲击感觉。

读取挂倒档时的数据流（图 3-25），第 1 区的转矩传感器压力为 2.9bar，比正常低；第 2 区的离合器压力为 3.3bar；第 3 区是规定的离合器压力，为 2.9bar，说明离合器压力正常。

怀疑挂倒档时转矩传感器的轴向花键卡滞，导致信号失准，或者倒档离合器片卡滞，导致真实的转矩无法传递到转矩传感器。但是，读取的倒档离合器压力与规定值一致，说明倒档离合器压力腔的活塞工作正常。另外，该变速器在 D 位时正常，都说明此猜测不成立。

接下来拆卸并分解变速器，终于发现输入轴倒档齿圈固定卡子脱落（图 3-26），导致倒档离合器片与倒档齿圈异常磨损（图 3-27），最外侧的离合器片脱离齿圈，造成离合器片无法正常接合。重踩加速踏板时压力增加，

名 称	数 值
转矩传感器压力	
tbd	2.9 bar
离合器压力	
tbd	3.3 bar
规定离合器压力	
tbd	2.9 bar

图 3-25 挂倒档时的离合器压力数据
注：1bar=0.1MPa

将脱出的离合器片推回到齿圈，所以车辆可以起步，再挂倒档也起步正常，但是关闭发动机后，故障会重现。

图 3-26　倒档齿圈固定卡子脱落

图 3-27　倒档齿圈异常磨损

至此可以确定故障点是输入轴及倒档离合器片损坏。更换输入轴及倒档离合器片，确认倒档齿圈卡环安装可靠，组装完成后试车，并且用诊断仪匹配，故障被排除。

该案例是 CVT 倒档离合器片损坏，倒档起步开始时打滑，随后冲击接合，但是没有达到变速器控制单元记忆故障码的条件，所以检测不到故障码。

08　怎样排查奥迪轿车 CVT 的异响？

有的奥迪轿车挂档行驶后，从无级变速器处发出"嘎嘎"或者"嗡嗡"的响声，这种声音随着车速的加快而变大。维修实践表明，CVT 的异响大多数来自输入链轮、轴承以及飞轮减振器。

具体来说，变速器挂入 D 位或 R 位行驶时发出"嘎嘎"异响，应当重点检查飞轮减振器，因为飞轮减振器的减振弹簧疲劳、变软会引起这种异响；行驶中发出"嗡嗡"声，而且此声音随着车速的加快而变大，应当检查轴承；如果此声音不随车速的加快而变大，应当检查输入链轮是否磨损。最好借助听诊器，判断异响来自变速器的前部、中部还是后部。如果异响来自变速器的后部，建议重点检查轴承及输入链轮轴；如果异响严重，链轮轴可能已经磨坏。

一辆一汽奥迪 A4L，搭载 2.0T 发动机和 0AW 无级变速器，行驶里程约为 8.4 万 km。客户反映该车在低速起步时有"吱吱"的声音。

维修人员试车，确认"吱吱"响声确实存在。这种响声不像液压系统吸油不足的声音，也不像机械齿轮啮合发出的响声，更不像底盘橡胶件发出的声音，以及车轮轴承和变速器内轴承发出的响声。经过反复路试，发现了以下几个规律：①只要车辆行驶，就有异响；②响声的大小与踩加速踏板的深度有关，加速越急，声音越明显，放松加速踏板后声音明显减轻；③车速超过 60km/h 几乎听不到响声；④原地挂档时没有响声。

检查车轮、轴承和底盘系统，没有发现可疑之处。使用听诊器听诊异响部位，确定异响来自变速器。

于是分解变速器，对所有转动部件（包括轴承、差速器、输入离合器等）进行细致的检查，没有发现明显的磨损,差速器齿轮的啮合及磨损情况也正常。只好把最值得怀疑的半轴轴承、变速器中壳上的几个轴承、从动部分的输出齿轮轴轴承予以更换。然后组装变速器,再试车,结果异响依然存在。

为了甄别响声的来源,反复起步,在低速大转矩下行驶,感觉异响还是从变速器发出来的。但是变速器的半轴轴承、主动轴和从动轴的后端轴承都已更换,难道是主动轴或从动轴的前端轴承引发的声响?

再次抬下变速器,进行分解检查,还是没有找出问题,又把剩下的主动轴和从动轴前端轴承(图3-28)也更换。重新装车后,异响依然存在。

无奈第三次拆解变速器,并重点对前半部分进行检查,终于发现输入离合器上辅助减速齿轮的下面出现了一道裂纹(图3-29)。

图 3-28 主动轴、从动轴前端的两个轴承

图 3-29 辅助减速齿轮下面的长裂纹

更换输入离合器总成,异响故障彻底排除。

另外,搭载 0AW 无级变速器的奥迪 A4 轿车在行驶 8 万 km 以后,在中低速行驶时往往伴随明显的共振响声,这是该车的一个通病,变速器本身没有问题,故障原因是半轴与壳体轴承座的配合间隙过大(图 3-30),使半轴在旋转过程中形成共振现象。配合间隙量越大,共振声越明显。

对于这种故障,4S 店一般采用更换总成的方式解决。也可以采取机加工镶套的方法消除其间隙(图 3-31)。

图 3-30 半轴与壳体配合的轴承座

图 3-31 轴承座镶套

09 奥迪大修后为何前进档和倒档都不能行驶？

一辆奥迪 A6L 轿车，搭载 2.4L 发动机和 01T 链式无级变速器，因大修后前进档和倒档都不能行驶而送修。

据客户反映，变速器大修之前该车能够行驶。查阅维修记录，大修时更换了主动链轮轴总成、从动链轮缸、从动链轮面板、全新链条、再制造阀体、前进档和倒档摩擦片各一套、修理包以及内外滤清器等，链传动部分除链条外均为旧件。

维修人员检查变速器油，没有问题；检查换档拉索、传动半轴，确认正常。

连接诊断仪检测，读到 1 个故障码："P1777，液压压力传感器 2（G194）"。该故障码可以删除，但是只要换到动力档，故障灯就会点亮，又读到故障码 P1777，车辆不能行驶。

读取相关数据流，发现通道 018 数据中接触压力（即链条夹紧力）为 15.40bar（图 3-32），偏大。这一夹紧压力信息是由压力传感器 G194 获得的，它集成在变速器控制单元内。

考虑到变速器大修之前没有这个问题，认为 G194 故障的可能性不大，应该是阀体或液压失常，因为阀体输入链轮缸的主油压就是链条的夹紧压力。因此，尝试更换一块新阀体。可是更换后，夹紧压力变得更大了（图 3-33），说明不是阀体的问题。

菜单	数据流显示	
奥迪 V27.80 > 系统选择 > 02 自动变速器系统		
数据流名称	值	单位
通道	018	
压力	15.40	bar
转矩	15.00	N·m
压力	2.40	bar
电流	0.29	A

图 3-32　链条接触压力信息

菜单	数据流显示	
奥迪 V27.80 > 系统选择 > 02 自动变速器系统		
数据流名称	值	单位
通道	018	
压力	64.40	bar
转矩	15.00	N·m
压力	2.10	bar
电流	0.34	A

图 3-33　更换新阀体后的链条接触压力

既然阀体提供的液压力是正常的，就是变速器控制单元损坏了。尝试更换变速器控制单元，结果故障依旧。

分析认为，还有一种可能性，就是链轮缸内的转矩传感器活塞位置不正确，把通往冷却系统的泄油孔遮挡了，导致 G194 检测到过高的夹紧压力。

再次拆解变速器，检查变速器的中间壳体，发现主动链轮和从动链轮的工作半径不正确（图 3-34）。在正常情况下，主动链轮轮径是最小状态，从动链轮轮径是最大状态，这样可以保持起步档的最大传动比。

图 3-34　主动链轮（左）不在最内侧位置，从动链轮不在最外侧位置

拆下主动链轮轴，发现在自由状态下主动链轮缸的位置不正确（应该处于最小位置）。用手将它按压到最小位置，一松手就反弹回来，而原车的主动链轮轴不是这样。

于是分解主动链轮前面的转矩传感器部分，发现主动链轮的可移动侧有较大空隙（图3-35）。再拆卸原车的主动链轮，并对比两个链轮缸控制接触压力的转矩传感器活塞，发现两者的高度不一样，主动链轮轴上安装的活塞比原车的高一些，因此活塞更靠近链条侧，遮挡了泄油孔（图3-36），导致链轮缸内油压过高。

图3-35 主动链轮可移动侧的空隙大

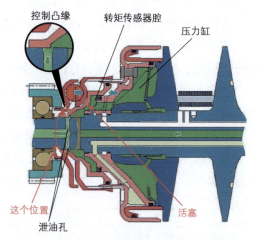
图3-36 主动链轮轴上的活塞遮挡了泄油孔

将原车上的主动链轮轴前端的转矩传感器活塞换上，安装后再次试车，发现压力数据为3.70bar，已经恢复正常，故障彻底排除。

本故障的形成机理是：由于主动链轮缸转矩传感器活塞的位置过高，使阀体给链轮缸充油的时间改变，加上泄油孔被遮挡，使G194检测到链条接触压力过高的信息；TCU据此记录故障码P1777，并启用安全切断功能，最终造成前进档和倒档都不能行驶。

⓾ 什么情况下考虑更换CVT的控制单元？

在通常情况下，不要一开始就怀疑CVT的控制单元损坏。只有同时出现以下情况，才可以考虑变速器控制单元是否失常（以奥迪无级变速器为例）：

1）机械部分正常。例如对变速器进行解体检查，证实变速器油的颜色正常，传动链和链轮的表面没有磨损，齿轮信息正确，其他机械部件从外部看不出异常。

2）存储了故障码。例如一辆奥迪A6L轿车，搭载无级变速器，客户反映：组合仪表档位显示红屏并且频闪，不显示当前的档位，挂前进档或倒档都不行驶，踩下加速踏板车辆突然窜动。进行路试，发现该车间歇性、无规律地出现档位红屏和频闪，刚开始行驶就自动跳到S位。驻车后来回变换几次档位，故障现象可能消失。

连接专用诊断仪VAG5051B检测变速器控制模块（地址码02），读到以下两个故障码：17090，多功能开关F125不可靠信号，P0706-000，间歇；18201，变速器输出转速传感器

2（G196）无信号，P1793 –000，间歇。鉴于报出多功能开关（F125）的故障码，基本判断变速器控制模块（图3-37）失常。

图3-37 奥迪无级变速器的控制模块

又读到故障信息"18173，液压压力传感器3-G194，到达适配极限"，而且故障码无法删除。这一故障码反映了链轮缸内的真实油压高出极限，说明油压调节触及上限（高压），或者触及下限（低压），这个油压是链轮缸内用于夹紧传动链的油压。可以怀疑控制单元不正常。

3）相关数据流异常。例如，连接专用诊断仪，读取TCU第018组的数据，发现不正常（图3-38）。

在图3-38中，4项信息都存在问题。第二行左边是发动机怠速时液压压力传感器G194反馈的链轮缸内的夹紧油压，高达19bar（1.9MPa），如此高的油压很容易造成卡死现象，这是变速器控制单元记录故障码18173的主要原因；第二行右边是变速器控制单元计算的离合器转矩，即使不在动力档，这个转矩计算值也不应该是0N·m，正常值是15N·m；第三行左边是离合器压力传感器G193提供的离合器油压，在发动机怠速时居然达到14bar；第三行右边是变速器控制单元对离合器压力调节电磁阀N215的驱动电流，达到最大极限1.10A，而正常值为0.285～0.310A。

按照闭环控制原理，如果变速器控制单元通过G194获知一个较高的链条夹紧力油压，应该适当降低离合器的油压，才符合控制逻辑（当然不排除这样的可能，就是因为链条夹紧力过大，离合器必须用最大驱动电流才能得到最高油压，从而完成行驶过程）。可是变速器控制单元计算的离合器转矩为0N·m。据此判断，变速器控制单元的驱动指令错误。

再分析第006组的数据（图3-39），离合器压力调节电磁阀N215的驱动电流达到最大值1.10A，如果是这样，换动力档时发动机肯定熄火。但实际情况是，无论换前进档还是倒档，松开制动踏板后车辆会出现一次前进或倒退的动作，然后就不动了。

综合以上分析，判断变速器控制单元J217失常，需要更换新件。

```
        第018组值
019 bar              000N·m
014 bar              01.100A

 □退出  □↑↓

上下键改变组号，退出键返回
```

图3-38 TCU第018组故障数据

图3-39 第006组的数据

11 日产变速器 JF010E 容易出现哪些故障？

1）加速时颤抖和异响。其产生的主要原因是油压异常、油量不足以及轴承磨损。如果变矩器的锁止油路不正常，将导致锁止离合器的接合与释放异常；如果前进档离合器的油压不正常，将导致前进档离合器的接合和分离失常。维修时应当检查主油路油压、锁止释放油压、前进档离合器油压以及主动轮/从动轮的油压。

在温度达到 65℃后，ATF 开始流向散热器，这时油底壳内的液面会显著降低。过低的液面容易造成加速时传动带打滑和异响。

2）挂档时发动机抖动或熄火。需要检查前进档离合器的油压、进入散热器的 ATF 流量以及锁止离合器结合与释放的油压。

这种故障是由于变矩器在不该锁止的时候处于锁止或半锁止状态。变矩器锁止控制的常见原因是 TCC 限压和润滑阀（图 3-40 中的部件 6）磨损。由于该阀磨损，导致提早进入锁止或半锁止状态。除了造成挂档熄火和抖动外，还在需要变矩器锁止时无法锁止，使加速性能变差。

另一个常见失效点是图 3-40 中的阀 4——锁止控制阀。若该阀套的内壁磨损，导致锁止油路泄漏，将降低或完全丧失锁止油压，造成锁止离合器结合与释放的时间失常，进而产生以下现象：挂前进档时冲击，车辆滑行时冲击，在高速行驶时锁止离合器应该起作用而无法锁止，使发动机转速超过正常值。

3）传动带打滑、换档延迟。由于变速器 JF010E 搭配的发动机排量比较大，使油泵输出的油压相对不足，导致传动带带动滑轮的摩擦力减小，最终出现传动带打滑、挂档延迟等现象。故障点往往是油泵的流量控制阀（图 3-41），该阀和阀孔容易磨损，导致油泵压力不足。

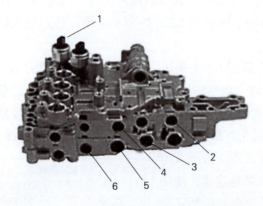

图 3-40　JF010E 无级变速器容易磨损的电磁阀

1—电磁调节阀　2—次滑轮控制阀　3—主油压阀　4—锁止控制阀
5—次级调压阀　6—TCC 限压和润滑阀

图 3-41　变速器 JF010E 油泵的流量控制阀

4）传动带或 V 形滑轮开裂。其主要原因是控制油压过高，造成滑轮和传动带之间压力过大，应当排查什么原因导致控制油压过高。为此，需要仔细检查阀体。在阀体中，主调压阀、从动轮调压阀以及从动轮控制阀对控制油压产生的影响较大。

5）检测到故障码"P0868，次级压力下降"。其含义是：电控单元监测到从动轮油压下降，或主动轮、从动轮的速比与目标值不相符。可能出现故障的部件包括：阀体、从动轮油压电磁阀、从动轮油压传感器、从动轮油路、输出转速传感器和输入转速传感器、变速器电控单元存储器。应当重点检查阀体，可以对调油压传感器，查看输出传感器、输入传感器的波形，检查从动轮电磁阀以及锥轮总成。

6）故障案例。一辆装备 JF010E 无级变速器的 3.5L 天籁轿车，发动机转速在 3000r/min 时车速不到 80km/h，仪表板没有档位显示，TCM 报步进电动机、输入传感器的故障码。解体变速器检查，未发现问题，更换一块阀体（采用原车阀体上的电磁阀、线束等附件），但是故障依旧；再更换一块带电磁阀、线束的拆车阀体，结果显示正常。为了找到问题的根源，重新装回原车的阀体，同时将拆车阀体上的 ROM 存储器装到原车阀体上，试车，故障没有出现。这说明问题出在 ROM 存储器，是存储器的数据丢失所致。因此，以后遇到 CVT 仪表没有档位显示，报步进电动机、输入传感器故障时，要注意检查 ROM 存储器是否失常。

12 怎样检修日产无级变速器的电磁阀？

维修日产无级变速器 JF011E（即 REOF10A）的故障，通常需要测量关键油路电磁阀的油压，还要知道正确的油压值是多少。由于 CVT 的油压比普通自动变速器的油压高，因此需要准备一个量程为 7MPa（1000psi，1psi=6.895kPa）的油压表，以及一个油压表转换接头（可以自制）。该变速器各电磁阀油压测试接口的位置如图 3-42 所示。

表 3-2 列出了 4 个关键油路的最高油压值。

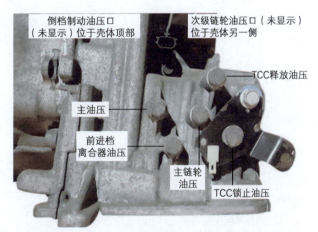

图 3-42　日产 JF011E 变速器壳体上的油压测试接口

表 3-2　日产 JF011E 变速器 4 个油路的最高油压值

油路名称	最高油压 / kPa
主动链轮和从动链轮	5998
前进档离合器和倒档离合器	1503
TCC 锁止油路	951
散热和润滑油路	413

在换档过程中，油路油压的正常变化情况见表 3-3 和图 3-43、图 3-44。

表 3-3 换档过程中主动链轮和从动链轮的典型油压

状态	主动链轮和从动链轮	主油压值
初始 P 位	20 kPa、420～2275 kPa	
热车急速 P 位		980 kPa
倒档	1211 kPa	910～1015 kPa
倒档失速		5950 kPa
N 位	1890 kPa	
前进档怠速热车	875 kPa	910～1050 kPa
前进档加速		1050～1680 kPa
前进档加速到1500r/min	875～2030 kPa	
1500r/min 锁止	降到 1260 kPa，然后升到 1995 kPa	
前进档失速	2975 kPa	5950 kPa

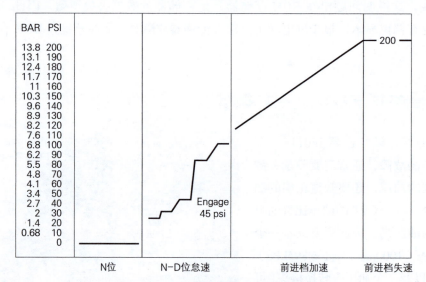

图 3-43 前进档离合器油压的变化规律

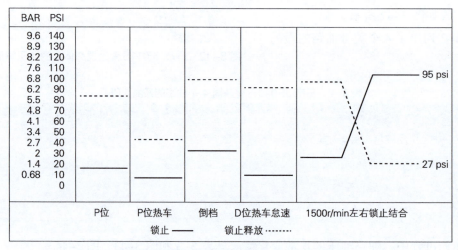

图 3-44 变矩器锁止和释放油压的变化趋势

如果测得的油压值过低，需要采用真空测试法检查阀体中的主调压阀孔的磨损情况。如果是主动链轮油压过低，就要测试主动链轮控制阀，视情更换阀体或者对单个阀孔进行维修。

如果所有的油压都过低，应当检查油泵中的流量控制阀，几乎所有较旧的油泵上都会出现这个问题。比较明智的做法是更换高质量的油泵流量控制阀。该阀原配的阀芯在设计和制造上存在缺陷，主要是硬度不足，容易磨损。图 3-45 所示为一种改良型油泵流量控制阀，在精度与材质上都进行了升级，可以直接替换。

如果阀孔出现比较明显的磨损，可靠的做法是使用专用铰刀修复阀孔，然后配以加大的改良阀芯（SONNAX# 33510N-02），虽然较费人工，但是维修质量更好。维修后的真空测试值应该在 47.4 kPa 以上（图 3-46）。

图 3-45　改良型的油泵流量控制阀

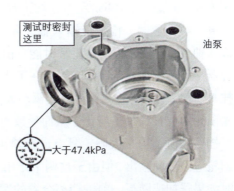

图 3-46　油泵流量控制阀维修后的真空检测要求

13　如何检修日产天籁挂空档时爬行的故障？

一辆 2013 款日产天籁轿车，搭载 2.0L 发动机和 RE0F10A 钢带式无级变速器，行驶里程 98005km。据客户反映，该车无法加速，在空档时车辆爬行，挂倒档发生运动干涉，踩加速踏板才能行驶。

连接故障诊断仪进行检测，在变速器系统读到故障码"P1777，步进电动机"。该步进电动机是传动系统的驱动元件，如果损坏，将无法变换传动比，车辆不能加速。

读取数据流，发现步进电动机的步数为 77 步（正常 5~15 步），而且固定不变，据此判断步进电动机可能损坏。更换步进电动机之后，再读取数据流，步长显示为 9 步（图 3-47），属于正常。

在更换步进电动机时，未发现变速器油严重变质，油底壳内也没有金属粉末，判断钢带和带轮正常。于是装车重新路试，此时加速基本正常，但是仍然存在空档时爬行和倒档时运动干涉现象。

再次挂空档，并且逐渐踩加速踏板，仪表显

数据分析	(3/9)	◀▶
副带轮压力		0.700MPa
主带轮压力		0.000MPa
变速器油温计算值		93 count
主带轮转速目标值		1120r/min
行车档档位传动比		2.13
步进电动机步数		9 步
锁定压力		-0.4000MPa

图 3-47　更换步进电动机后的数据

示车速随之提高（图 3-48），很不正常。

分析该变速器的结构原理和动力传递路线（图 3-49），当变速杆处于 N 位时，前进档离合器和倒档制动器应该处于分离（释放）状态，此时输入轴只是带动行星架（齿圈）自由空转，不会形成动力传递。变速杆处于 N 位时车辆爬行，说明此时前进档离合器非正常接合。分析可能原因，一是前进档离合器的油压失常，二是前进档

图 3-48 变速杆处在 N 位时显示的车速信息

离合器因摩擦片烧蚀而粘结在一起，三是齿圈（即内齿轮，输入部件）和太阳轮锁定在一起。

根据以上分析，先测试系统油压，分别在空档时和前进档时读取油压表数值，结果 N 位时为 0，D 位时为 10bar 左右，均正常。

再分解变速器，检查带输入轴的前进档离合器总成。左手握住太阳轮，右手旋转齿圈（输入轴），发现转不动，正常时能自由旋转，说明齿圈与太阳轮锁为一体。拆解后发现，离合器片已经烧蚀，导致太阳轮卡在工作端不回位，这等同于前进档离合器处于接合状态。当挂 N 位时，齿圈（输入轴）直接驱动太阳轮（输出），但由于前进档离合器的摩擦片烧蚀，使太阳轮的位置发生了变化，从而导致 N 位爬行。

挂倒档时，由于太阳轮具有向前输出的力，倒档制动器接合后，固定了行星架，此时太阳轮应该反向输出，但由于这两个作用力的存在，所以挂倒档时形成运动干涉（图 3-50）。此时如果踩加速踏板，前进档离合器的摩擦片被强行分开，倒档才能行驶。

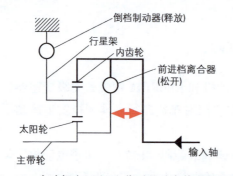

图 3-49 变速杆在 N（P）位时的动力传递简图

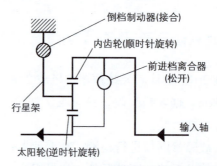

图 3-50 挂倒档时的动力传递简图

更换损坏的前进档离合器摩擦片，此车故障被彻底排除。

14 东风日产劲客为什么前进档起步异常？

一辆 2017 款东风日产劲客轿车，搭载 CVT，VIN 为 LGBT22E06HY××××××，行驶里程 2629km，因前进档起步异常而送厂修理。

维修人员试车发现，当变速杆处于 D 位时，踩下制动踏板车辆停止，松开制动踏板准备再次起步时，汽车没有向前移动的趋势，但松开制动踏板约 2s 后，车辆又恢复正常。另外，松开制动踏板后如果立刻踩加速踏板，车辆也正常。变速器倒档正常。

根据故障现象初步分析，可能的故障原因有制动分泵或总泵回位不良、ABS 控制单元故障、CVT 故障。

连接专用诊断仪 CONSULT–III 进行检测，发现所有控制模块都没有故障码记录（图 3–51）。

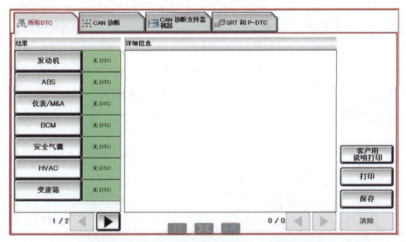

图 3–51　故障车所有控制模块均无故障码记录

本着"先易后难"的诊断原则，首先判断是否由 ABS 控制系统引起故障。拔下 ABS 总泵的插头并试车，发现故障现象消失，说明该故障是由于车辆起步时制动控制系统还在工作造成的，因此可以排除制动轮缸、主缸回位不良以及 CVT 的原因。

恢复 ABS 主缸插头，并用 CONSULT–III 诊断仪进入 ABS 系统，读取数据流，发现当变速杆处于 D 位时，每次车辆停止并松开制动踏板后，ABS 主缸内的常开型切断电磁阀 CV1 和 CV2 状态为 ON，2s 后才变为 OFF，然后四轮制动解除，车辆正常行驶（图 3–52）。

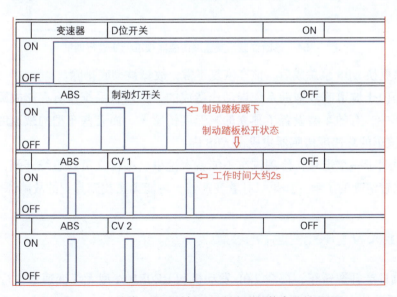

图 3–52　档位、制动踏板及切断电磁阀状态的关系图

为什么每次松开制动踏板，切断电磁阀 CV1 和 CV2 要工作 2s 时间呢？进一步观察数据流，发现减速度传感器的信号为 $-0.20g$（图 3–53），超出正常范围。在正常情况下，该

数据应该是 ±0.01g。

分析至此，故障原因逐渐明朗，此车配备有坡道起步辅助系统（HSA），由于减速度传感器发送错误信号，当车辆停止时ABS模块判断汽车处于上坡状态，所以每次起步时坡道起步辅助系统启动，最终导致车辆起步异常。

根据该车维修手册的提示，连接CONSULT-Ⅲ诊断仪，进入"工作支持"菜单，对减速度传感器进行校准，但是一直显示无法进行（图3-54），反复操作多次，均不能完成减速度传感器的校准，由此判断ABS泵总成故障。

蓄电池电压	14.66V
发动机转速	709r/min
减速度传感器	−0.20 g
制动灯开关	OFF
制动灯开关2	OFF

图3-53 减速度传感器的数据异常

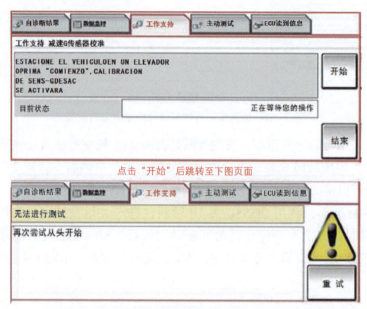

图3-54 诊断仪显示减速度传感器校准无法进行调试

按照要求更换ABS泵总成后，该车恢复正常，故障被彻底排除。

本故障是由于坡道起步辅助系统误动作造成的，所以各系统没有存储故障码。在东风日产现有汽车中，有的车型设置了独立的减速度传感器，而有些车型的减速度传感器集成在TCM内。该车的减速度传感器集成在ABS内。

本案例说明了一个道理：修理汽车不能就事论事，维修人员要思维开阔，对各车型的结构特点有比较清晰的了解。如果只盯着变速器，可能无法找到真正的故障原因。

15 日产轩逸CVT不能变速怎样检修？

一辆东风日产轩逸轿车，搭载2.0L发动机和REOF10A型无级变速器，行驶里程约11万km。客户反映该车变速器不能变速。

维修人员检查变速器油，发现油质、油量正常。检测变速器控制单元（TCU），读到3个故障码，分别是：U1010，变速器控制单元故障；U1000，控制器局域网通信故障；

P0868，被动带轮油压低。清除故障码后试车，故障现象没有改变。

进行失速试验，测量变速器的最大工作油压为 5.7MPa，正常。

试车，连接诊断仪，查看带轮的油压。主动带轮为 1.8MPa，从动带轮为 1.9MPa，说明这两个带轮对传动带施加的夹紧力是正常的。

查阅维修资料得知，该车 TCU 根据发动机的输出转矩和负荷率确定变速器的目标传动比，并由伺服电动机通过传动杆控制阀体中变速控制阀移动，使带轮油缸中的油压发生变化，从而改变带轮的有效半径。当伺服电动机驱动变速控制阀向上移动时，主动带轮油缸中的油压增大，该油压除了对传动带施加张力外，还克服回位弹簧的压力，使带轮的活动侧向固定侧靠近，从而增大带轮的有效半径。与此同时，从动带轮油缸中的油压减小，在回位弹簧的推动下，从动带轮的活动侧远离固定侧，从而减小其有效半径。以上控制的结果使变速器的传动比减小，相反的过程则使传动比增大。

上述传动杆与主动带轮的活动侧机械连接，当目标传动比实现后，变速控制阀停止移动（图3-55）。

TCU 判定带轮油压偏低的依据是，在已知变速器负荷率的前提下，带轮与传动带之间出现了打滑。由于两个带轮有效半径的改变是协同控制的，所以单个带轮与传动带之间打滑的可能性很小，而且试车时未发现从动带轮出现打滑。这些情况与故障提示相互矛盾。

图3-55 伺服电动机及变速控制阀的位置

为了采集更多的数据，再进行试车，发现无论车速高还是低，变速器的目标传动比总是 2.34。试车采集数据时没有采取任何制动措施，因此泵轮与涡轮之间的转速差不应如此之大。

查阅维修手册得知，从动带轮转速与车速之间的换算系数为45。将从动带轮的转速除以45，得到的车速竟为 2.8km/h，这与实际情况不符。根据数据分析，主动带轮、从动带轮的转速传感器都可能存在问题。

更换从动带轮转速传感器，清除故障码试车，发现变速器可以变速了，但是变矩器无法锁止。

再连接诊断仪，采集到的动态数据为：发动机转速 2200r/min，主动带轮转速 1560r/min，车速 40km/h，从动带轮转速 1770r/min。再次检测 TCU，原来的故障码都不见了，取而代之的是"P0715，主动带轮转速传感器"故障。

更换主动带轮转速传感器后试车，车辆行驶恢复正常，所有的故障现象及故障码消失。

为了确认故障原因，将已知失效的从动带轮转速传感器装回后试车，变速器又不变速。此时采集到的动态数据为：发动机转速 1350r/min，主动带轮转速 1120r/min，车速 15km/h，从动带轮转速 2304r/min。读取故障码，为"P0720，从动带轮转速传感器"故障。将车速乘以45，得到的从动带轮转速为 675r/min，与 2304r/min 相差甚远。由于传感器发出错误的信号，形成了虚假打滑，这是起初 TCU 报"从动带轮油压低"的原因所在。

更换主动带轮转速传感器和从动带轮转速传感器，反复试车，确认故障彻底排除。

由于两个带轮转速传感器同时失效，TCU 无法得到有效的转速数据，从而不能向控制器局域网发送正确数据。控制器局域网在 2s 内未收到 TCU 发出的有效数据，便判定出现通信故障以及 TCU 失效，最终导致 CVT 不能变速。

16 丰田逸致轿车为什么上坡加速无力？

一辆 2011 款丰田逸致轿车，车型为 ZGR21L，搭载 2ZR 发动机和 CVT，行驶里程约为 13 万 km。据客户反映，车辆加速不良，上坡无力，感觉发动机抖动，急加速时比较明显。

试车确认故障，从静止开始加速，无异常，但是当转速升到 3000r/min 以上时，发动机开始"游车"。行驶中突然急加速，发动机转速达到 3000r/min 以上时，也开始游车，感觉像发动机加速喘抖。

该故障的检修步骤如下：

1）连接丰田诊断仪测试，没有读到故障码。分析故障可能原因：供油系统故障、点火故障、ECM 故障、CVT 故障。

2）测量燃油系统压力为 340kPa，正常。在燃油系统中安装压力表试车，加速过程中油压在 330～340kPa 之间，也在正常压力范围内。将喷油器、节气门等清洗一遍后试车，故障没有改善。

3）读取怠速（570r/min）时的燃油修正值，短期修正值为 3.125%，长期修正值为 0.781%，都在正常范围之内。

4）将火花塞拆下检查，燃烧颜色呈橘黄色，正常。更换一套新的火花塞试车，故障仍然存在。数据流也无缺火记录。车辆静止时急踩加速踏板，发动机响应灵敏，说明发动机工作正常，怀疑是否 ECM 故障或者变速器故障。

5）进行手动换档试验，使用 1～7 档分别加速行驶，发动机的加速性能良好，没有出现游车现象，再次证明发动机工作正常。

6）再连接诊断仪进行路试，前进档行驶时发动机出现抖动，急加速更明显。数据流显示故障出现在 2 档升 3 档过程中，游车时电磁阀 DS1 与 DS2 频繁开启和关闭（图 3-56）。

用同样的方法对正常车进行路试，在 2 档升 3 档的过程中电磁阀 DS1 与 DS2 的状态保持不变。分析认为，可能是某种原因导致加速时 CVT 无法切换至正常档位，造成电磁阀频繁跳动。

7）将汽车停放一个晚上，第二天早晨进行冷态试车，故障现象没有出现。在行驶 10min 以后，发动机温度正常，CVT 油温达到 60℃时，故障又出现了。怀疑变速器油异常。但是更换新的 CVT 油试车，故障还是没有排除。

8）分析认为，CVT 内部可能存在打滑现象。如果真有打滑，带轮的转速必然会不正常。于是录制各转速（发动机转速、从动带轮转速、涡轮转速、主动带轮转速）数据（图 3-57）。

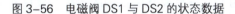

图 3-56　电磁阀 DS1 与 DS2 的状态数据

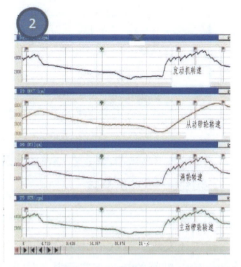

图 3-57　加速时的发动机转速、从动带轮转速、涡轮转速、主动带轮转速数据

回放、分析上述数据发现，在车辆匀速及减速行驶时数据正常。但当加速行驶时，只有从动带轮的转速数据正常，而主动带轮与从动带轮之间出现了转速差，这说明 CVT 的传动带存在打滑现象。由于主动轮打滑，发动机及变速器涡轮的转速也出现了波动，最终导致"游车"。判断可能是油压不足引起传动带打滑。

9）接下来对变速器油压进行测试。在怠速前进档时为 0.613MPa，倒档时为 0.642MPa。在发动机失速转速为 2162r/min 时，前进档油压为 4.623MPa，倒档 4.700MPa。失速转速为 2096r/min 时，油压处在正常范围内。

10）测试至此，表明变速器的工作油压也正常，最终判定为主动带轮与传动带在大转矩时存在打滑。因为缺乏零配件，所以更换 CVT 总成，经过试车，确认故障被排除。

17 本田无级变速器耸车和闯动如何检修？

一辆 2018 款广汽本田飞度轿车，行驶里程约 1 万 km。客户反映：该车换到前进档有时有顿挫感，松开制动踏板后车辆不移动；行驶一段时间，换入前进档或倒档出现严重的耸车现象。

接车后经过初步检查，确认当车辆停车换入前进档或倒档时，出现耸动现象。车辆没有加装任何设备，底盘无损伤，变速器油正常，汽车的其他功能可以正常使用。

维修人员使用诊断仪进行检测，没有发现故障码。根据维修经验判断，造成上述现象的原因包括：火花塞故障、点火线圈故障、发动机控制单元（PCM）内部故障、变速器阀体总成故障、液力变矩器故障、CVT 总成内部故障。

使用诊断仪读取车辆数据流，发现从动带轮压力传感器的电压在 3.23～4.29V 之间异常连续波动，时间大约 1.5s；从动带轮的油压在 1～2MPa 间异常连续波动，时间也为 1.5s。当耸动出现时，发动机的转速没有明显变动，据此排除发动机部分故障的可能性（图 3-58）。

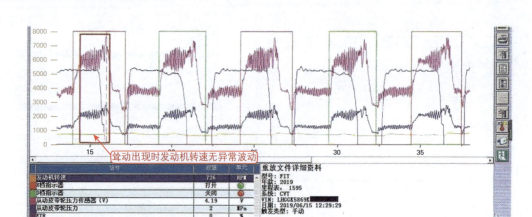

图 3-58 耸动出现时，发动机转速无异常

检测还发现，当汽车出现耸动时，主动带轮电磁阀的指令与实际基本同步（图 3-59），从动带轮电磁阀的指令与实际基本同步（图 3-60），压力控制电磁阀的指令与实际也基本同步（图 3-61）。根据以上检测结果，可以排除 PCM 内部故障的可能性。

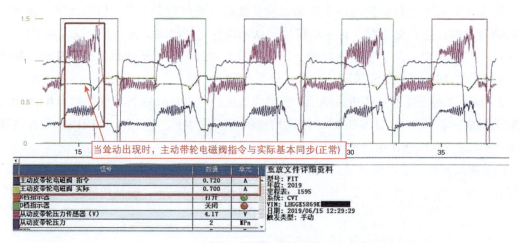

图 3-59 主动带轮电磁阀指令与实际基本同步

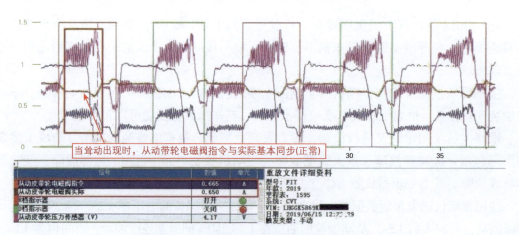

图 3-60 从动带轮电磁阀指令与实际基本同步

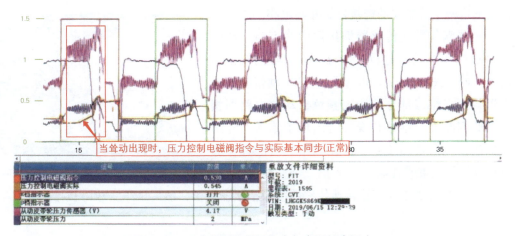

图 3-61　压力控制电磁阀指令与实际基本同步

但是，各电磁阀工作正常，并不代表阀体总成内的机械阀也正常，怀疑阀体总成失常。于是按照由简到繁的排查原则，拆卸变速器的油底壳，对阀体总成进行替换，结果恢复正常。

更换阀体总成，然后试车，该车故障不再出现。

还有一辆 2019 款广汽本田凌派轿车，搭载无级变速器，行驶里程仅 3000km。该车因为事故在本店进行过维修，但是修复完毕后，发现在换入倒档和前进档时，车辆存在严重的闯动现象。

维修人员对之前的检修过程进行全面的回顾，修理和安装步骤完全按照工作流程执行，并没有漏项和违规操作。该车上次维修只更换了蒸发器、冷凝器、中冷器、发动机线束和档位开关，没有拆装发动机。起动车辆后，仪表板没有故障灯提示，连接诊断仪检查，也没有故障码存储。

读取变速器的数据流，发现数据流异常（图 3-62）。检查上次的维修记录，发现主动带轮传感器和变矩器涡轮转速传感器都不是在本店更换的，而是由保险公司指定的维修店进行维修。综合数据流信息和维修项目，于是对这两个传感器进行重点检查。

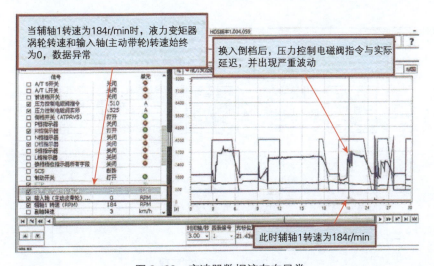

图 3-62　变速器数据流存在异常

拔下这两个传感器的插接器,并与电路图对比,发现变矩器涡轮转速传感器插接器的线束与电路图相同,而CVT主动带轮转速传感器插接器的线束与电路图不同(图3-63)。再查看CVT主动带轮转速传感器线束未维修部分的线束颜色,却与电路图相同,据此判断上次维修和安装时出现了错误。仔细查看插接器,发现插接器不存在插错的可能性,那么只有可能是线束或者端子装反了。

图3-63 CVT主动带轮转速传感器插接器

正确安装CVT主动带轮转速传感器线束插接器端子,然后试车,故障被排除。

18 本田雅阁混动车为何显示"检查变速器"?

一辆2017款广汽本田雅阁混合动力汽车,搭载e-CVT型变速器,行驶里程约为1万km,因仪表板上发动机故障灯点亮,P位指示灯闪烁,仪表信息中心出现"检查变速器"的提示而进厂维修。

维修人员试运行验证故障,故障现象确实存在,初步判断可能的故障原因包括仪表控制单元故障、多路集成控制单元(MICU)故障、电子换档(SBW)控制单元故障、PCM故障以及线路故障。

连接故障检测仪HDS检测,读到故障信息"P26C3,内部控制模块变速范围传感器性能"。

本田雅阁混合动力汽车采用电子换档(SBW)技术,驾驶人通过操作相应的按钮,对变速器档位进行操纵。当驾驶人操作某按钮选择一个驾驶模式和档位时,驻车位置传感器将P位信号传输到SBW控制单元,SBW控制单元将驾驶模式信号和档位信号发送到驻车棘爪作动器驱动器单元和PCM。PCM根据来自SBW控制单元和其他控制单元的输入信号,比较实际的驾驶条件和编程的驾驶需求,从而选择适宜的驾驶模式,执行最佳行驶(图3-64)。

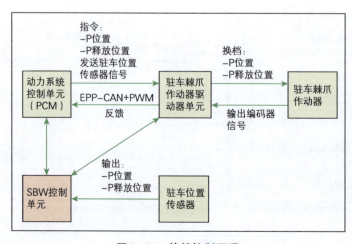

图3-64 换档控制原理

1）参照维修手册的诊断指引（图 3-65），接通点火开关至 ON 位，起动汽车，连接 HDS，清除故障码，然后按照以下步骤对车辆进行"行驶测试"：

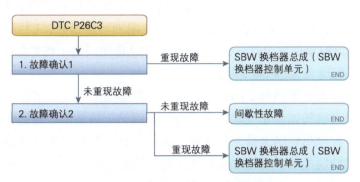

图 3-65　维修手册给出的诊断步骤

① 按下选档按钮"D"，将变速器置于 D 位。
② 用 10km/h 以下的车速行驶至少 2s。
③ 踩下加速踏板，使汽车加速行驶，车速超过 40km/h，行驶至少 2s。
④ 使车辆减速行驶，车速低于 10km/h，行驶至少 2s。
⑤ 将车辆停稳，行驶测试结束。

2）接下来执行电子选档器开关测试，其步骤如下：
① 踩住制动踏板，保持车辆静止。
② 将变速器置于 R 位以外的档位，等待至少 1 min。
③ 将变速器在 R 位和 R 位以外的档位之间反复切换至少 10 次。
④ 将变速器置于 N 位以外的档位，等待至少 1min。
⑤ 将变速器在 N 位和 N 位以外的档位之间反复切换至少 10 次。
⑥ 将变速器置于 D 位以外的档位，等待至少 1 min。
⑦ 将变速器在 D 位和 D 位以外的档位之间反复切换至少 10 次。

上述测试完成后，再连接诊断仪 HDS，调取故障码，发现故障码"P26C3"再次出现，由此判断故障原因是 SBW 控制单元内部故障，导致组合仪表显示 3 个故障提示。

为了慎重起见，维修人员对变速器控制系统的相关线路进行测试，测量 SBW 控制单元导线插接器端子 5（F-CAN A_H 端子）和端子 6（F-CAN A_L 端子），发现没有 CAN 信号，说明 SBW 控制单元无法通过 CAN 与仪表控制单元中的 F-CAN 收发器进行通信，据此确认 SBW 控制单元失常。

更换电子换档控制单元，清除故障码后试车，故障彻底排除。

19　雅阁 CM6 为什么加速到 3000r/min 才起步？

一辆广本雅阁 3.0L CM6 轿车，搭载 5 档无级变速器，故障现象是挂前进档不行驶，加速至 3000r/min 以上才能起步，起步后行驶正常。挂 1 档起步，也正常。

该变速器与雅阁 CM5 车变速器的主要区别在于，除了 1 档离合器外，增加了 1 档固定离合器及单向离合器（图 3-66），以提高换档的平顺性，以下详细介绍其工作原理。

在挂前进档行驶过程中，1 档离合器始终有油压，当 PCM 控制换档电磁阀换入 2 档时，2 档离合器接合，2 档主动齿轮驱动 2 档从动齿轮，副轴转速提高，1 档从动齿轮的转速高于 1 档主动齿轮，此时单向离合器发挥作用，1 档主动齿轮脱离 1 档离合器毂空转，由此实现 1 档升 2 档的平稳过渡。2 档降 1 档同理。

该项设计虽然实现了 1 档与 2 档的平顺切换，但是在下长坡等情况挂固定 1 档利用发动机制动时，由于副轴转速高于主轴转速，会出现副轴 1 档从动齿轮的转速高于 1 档主动齿轮转速的情况，此时单向离合器发挥作用，使得较高的车轮转速无法传递至发动机，可能造成发动机制动功能失效。为了保证挂入固定 1 档时能够实现发动机制动，于是加入了 1 档固定离合器，在该离合器的作用下，车轮的高转速可以通过 1 档从动齿轮传递给 1 档主动齿轮，1 档主动齿轮再通过 1 档固定离合器将该转速传递给辅助轴，最后传递给发动机，从而实现发动机制动。另外，在挂入固定 1 档时，由于 1 档离合器和 1 档固定离合器均有油压，也提高了起步的能力。

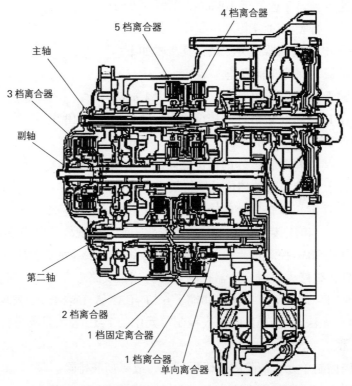

图 3-66　广本雅阁 3.0L CM6 轿车变速器结构图

该车挂入固定 1 档行驶正常，挂入前进档起步困难，说明 1 档固定离合器结合正常，1 档离合器结合不正常。

分析故障的可能原因包括：①单向离合器打滑；②1 档离合器打滑：离合器间隙过大、离合器片烧蚀；③1 档离合器油压失常：油压不足，或者密封圈损坏泄油、离合器毂损坏泄油、管路堵塞或泄油；④1档离合器蓄压器失常；⑤换档电磁阀故障；⑥换档机械阀卡滞。

于是执行以下维修步骤：

1）进行失速试验，结果失速转速达到3000r/min以上，明显偏高。

2）测量1档离合器油压，为0，直到发动机转速达到3500r/min时，才有油压800kPa，而且低于标准值（890～970kPa）。

3）连接诊断仪HDS对换档电磁阀进行功能测试，各换档电磁阀均能正常工作。

4）拆解变速器检查，情况如下：①离合器片未烧蚀，但有缺油现象；②离合器毂无损伤；③各相关密封圈未损坏；④1档蓄压器正常；⑤各换档机械阀移动顺畅，无卡滞。

5）为了判断油压是在1档离合器处泄漏还是在管路泄漏，找到辅助轴至1档离合器的进油口（图3-67），对该口充入压缩空气，发现离合器能正常接合，据此判断油压在进油口之前发生了泄漏。

6）检查辅助轴进油口，直至变速器端盖，发现该处卡簧A未装好，导致凸缘C未能正确地压住密封圈E，最终造成油压在该处泄漏（图3-68）。

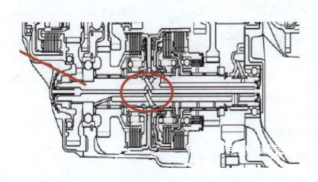

图3-67 辅助轴至1档离合器的进油口

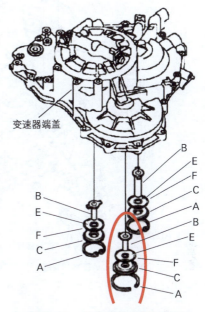

图3-68 几个零件的相对位置

至此，故障点已经找到。更换卡簧A，按规范正确安装各零件，组装后试车，挂前进档起步困难的故障被排除。

20 拆装飞度CVT液压单元的步骤是怎样的？

拆装本田飞度SEAR型无级变速器（图3-69）的液压单元的步骤如下：

1）拆卸外壳上的各种附件，以免翻动变速器时损坏这些附件。

2）拆开油底壳和阀体。

3）拆除变速器飞轮壳及其内部零件。

4）使用专用工具拉出起步离合器和齿轮（图3-70）。

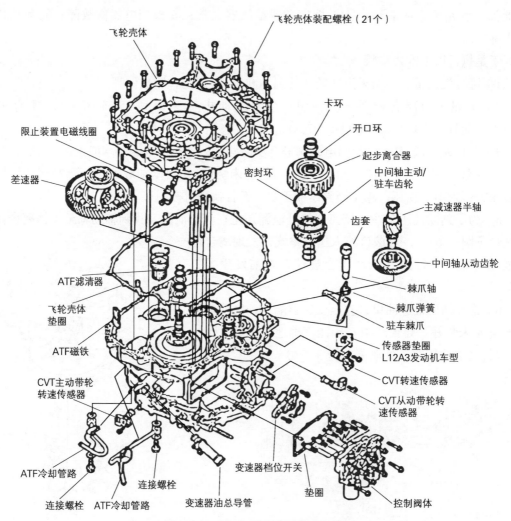

图 3-69 SEAR 型变速器的分解图

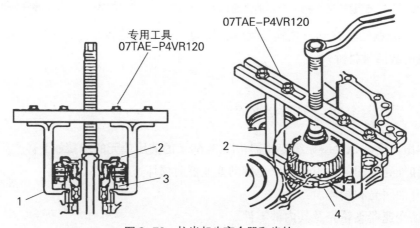

图 3-70 拉出起步离合器和齿轮

1—棘爪 2—起步离合器 3—驻车档齿轮 4—中间轴主动齿轮

5)拆卸后端盖和内部的手动阀体(图 3-71)。

6) 拆卸输入轴、前进档离合器、倒档制动器、行星齿轮组及油管等（图3-72）。

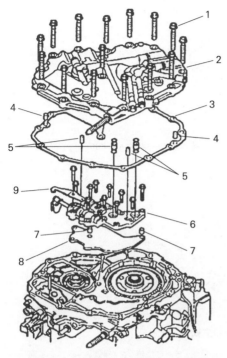

图 3-71 后端盖和内部的手动阀体

1—螺栓 2—后端盖 3—垫圈 4—定位销
5—变速器油管 6—手动阀体 7—定位销
8—隔板 9—锁止弹簧

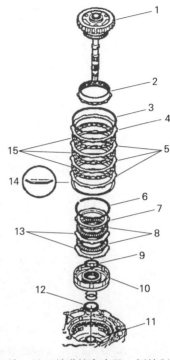

图 3-72 输入轴、前进档离合器、倒档制动器、行星齿轮组及油管

1—行星架/输入轴总成 2—齿圈 3—倒档制动器卡环
4—倒档制动器底板 5—制动板 6—前进档离合器底板卡环
7—前进档离合器底板 8—离合器板 9—主动带轮轴卡环
10—前进档离合器 11—主动带轮轴 12—卡环护圈
13—离合器盘 14—弹簧 15—制动盘

7) 拆卸中间壳体（图3-73）。

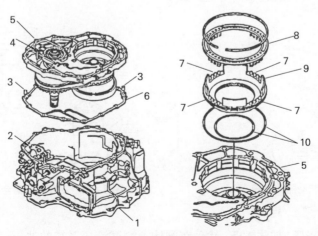

图 3-73 中间壳体

1—变速器壳体 2—控制轴 3—定位销 4—滚柱 5—中间壳体 6—垫圈
7—弹簧导向器 8—弹簧座圈/复位弹簧总成 9—活塞 10—O形密封圈

8）拆卸 ATF 滤清器和主阀体（图 3-74）。

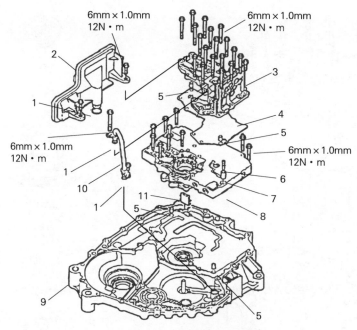

图 3-74　ATF 滤清器和主阀体

1—O 形密封圈　2—ATF 滤清器　3—集液体　4—隔板　5—定位销　6—弹簧
7—蓄压器活塞　8—主阀体　9—飞轮壳体　10—ATF 管道　11—ATF 磁铁

9）检查所有零件是否损坏，更换损坏的零件。如果中间壳体总成损坏，一般应连同带轮和钢带作为一个总成予以整体更换。

10）装复。装复的步骤基本上与拆卸步骤相反，并且注意测量以下几个间隙：

① 前进档离合器的标准间隙为 0.55～0.85mm。

② 倒档制动器的标准间隙为 0.50～0.70mm（图 3-75）。

11）使用专用工具安装起步离合器（图 3-76）

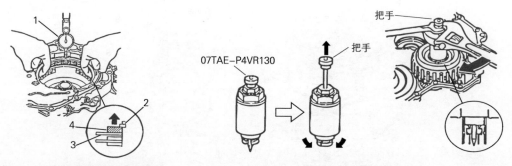

图 3-75　测量倒档制动器的间隙

1—百分表　2—卡环　3—顶板　4—底板

图 3-76　安装起步离合器

12）变速器装配完毕，加注 ATF，然后在阀体上测试液压系统的油压，其方法和步骤如下：

① 检查变速器的油位，必要时添加合格的油液。

② 拉紧驻车制动器，用三角木塞住后轮。
③ 拆除挡泥板，并让前轮能够自由转动。
④ 起动发动机，预热到正常工作温度。
⑤ 将油压表与油压测试孔 2（图 3-77）连接，将发动机加速到 1700r/min，变速杆置于 D 位，测量前进档离合器的油压。

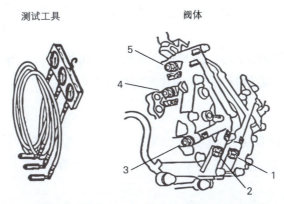

图 3-77　测试工具及阀体上油压测试孔位置

1—从动带轮油压测试孔　2—前进档离合器油压测试孔　3—主动带轮油压测试孔
4—润滑油压测试孔　5—倒档制动器油压测试孔

⑥ 将油压表连接油压测试孔 5，起动发动机，加速到 1700r/min，档位换到 R 位，测量倒档制动器的油压。
⑦ 将油压表分别连接油压测试孔 3（DR）和 1（DN），起动发动机，加速到 1700r/min，变速杆换到 N 位，测量主动带轮、从动带轮的油压。
⑧ 将油压表连接油压测试孔 4（LUB），起动发动机，加速到 2500r/min，测量润滑油压。
⑨ 检查油压测量结果，是否符合表 3-4 所列的规定。注意：当变速器处于失效模式时，带轮的油压高达 3.5MPa。

表 3-4　正常油压范围

名　称	维修油压极限 /MPa
前进档离合器油压	1.44～1.71
倒档制动器油压	1.44～1.71
主动带轮油压	0.31～0.58
从动带轮油压	0.43～0.91
润滑油压	0.27～0.40

21 怎样执行旗云 CVT 离合器的自适应学习？

奇瑞旗云 CVT 变速器在经过维修（包括更换喷嘴，图 3-78）以后，需要执行以下自适应学习程序。

1. 离合器自适应学习的第一阶段

首先确保空调压缩机处于运行状态。在整个离合器自适应学习期间踩住制动踏板，并且按照下列步骤执行：

1）前进过程中的适应性学习：挂 N 位，等待 3s；再挂 D 位，等待 3s；重复 5 次。

图 3-78 初级带轮侧的喷嘴
（左：新件；右：损坏件）

2）倒车过程中的适应性学习：挂 N 位，等待 3s；再挂 R 位，等待 3s；重复 5 次。完成这一步以后，才能执行下一步的速率适应性学习。

2. 速率适应性学习

要求关闭空调器，确保 ATF 温度在 25℃以上。如果温度低于 25℃，可以挂 N 位，让发动机怠速运转，直到油温上升到 25℃，然后执行以下步骤：

1）挂 D 位。

2）使节气门处在初始位置，然后踩加速踏板，汽车在平坦路面上行驶，加速至 100km/h，然后松开加速踏板。

> **注意** 在松开加速踏板减速过程中，不要使用任何制动器。在速率适应性学习的初期阶段，车速 50km/h 时发动机的转速为 5000～6000r/min 是正常现象。

在上述减速过程中，变速器的速率适应性学习会自动执行。发动机转速从 5000r/min 降到 2000r/min 时，每一步降低 500r/min；从 2000r/min 降到 1400r/min 时，每一步降低 100r/min。降到 1400r/min 后，速率适应性学习结束。

3）让发动机减速停转。

3. 手推模式和运动模式测试

在完成了速率适应性学习后，要对手推模式和运动模式进行测试，观察变速器这两个功能是否正常，步骤如下：

1）向右移动变速杆，使变速器处于运动模式，然后向上推变速杆挂 1 档。

2）使汽车均匀加速（切勿将加速踏板踩到底），在发动机转速达到 3000r/min 后依次升档，直到每个档位都挂一次，此时的车速大约为 100km/h。

3）向左和右后移动变速杆，使变速器处于运动模式。

4）踩制动器，使车辆停止前进。

4. 离合器自适应学习的第二阶段

当变速器油的温度升高以后，可以执行第二阶段的离合器适应性自学习，步骤如下：

1）打开空调器。在整个离合器自适应学习期间，踩住制动踏板，完成以下操作：

① 前进过程中的适应性学习：挂 N 位，等待 3s；再挂 D 位，等待 3s；重复 5 次。

② 倒车过程中的适应性学习：挂 N 位，等待 3s；再挂 R 位，等待 3s；重复 5 次。

2）挂 R 位，做倒车行驶试验。

3）轻踩加速踏板，使汽车加速到 15km/h。

4）制动，使汽车停止。

5）连接诊断仪，读取故障码。如果没有读到故障码，自适应学习结束。

6）如果发现故障码，请采取必要的维修措施。

22 如何检修比亚迪 F6 无级变速器的故障？

1. 故障码 P2787，离合器油温度过高

当故障出现时，车辆不能继续行驶（实质是 TCU 控制离合器断开一段时间）。当油温下降以后，故障灯自动熄灭，汽车可以重新行驶。

试车发现，如果满载、连续爬高坡，加速踏板踩得很深，但是车速较低，此时离合器一直处于滑转状态，容易出现离合器油温度过高的现象。

维修方法如下：

1）检查 ATF 的油位及油质。

2）连接故障诊断仪，检查制动信号是否正常。在没有踩制动踏板时，若制动信号为"1"，说明制动信号失常（正常应为"0"）。

3）测量油温传感器的电阻。当环境温度为 20～40℃时，如果电阻值不在 942～1121kΩ 之间，说明油温传感器失常。

4）检查节气门是否卡滞，必要时清洗或者更换节气门体。

5）按照正确的程序进行离合器自适应学习。

2. 故障码 P0811，前进档离合器或倒档离合器打滑

故障现象是车辆不能继续行驶，并且故障灯点亮。维修方法如下：

1）检查 ATF 的油位及油质。

2）执行无级变速器的自适应学习（尤其是当环境温度变化大、突然降温时）。

3）检查、更换主动锥轮的霍尔式转速传感器。

4）更换阀体。

3. 行驶中故障灯 SVS 经常点亮

一辆 2011 款比亚迪 F6 轿车，行驶里程 33855km。车主反映：该车在行驶中经常亮 SVS 灯（比亚迪汽车的故障指示灯）。

首先连接故障诊断仪进行检测，读到故障码 P0706：驾驶模式传感器单线错误，历史，MIL:OFF。

记录故障码，再清除故障码，然后试车，在试车过程中 SVS 故障灯再次点亮，读取故障码，还是 P0706。由于驾驶模式传感器安装在变速器内部，先检查外围线路是否存在虚接或者短路。

该车驾驶模式传感器有6根异线，检测变速器TCU到驾驶模式传感器的线路，电阻正常，传感器的供电和搭铁也正常，看来故障点不是驾驶模式传感器，而在变速器内部。

经与车主沟通，车主同意拆卸变速器进行检查。拆下变速器油底壳，再拆卸驾驶模式传感器。经过测量，发现驾驶模式传感器的电阻值正常（图3-79）。

图3-79 拆下驾驶模式传感器，进行电阻检查

既然传感器是好的，外围线路正常，只剩下相关插头没有检查。于是拆卸控制阀体总成，检查驾驶模式传感器的插接器。拆下插头的外壳，果然发现驾驶模式传感器的插接器有端子退缩。经过处理后，端子恢复正常（图3-80）。

装回驾驶模式传感器（图3-81），最后安装变速器油底壳。

图3-80 驾驶模式传感器的插接器端子

图3-81 装回驾驶模式传感器时，要检查是否卡到位

装复后试车，SVS灯不再点亮，故障被排除。

23 奔驰旅行车变速器不能换档怎样检修？

一辆奔驰A160旅行车，搭载1.5L发动机和722.8钢带式无级变速器，VIN：Wddcf3bb8bj93×××，行驶里程约10.2万km。

经过维修人员路试验证，该车的故障现象是：在正常行驶中组合仪表经常出现报警"变速箱，请去服务中心"（图3-82），报警时发动机的转速高而实际车速上不去（即变速器不再换档）。关闭发动机并重新起动，可以暂时恢复正常。

连接奔驰专用故障诊断仪检测无级变速器，读到两个故障码：0793，部件Y3/9b4次级转速传感器的转速信号无法使用；0722，部件Y3/9b5输出转速传感器的转速信号无法使用。

图 3-82 组合仪表的报警信息

记录故障码内容，然后删除，再进行路试。开始时变速器换档没有顿挫感，发动机转速 2000r/min 时车速为 120km/h 左右。但是，当变速器温度上升至 70～80℃时变速器开始报警，发动机轻微空转，变速器打滑，车速也上不去（变速器不换档），说明无级变速器进入了故障运行模式。试车还发现，热车状态下报警的频率比冷车时高。

分析认为，该型无级变速器电控系统报次级转速传感器及输出速度传感器信号故障，大致有以下几方面原因：传感器本身及信号发生轮故障、控制单元失常、次级（输出）带轮故障、次级带轮缸存在液压泄漏。

检查变速器油，状态良好，没有变质和其他颗粒物，说明变速器内部机械部件磨损的可能性小，应该是传感器存在故障。如果变速器内部机械出了问题，会一直不正常，不会出现时好时坏的现象。

由于转速传感器与变速器控制单元集成在一体，因此初步判断故障由控制单元失常引起。考虑到贸然更换新变速器控制单元存在一定风险（价格昂贵），所以先替换拆车件试一试。

找到一块拆车变速器控制单元总成，可是外观（颜色）稍有不同，原车外壳是白色，而拆车件是黑色（图 3-83）。于是咨询奔驰备件公司，得知这两种控制单元可以通用。

图 3-83 奔驰 722.8 变速器机电液压控制单元总成

替换控制单元后起动发动机，发现发动机系统和变速器都报警，读取故障码，提示这两个系统不通信。使用原厂诊断仪进行解锁，然后试车，开始变速器工作还是不太正常，经过一段时间路试和自适应，变速器油温度达到 80～90℃后，变速器不再报警，故障终于得以排除。

万一没有配件可换，可以拆开变速器控制单元主板的上盖，检测转速传感器的信号线是否失常，如果发现传感器的连接线异常，可以进行焊接。经过焊修之后，再对变速器控制单元的上盖涂抹变速器专用密封胶，然后放在 60℃保温箱内，进行"压固"保温处理，确保变速器电控单元以后不会进油。

注意　奔驰 A180、奔驰 B200 汽车的无级变速器都容易出现类似的故障。

24 如何执行宝马 MINI 变速器的调校程序？

一辆宝马 MINI 轿车，搭载 1.6L 四缸发动机和 6 档手自一体式无级变速器。据车主反映，行驶中碰坏了变速器的油底壳，漏完了变速器油。由于发现及时，汽车拖到修理厂，更换了变速器油和油底壳。试车发现不能升档，手动换档功能也失效。当车速达到 60km/h 时，转速表显示 4500r/min 左右，同时变速器警告灯闪烁。

连接宝马专用诊断仪，进入变速器系统，无任何故障码储存。根据变速器的控制原理，变速器换档主要取决于节气门位置传感器信号和车速传感器信号。于是读取数据流，发现节气门位置信号、车速信息都正常。

初步怀疑是液压控制单元损坏、离合器油压不足或者液压缸磨损。于是将液压控制单元和阀体拆下来，观察传动链和主轴，没有发现磨损现象，油底壳内也没有铁屑。对阀体进行气压泄漏试验，未发现漏气。更换液压控制单元，故障依旧。

考虑到该变速器的电气元件良好，油底壳漏油之后没有继续行驶，判断变速器 TCU 损坏的可能性小。

查阅维修资料得知，该型变速器在断开蓄电池、更换变速器油、更换变速器总成、更换变速器 TCU 之后都需要进行调校，变速器才能执行正常的换档功能。

于是连接专用诊断仪，执行该车无级变速器的调校，具体步骤如下：

1）清除原调校值（图 3-84），在组合仪表档位显示前面会多出一个字母"X"，此时进入调校程序。

2）冷起动发动机，先进行离合器调校，其方法是：踩住制动踏板，起动发动机，挂入 N 位等待 10s，再换到 D 位等待 10s，之后挂回 N 位等待 10s，然后挂入 R 位等待 10s，最后挂入 P 位。此时档位显示由"P"变成"XP"。

3）挂 N 位等待 3s，再挂 D 位等待 3s，重复 10 次。

4）挂 N 位等待 3s，再挂 R 位等待 3s，重复 10 次。

5）进行传动比调校：驾驶汽车上路行驶，使车速达到 80km/h，然后松开加速踏板，让车辆滑行（不要踩制动踏板），直到停住。然后重复步骤 2），直到档位显示前面的"X"消失（图 3-85），至此 CVT 的调校程序完成。

图 3-84 清除调校值界面

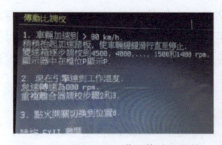 

图 3-85 进行传动比调校，最后档位显示前面的"X"消失

执行完以上调校步骤之后，试车检验，发现汽车已恢复正常。

第三章 无级变速器（CVT）

> **注意** 在变速器油温过高或者过低的情况下，都无法完成无级变速器的调校程序。在未完成调校程序的时候，变速器警告灯一直闪烁，调校完成之后警告灯会自行熄灭。

如果变速器还是不升档，可以使发动机的转速升到 5500～6200r/min（此时会有强烈的抖动），不要放松加速踏板，稍后车速开始上升，发动机的转速下降，当车速达到 80km/h 后，转速可能降到 3000r/min 以下；然后让汽车滑行（不要踩制动踏板）直到停止，再踩制动踏板，挂 N 位等待 10s，挂前进位等待 10s，挂回 P 位，熄火；最后起动发动机并试车，此时汽车可能会顺利升档。

25. 怎样检修众泰大迈 X5 车变速器的常见故障？

1. 导航屏偶尔显示变速器故障

一辆众泰大迈 X5 SUV，搭载比利时邦奇公司生产的 6 速无级变速器，在行车中导航屏中 CVT 灯偶尔点亮。

连接专用诊断仪，进入变速器控制系统（TCU）读取故障码，没有故障码存储。

检查并处理位于车身前围板的 TCU 搭铁线和接地点，故障没有消除。

检查变速器换档机构总成线束的插头，发现黄红线有接触不良的情况（图 3-86 箭头所指）。

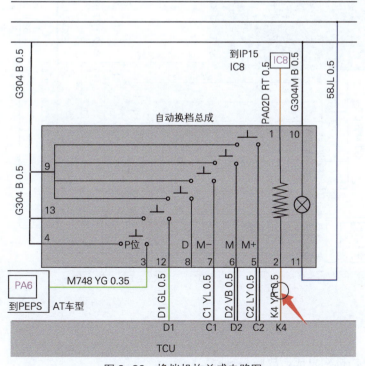

图 3-86 换档机构总成电路图

接触不良（即虚接）的具体位置是换档锁电磁阀（图3-87）到 TCU 之的控制线，导致 TCU 接收不到换档电磁阀的电信号，TCU 把这一信息共享到车载网络 CAN，但不记录故障码，只点亮 CVT 故障灯，同时在导航屏中显示"自动变速器故障"。

重新处理上述线束，故障被排除。

2. 切换手动模式时故障灯点亮

一辆众泰大迈 X5，搭载无级变速器，当切换手动模式时故障灯点亮，而且不能实现手动加减档。

连接专用诊断仪，进入 TCU 系统，读到故障码"P0955，当前，模式信号错误"（图3-88）。

拆卸副仪表台，测量手动模式开关的工作状态，发现白线和黑线在切换到手动模式时两线不导通（图3-89）。

为了进一步确认故障点，找来新备件做替换试验，在相同条件下测量这两根线的电阻值，为导通，据此确定为换档机构故障。

图 3-87 换档锁电磁阀所在位置

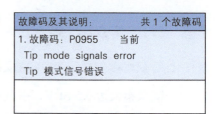

图 3-88 故障码截图

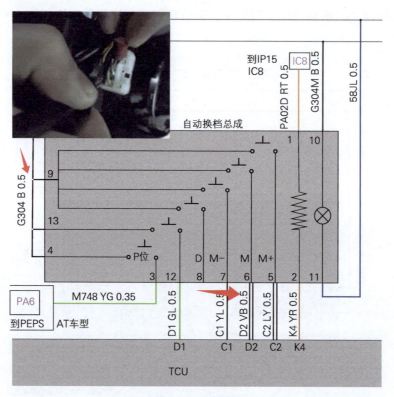

图 3-89 电路图

更换新的换档机构总成，故障被排除。

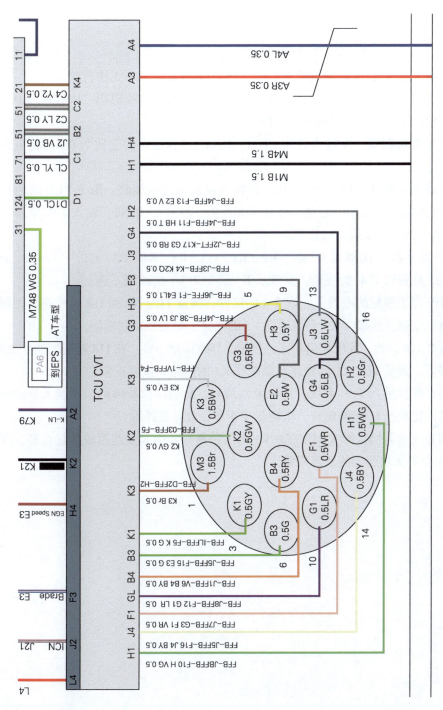

图 3-90 TCU 插接器电路图

该型变速器的换档模式切换信号来自换档机构总成，因为手动模式开关失常，导致TCU接收不到此信号，TCU存储故障码并点亮变速器故障灯（报警），所以TCU不再控制手动模式换档。

3. 故障灯点亮时挂D位和R位无法行驶

一辆众泰大迈X5，变速器故障灯点亮，挂D位和R位汽车无法行驶。

连接众泰专用诊断仪，进入变速器控制系统，读到当前故障码"P0966，EDS2（副轮电磁阀）接地故障"，该故障码无法清除。

读取系统的数据流，发现电磁阀EDS1、EDS2、EDS3的占空比为0%，说明这几个电磁阀不工作。

查阅电路图（图3-90），测量TCU的输入电源和接地线路。取下TCU的插接器，测量常电L4输入电压为12V，正常。打开点火开关，测量J2 IGN1，输入12V电压，正常。测量M1和M4的接地线路，也正常。

再测量变速器插接器M3、K3、K2、K1、G3、B3、B4、E2、G1、G4、F1、J3、J4、H1、H2、H3分别到TCU的线路，发现从K1到TCU K1的线路不通。

接着打开位于前舱的电器盒，取下I插接件，测量TCU K1到I18的线路，无短路和断路现象。测量变速器插接器K1到电器盒F5的线路，也无短路和断路。

仔细检查I18插片，发现该插片已经断裂，导致接触不良。在I18断裂的插片上塞铜丝，再连接插接器，测量TCU K1到变速器插接器K1的线路，恢复正常。

再连接诊断仪进入TCU系统，清除原故障码，然后读取故障码，系统无故障码存储。起动发动机，先后挂D位和R位，车辆起步正常，故障被排除。

本案例是变速器插接器K1到TCU K1的线路断路，引起变速器故障灯点亮，并且出现挂D位和R位都无法起步的故障现象。

第四章
双离合变速器
（DCT）

01 双离合变速器包括哪些主要部件？

双离合变速器简称为"DCT"，它是英文 Dual Clucth Transmission 的缩写（大众公司使用的名称 DSG 是德文缩写）。

以大众 DQ500 变速器为例，该型变速器属于 7 档湿式（图 4-1），它是在 DQ250 双离合变速器的基础上研发而来的。

图 4-1　DQ500 变速器的外围设备

1. 输入轴

7 个档位的主动齿轮固定安装在同轴布置的输入轴 1 和输入轴 2 上（图 4-2）。

1）输入轴 1。它穿过中空的输入轴 2，然后通过齿轮连接多片离合器 K1。输入轴 1 上固定安装有 1 档、3 档、5 档以及 7 档齿轮。

2）输入轴 2。它是一种中空的传动轴，安装在输入轴 1 外圆的滚柱轴承上，通过齿轮连接多片离合器 K2。输入轴 2 上固定安装有 2 档、4 档和 6 档齿轮。

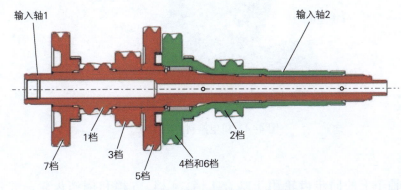

图 4-2　输入轴 1 和输入轴 2 剖面图

2. 双离合器

这种离合器组件（图4-3）的直径比较大，其内安装的摩擦片数量增多，以确保能够传输较高的转矩。此外，离合器的外壳上安装了驱动液压油泵的齿轮。

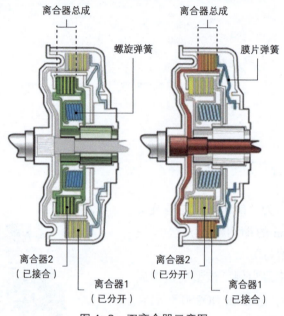

图4-3 双离合器示意图

3. 机电控制单元

机电控制单元是双离合变速器的中央控制模块，它包含液压控制单元（执行元件）、电子控制单元以及几个传感器（图4-4）。

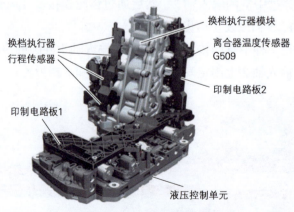

图4-4 机电控制单元J743

4. 输出轴

1）输出轴1上的同步齿轮用于啮合1档、4档、5档和倒档齿轮，并带有驻车锁（图4-5）。输出轴1上的所有同步器都具备碳素摩擦内衬。

2）输出轴2上的同步齿轮用于啮合2档、3档、6档、7档齿轮（图4-6）。输出轴2上的同步器也具备碳素摩擦内衬。

图4-5 输出轴1总成　　　　　图4-6 输出轴2总成

5. 夹紧轴总成

1）输出轴1的夹紧轴总成（图4-7）通过驻车锁、全部轴承内圈、垫圈和同步模块，从外侧锥形滚柱轴承的内圈发生作用。该总成通过止推垫圈，由输出齿轮加以支撑。

夹紧螺栓在轴承的内圈和输出轴之间建立非正向连接，这样能增加输出轴直径的有效尺寸，有利于吸收转矩。

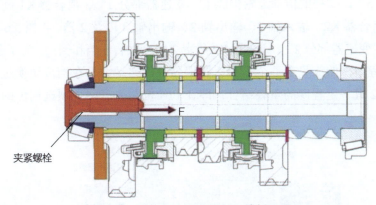

图4-7 输出轴1的夹紧轴总成剖面图

2）输出轴2的夹紧轴总成从输出轴2外侧锥形滚柱轴承的内圈发生作用，直到位于3档同步啮合齿轮上的止推垫圈，由输出轴2加以支撑。

6. 驻车锁

变速器的驻车锁（图4-8）和变速杆之间通过线缆连接，利用机械方式驱动。驻车锁齿轮作为固定件，被安装在输出轴1上。当继电器杆旋转到棘爪点位置时，驻车锁启用，连接在继电器杆上的执行器销在制动爪的开口上随着帽楔移动，制动爪被推入驻车锁齿轮的缺口内。如果出现齿对齿，驻车锁将无法使用。在这种情况下，夹紧弹簧在帽楔上施加预紧力，随着车轮的滚动和变速器齿轮转动，制动爪的齿遇到下一个缺口，会在弹簧力的作用下自动嵌入。

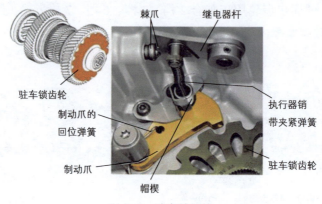

图 4-8 驻车锁机构

02 双离合变速器的工作原理是怎样的?

以大众DQ200（0AM）双离合变速器为例进行说明，它由两个相互独立的"变速器"组成（图4-9），每个"变速器"有一个离合器，"变速器"的功能、结构与手动变速器相同。这两个离合器的接合或分离由机电控制单元进行控制。离合器K1、输入轴1、输出轴1以及1档、3档、5档、7档的传动齿轮构成了"变速器部分1"，离合器K1负责1档、3档、5档和7档；离合器K2、输入轴2、输出轴2、输出轴3以及2档、4档、6档、倒档的传动齿轮构成了"变速器部分2"，离合器K2负责2档、4档、6档和倒档。为了避免传动干涉，在汽车行驶过程中，始终只有一个"变速器部分"传递动力。在档位切换过程中，离合器K1和离合器K2有一定程度的重叠结合，即在P/N位时，有两个预选档位的同步器拨叉处于啮合状态。

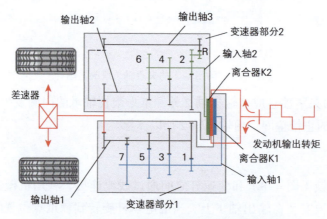

图 4-9 DQ200（0AM）变速器动力传递示意图

双离合变速器的独特之处在于由两个离合器（K1和K2）配合工作。当离合器K1接合时，离合器K2处于预备状态。在转速达到一定程度时，离合器K2立即接合，完成档位变换，随即离合器K1变成预备状态，如此交替动作。

双离合变速器的离合器总成由以下5个直径相近的部件组成：K1压盘、K1离合器片、中压盘（又称为驱动盘、主动盘）、K2 离合器片、K2 压盘。中压盘处于居中位置，不移动，它的两侧分别与 K1 离合器和 K2 离合器接合或者分离（图 4-10）。

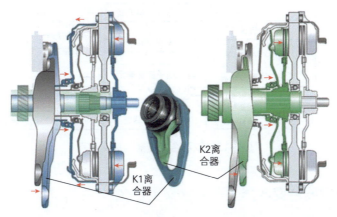

图 4-10　离合器 K1 和 K2 交替起作用

发动机的动力经过双质量飞轮传递到双离合器，再通过离合器操纵臂的作动，实现离合器 K1 和 K2 的切换。当操纵臂挤压膜片弹簧时，将使离合器摩擦片与中压盘接合，于是实现动力传递。

以离合器 K1 的接合过程为例，机电控制单元（J743）通过压力调节阀（N435）推动离合器拨叉，然后压力轴承沿着与碟形弹簧作用力相反的方向挤压压盘，由于碟形弹簧支撑在离合器壳体上，所以压盘会压向主动轮，这样转矩便传递至输入轴 1 上（图 4-11）。机电控制单元对比变速器输入转速传感器 G182 的转速与变速器输入轴 1 的转速传感器 G612 的转速，判别离合器 K1 是否存在打滑现象。

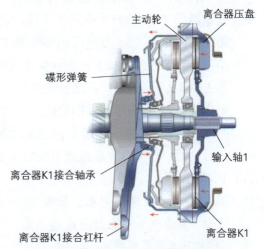

图 4-11　离合器 K1 原理示意图

对于大众 DQ250（02E）型 6 档湿式双离合变速器，当发动机起动时，变速杆处于 P/N 位，此时倒档和 2 档这两个预选档位已经处于挂接状态，即 6/ 倒档同步器被推至倒档侧，2/4 档同步器被推至 2 档侧（这两个位置信息分别通过位置传感器 G489 和 G488 获得）。当变速杆由 P/N 位推到 R 位时，变速器内的 6/ 倒档同步器和 2/4 档同步器都不需要移动，离合器 K1 做好准备工作就可以了，此时倒档和 2 档仍然是预选档。

当变速杆切换到 D 位或 S 位时，情况就不一样了，由于此前没有起步 1 档的预选准备，又由于倒档和 1 档都由离合器 K1 管理，因此当变速杆由 N 位移动 D 位时，首先 6/ 倒档同步器被推至中间空档侧，其次 1/3 档同步器从原来的中间位置被推至到 1 档位置一侧，做好起步档的准备。而 2/4 档同步器则保持原来的位置不变，2 档依然做好预选档的准备。

双离合变速器的控制过程如图 4-12 所示。

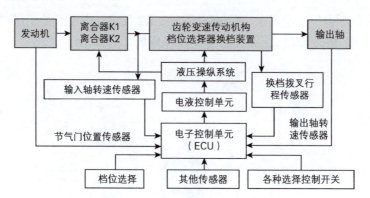

图 4-12 双离合变速器的控制过程

03 大众/奥迪双离合变速器型号的含义是什么？

大众/奥迪汽车的双离合变速器被称为"DSG"，下面以变速器型号"DL382-7F+"为例，说明大众/奥迪双离合变速器型号的具体含义（图4-13）。

图 4-13 大众/奥迪双离合变速器的型号

第一位（D）：表示变速器的类型，"D"为双离合变速器，"A"为行星轮式变速器，"M"为手动变速器。

第二位（L）：表示变速器的安装形式，"L"为纵置，"Q"为横置。

第三位和第四位（38）：表示变速器传递的额定转矩，"38"为380N·m左右。

第五位（2）：表示厂家的开发代号，"2"为第2代。

第六位（7）：表示前进档位数。

第七位（F）：表示适配车辆的驱动形式，"F"为前轮驱动；"A"为全轮驱动，带单独的分动器、中间差速器或者单独的全轮驱动离合器；"Q"为全轮驱动，带集成的分动器/中间差速器。

第八位（+）：表示更新、升级。

大众/奥迪汽车双离合变速器的系列、别称和基本参数见图4-14和表4-1。

研究变速器型号含义的目的是指导维修工作。变速器的型号信息涉及零配件的通用与互换。例如变速器DQ380和DQ500（表4-2），这两个变速器的同类件比例达到70%。两者的油路循环和冷却方式完全相同——没有MTF，只有一个ATF循环，自带冷却器。但是，两者的ATF滤清器的朝向不同。

图 4-14 大众/奥迪双离合变速器系列（部分）

表 4-1　大众/奥迪双离合变速器基本参数表（部分）

型号	DQ200	DQ250	DQ380	DQ381	DL382	DQ500	DL501
别称（装车代码）	纵置 0AM，横置 0CW	纵置 02E，横置 0D9	0DE（DQ250 的升级版，比 DQ500 小一号）	0GC	0CK（前驱）0CL（四驱）	奥迪 Q3：0BH，进口大众迈特威：0BT，大众新途观 L：0DL	0B5
额定传递转矩 /N·m	250	350	380	420	400	600	550
离合器类型	干式	湿式	湿式	湿式	湿式	湿式	湿式
前进档位数	七速	六速	七速	七速	七速	七速	七速
重量 /kg	73	94	87.5	88.2（前驱）102.4（四驱）	116.9	93	141
应用车型	斯柯达明锐、速腾、高尔夫 A7、奥迪 A3	高尔夫 GTI、迈腾 3.2V6、奥迪 TT	奥迪 Q3、大众凌渡、高尔夫 GTI		奥迪 A4L、奥迪 Q5、奥迪 C7PA	大众途观、奥迪 TT	进口奥迪 Q5、大众辉昂 2

表 4-2　变速器 DQ380 与 DQ500 对比表

	DQ380	DQ500
档位	7 档	
离合器类型	湿式	
安装方向	横置	
驱动型式	前驱	前驱或者四驱
额定转矩	380N·m	500N·m
峰值转矩	420N·m	600N·m
重量	84.9kg	
配置车型	奥迪 A3 1.8T	奥迪 Q3 2.0T
制造厂	国产	进口或者国产
适用地域	中国市场特有	全球市场

> **注意**　在维修过程中，务必分辨清楚该车变速器的类型，零配件属于 CKD 进口件还是 LC 国产件。原则上，国产件不能使用 CKD 件替换（特殊情况例外，以厂家 TPI 为准）。如果订购不到合适的配件，只能更换更高一级变速器的备件。国产 DL382 变速器目前不提供阀体备件（是否提供，最终以 Etka 系统为准），如果涉及阀体损坏（例如出现故障码 P187*），不能更换 CKD 阀体，因为存在维修后匹配不成功的风险。

04 大众 DQ400E 混动变速器具有什么特点？

DQ400E 是大众汽车公司开发的一款 P2 结构的混合动力变速器（图 4-15），它依靠三个离合器巧妙地将发动机、驱动电机与 6 档变速器结合起来。该变速器已经搭载在奥迪 A3、途观 L、帕萨特、高尔夫等多款插电式混合动力汽车上。这套混合动力系统的主要参数见表 4-3。

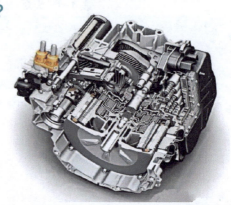

图 4-15　大众 DQ400E 混合动力变速器剖视图

表 4-3　奥迪 A3 混合动力系统主要参数表

项　　目	参　　数
适配发动机	大众 EA211 1.4TSI
发动机最大功率	110kW（5000～6000r/min）
发动机最大转矩	250N·m（1600～3500r/min）
驱动电机类型	永磁同步电机
电机总功率	85 kW
电机最大转矩	330N·m
变速器类型	DCT 湿式
变速器尺寸	473mm×534mm×405 mm
重量	电机＋变速器 225kg

DQ400E 变速器总成由一个 85kW 驱动电机、分离离合器 K0、变速器离合器 K1 和 K2、液压阀体以及换档执行机构组成。它通过内输入轴、外输入轴、中间轴 1、中间轴 2 与发动机、差速器等部件相连接（图 4-16）。

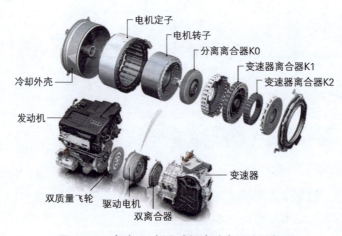

图 4-16　奥迪 A3 插电式混合动力系统分解图

1. 三离合器结构

DQ400E 变速器采用湿式三离合器型（图 4-17），三个离合器都安装在电机转子的内部，转子内壁的支架为三个离合器提供支撑。

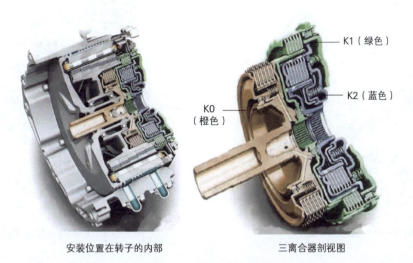

安装位置在转子的内部　　　　三离合器剖视图

图 4-17　三离合器结构

K0 离合器（橙色部分）是一个独立的离合器，用于控制变速器与发动机的接合或者分离。该离合器利用内毂的花键与发动机的双质量飞轮连接，外毂位于电机的转子上。壳体内部的圆腔里有一对滚针轴承为离合器 K0 的外毂提供支撑，同时 K0 离合器的内部有一个滚针轴承为内外输入轴提供支撑。

K1 离合器（绿色部分）和 K2 离合器（蓝色部分）与其他双离合器大同小异。K1 离合器的外毂与电机转子支架连接，内毂的内花键用于连接内输入轴，摩擦片采用卡环固定。

K2 离合器的外毂布置在 K1 离合器外毂的内部，与 K1 离合器外毂连接，内毂的花键用于连接外输入轴，摩擦片也用卡环固定。

离合器的驱动机构由活塞、回位弹簧、弹簧支架三部分组成。

2. 控制和润滑

该变速器离合器的分离和接合依靠液压控制，K0 离合器使用活塞方式实现移动。

在变速器的壳体上以及轴系内加工了控制油道。液压系统通过控制油道油压，完成离合器的接合和分离。

离合器属于高速旋转部件，离合器片要经受强力摩擦，在工作中会产生大量的热量，所以需要对离合器进行润滑和冷却。

同样，在壳体上和轴系内加工有用于润滑的专用油道。

3. 齿轮轴系结构

DQ400E 变速器的轴系结构采用平行三轴式（图 4-18），由内输入轴和外输入轴、中间轴 1、中间轴 2 以及差速器等组成。奇数档的主动齿轮布置在内输入轴上，偶数档的主动齿轮布置在外输入轴上。中间轴 1 上依次布置倒档、4 档、1 档的从动齿轮。中间轴 2 上依次布置 2 档、6 档、3 档、5 档的从动齿轮（图 4-19）。

图 4-18　齿轮轴系结构

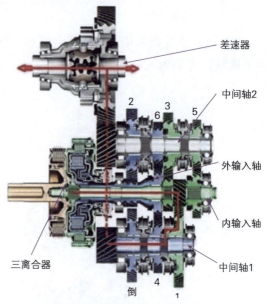

图 4-19　1 档的动力传递路径

4. 换档执行机构

在每个中间轴上布置了两个同步器（图 4-18），一共安装了 4 个同步器，与之对应有 4 套拨叉总成，实现对 6 个前进档和一个倒档的切换。

DQ400E 变速器的换挡执行机构为分离驱动式，即液压控制系统直接驱动拨叉轴的两端，这样有效地降低了摩擦损失，缩短了尺寸链，有利于减小液压模块的振动和变形。

05 福特 DPS6 变速器的结构原理是怎样的？

福特福克斯等车型搭载 DPS6 型双离合变速器，它是德国格特拉克（GETRAG）公司的产品，该公司定名为 6DCT250 变速器。

从本质上说，DPS6 是两个手动变速器的组合，加上电动机械控制自动换档，其润滑方式与手动变速器相同。

DPS6 变速器的离合器结构和机械换档齿轮传动与大众汽车的双离合变速器类似，主要区别在于：DPS6 使用 4 个电动机来控制 2 个离合器操作臂和 4 个换档拨叉，而大众双离合变速器依靠液压电磁阀控制换档。

1. 离合器的结合与分离

DPS6 的离合器总成安装在变速器的空心输入轴 2 上。DPS6 离合器的结构如图 4-20 和图 4-21 所示。

DPS6 的两个离合器（C1、C2）的两个操作臂由两个电动机分别驱动（图 4-22），这两个电动机中心线的夹角为 180°。该电动机由 TCU 控制，即步进电动机的信号来自 TCU，一个脉冲电信号电动机移动一步。正转、反转、转速、转矩都可以控制，从而完成

第四章 双离合变速器（DCT）

图 4-20 DPS6 变速器离合器总成

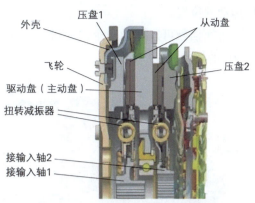

图 4-21 DPS6 变速器双离合器剖视图

离合器的接合、半接合以及分离等动作。膜片弹簧的推力环的最大推力大约为 3200N，压力轮的最大推力可以达到 7000N。

以 C2 离合器为例（图 4-23），滚动压力轮在操作臂的外部可以来回滚动。操作臂的底部（图 4-23 中的上端）凹下去，当滚轮处在这个位置时，离合器压盘是分离状态。电动机驱动滚珠丝杠旋转，丝杠带动大螺母前行（正转）或者后退（逆转）。大螺母上面是滚动压力轮。为了减少传动阻力，压力轮和大螺母上的轴销使用轴承连接。滚珠丝杠因为传动角度很小，丝杠容易推动螺母前行，但螺母反过来推动丝杠转动就很费劲，从丝杠转动到螺母前行是一个力量成倍放大的过程。当离合器压紧后，没有档位变换时，电动机把螺母停在当前位置，电动机本身有锁定装置。这就是福特 DPS6 变速器"电动机—丝杠—螺母"的精妙设计，非常有效和节能。

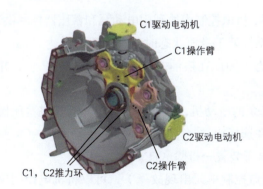

图 4-22 离合器操作臂结构图

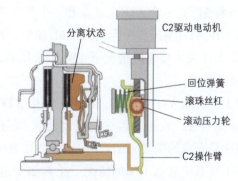

图 4-23 C2 离合器的分离状态

2. 换档拨叉的移动原理

DPS6 变速器内共有 4 个拨叉负责 6 个档位的切换，换档拨叉的移动由两个直流无刷步进电动机控制。两个电动机通过中间齿轮的两级减速来驱动换档鼓。两个电动机分别驱动两个换档鼓，每个换档鼓控制两个拨叉（图 4-24）。换档鼓的作用是利用特殊几何形状的滑道（沟槽），将电动机的旋转运动转换成拨叉上的滑动键的往复运动。当换档鼓转动时，拨叉上的滑动键沿着换档鼓的沟槽移动，从而完成换档。滑道的几何形状决定了换挡拨叉可以运动的位置。

一个换档鼓可以驱动两个滑动键，也就是说能够驱动两个换档拨叉（图4-25），完成3个档位的切换。

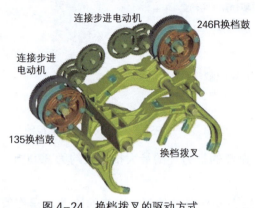

图4-24　换档拨叉的驱动方式

图4-25　换档鼓、滑动键与换档拨叉

06 怎样检修DL382变速器的液压油路系统？

奥迪汽车搭载的DL382型双离合变速器采用ATF、MTF两个油液循环系统，自带冷却器。ATF泵和MTF泵都由电动机驱动，润滑效果与发动机的转速无关。电动液泵可以在点火开关接通且发动机静止状态下随时按需启用。

1. 检修ATF油系统

该系统配有一个ATF电动泵和一个蓄压器，机电控制模块利用电动泵和蓄压器控制供油。

1）在ATF蓄压器中大约有0.6L油液，系统处于带压状态时，最大压力可达28bar。即使在点火开关未接通的情况下也处于带压状态，因此在换油之前，必须关闭ATF泵，并对蓄压器泄压。

2）在维修ATF泵之前，必须先锁止ATF泵的电动机，并且按照规定步骤排空蓄压器。先连接诊断仪，在引导性故障查询功能/部件选择中选择下列菜单项：传动系→0CK变速器→01具有自诊断能力的系统→02变速器电子装置→排除ATF。

3）在系统状态不明的情况下（例如变速器控制单元出现故障），可以将机电控制单元的螺栓最小程度地拧开，以便缓慢地释放蓄压器内的油压。

4）维修人员要佩戴防护镜。

2. 检修MTF油系统

DL382变速器装备了一个MTF泵和一组供油盘。MTF泵包括一个带控制单元的电动机和一个离心泵。

1）MTF油位的检查。让变速器保持静止状态至少15min，以确保变速器内的机油油位平衡。

正确的 MTF 油位，应当比检查孔和加注孔的下边缘低 2mm（图 4-26）。

2）注意事项。在检修时注意以下事项：

① 如果要排放 MTF，需要拆卸 MTF 泵。

② 尽量不要拔下 MTF 泵的电插头，以免插头沾到 MTF 油液。

③ 由于 MTF 泵处于变速器的底部，因此在拆下以及重新装上变速器时，要防止发生碰撞损坏。

3. 变速器不可过度倾斜

该型变速器的 ATF 油腔和 MTF 油腔共用一个排气孔（图 4-27）。对于加注了 ATF 和 MTF 的变速器，向侧面和纵向倾斜最多不能超过 15°（图 4-28）。如果需要更大的倾斜角度，必须排出 ATF 和 MTF。

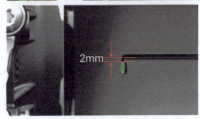

图 4-26 变速器油（MTF）的正确油位

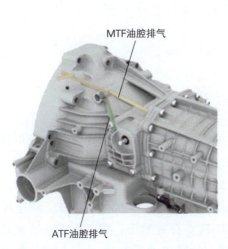

图 4-27 变速器油腔的排气孔位置

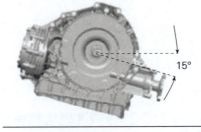
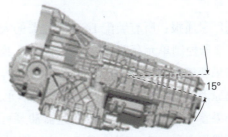

图 4-28 加注了油液的变速器最多只能倾斜 15°

4. 油路几种故障的检修

1）奥迪 C7 PA-MJ16/MJ17、奥迪 B9MJ16/MJ17 发生变速器油底壳漏油。可以重新拧紧油底壳的螺栓，拧紧力矩 5N·m，拧紧的顺序如图 4-29 所示。

如果试车发现依然渗油，需要更换变速器的 ATF 油底壳。

2）奥迪 C7PA 在发动机与 DL382 变速器结合处渗油。可能原因是离合器的黑色盖板不平整。维修方案是：在确定

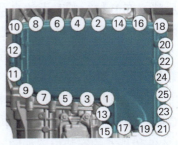

图 4-29 油底壳螺栓的拧紧顺序

离合器渗油后，直接更换离合器总成。

3）客户抱怨组合仪表显示"变速器故障"。经过检查发现，在诊断地址码 02 中存有故障存储器记录"P0C2900：启动变速器油的附加液压泵，不可信"。

排查此类故障时，要注意检查故障存储器记录的以下"症状"：

P 代码"P0C2900：启动变速器的附加液压泵，不可信"；症状：20800。

P 代码"P0C2900：启动变速器的附加液压泵，不可信"；症状：20801。

售后服务的解决方案如下：

对于"症状 20800"：无论主动 / 静态还是被动 / 偶发，都根据引导性故障查询处理。

对于"症状 20801"：若属于主动 / 静态，根据引导性故障查询处理；若属于被动 / 偶发，则进行软件版本升级，见表 4-4。

表 4-4　DL382 变速器软件版本代码

车　型	软件版本代码
奥迪 A6	02A092
奥迪 A4/A5	02A211

注意　在升级变速器控制单元过程中，变速杆必须置于 P 位，否则升级程序会中断。

07　如何检修 DQ200 变速器换档拨叉的故障？

据厂家通报：所有装配 DSG 变速器的大众车型，在使用中出现挂 D 位或 R 位不行驶现象，变速器控制单元存储故障码"P284C，换档拨叉 4 阻滞"，其产生原因和解决方案如下。

如果变速器没有经过充分的自学习，容易受到油泵性能的影响，导致拨叉卡滞。如果属此类原因，可以在线刷新变速器控制单元，并执行变速器自适应学习（SFL）程序即可。

如果蓄电池的电量不足，变速器油泵可能无法建立有效油压，拨叉将无法被推动，系统判断拨叉卡滞，会点亮故障灯。这种情况往往伴有故障码"C0800，电子制动控制单元电源回路低"。如果属这种原因，只需给蓄电池充足电量，并且清除故障码即可。

一辆 2015 款迈腾轿车，搭载 0AM 7 档干式双离合变速器，行驶里程 17875km。据客户反映，在 D 位行驶时无法自动换档，变速器只能以 2 档应急行驶。故障偶尔出现，如果关闭发动机后重新起动，故障现象会消失。

连接专用诊断仪 ODIS 检测，读到故障码"P173A00，档位调节器的行程传感器 1 不可靠信号"，如图 4-30 所示。

故障点指向"档位调节器的行程传感器 1"，它就是 1/3 档换档拨叉的位置传感器 G488，该传感器与机电控制单元制成一体，与控制单元之间没有线束连接，如图 4-31 所示。G488 传感器的安装位置如图 4-32 所示。

地址:02	系统名：02.7档直接换档变速器（DSG）0AM		协议改版：KWP2000 TP20
硬件零件号	0AM927769D		
软件零件号	0AM300054B		
硬件版本号	043		
软件版本号	3642		
总成号			
编码	20		
可擦写性			
系统名称	GSG DSG AG7 431		
事件存储器条目			
编号	P173A00（P173A）档位调节器的行程传感器1不可靠信号		
故障类型1	tbd		
故障类型2	静态		
标准环境条件	日期	14-10-8	
	时间	上午 9:25	
	行驶里程	17875	
	优先等级	0	
	频率计数器	7	
	忘记计数器/驾驶周期	40	

图4-30 TCU存储的故障码截屏

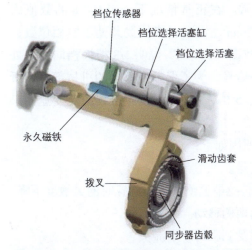

图4-31 1/3档换档拨叉位置传感器及相关部件　　图4-32 1/3档换档拨叉位置传感器的安装位置

该变速器档位选择机构的工作过程如下：机电控制单元利用液压力推动活塞，进而促使换档拨叉摆动，拨叉再带动同步器齿毂移动，于是选择不同的档位。传感器G488将检测的换档拨叉的实际位置信号传递给变速器控制单元（TCU），TCU得以实现对换档的闭环控制。

读取发生故障时变速器的状态数据，如图4-33所示。

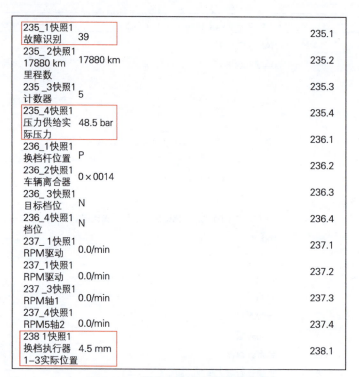

图 4-33 发生故障时的数据流截屏

从数据流中看出：发生故障时，系统的供油压力为 4850kPa，在正常范围内；1/3 档换档同步器的实际位置值为 4.5mm，这个数值失常。在正常情况下，当 G488 的数值为 8～9mm 时，换档拨叉处于 1 档位置；数值为 -0.2mm 左右时，换档拨叉处于空档位置；数值为 -9～-8mm 时，换档拨叉处于 3 档位置。数据 "4.5mm" 说明 1/3 档换档同步器处于 1 档和空档之间的某一位置。TCU 认定为不可信信号，为了保护变速器的机械部分，所以关闭变速器部分 1，K1 离合器断开、1 档、3 档、5 档、7 档等无法接合，因此变速器只能以 2 档行驶。

双离合变速器控制单元记录上述故障码的可能原因如下：

1）换档同步器位置传感器失常，发出错误的信号。
2）同步器感应磁铁上吸附的铁屑过多，导致该传感器监测同步器位置时的灵敏度下降。
3）液压电磁阀输出的油压无法使换档同步器向两侧移动。
4）机械部分故障，使换档同步器向两侧移动时受到阻碍（卡滞）。
5）变速器控制单元本身失常。

拆下阀体总成，用手推动 1/3 档换档拨叉，未发现卡滞现象。检查阀体中 1/3 档换档拨叉的控制活塞，发现 O 形密封圈、油封、导向套以及活塞杆等都正常。

目测机电控制单元上的 1/3 档拨叉位置传感器 G488，未发现异常。检查 1/3 档换档拨叉，发现传感器磁铁支架有轻微的变形。由于磁铁支架变形，导致磁铁与传感器 G488 的相对位置发生变化，正是这种位置超差引起 1/3 档换档拨叉位置信号失常，最终造成变速器进入应急模式——只能以 2 档行驶。

对照正常车辆，调整 1/3 档换档拨叉磁铁的支架，然后试车，故障没有再出现。

08 怎样拆卸和安装 DL501 双离合变速器？

1. 需要拆装双离合变速器的情况

1）检测到"01F75（SAE 代码 P179E00），变速器档位范围传感器，电气故障"之类的故障。对于这类故障，必须分解变速器，可能需要更换档位开关。

2）变速器壳体漏油。凡是发生这种故障，必须拆解变速器，然后在壳体和盖板之间涂抹密封胶。

2. 拆卸双离合变速器的正规顺序（图 4-34）

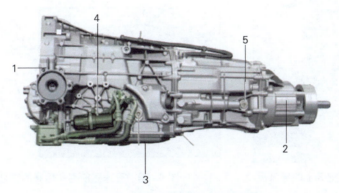

图 4-34 拆卸双离合变速器的顺序

1—拆卸双离合器总成 2—拆卸后壳和托森差速器
3—拆卸外部滤清器或 ATF 管路连接件、油底壳和机电控制单元
4—拆卸前壳 5—拆卸中壳

在拆卸机电控制单元后，可以看到 5 个连接管，这 5 个连接管的作用如下：管 1 是离合器 K1 的供油管；管 2 是离合器 K2 的供油管；管 3 是机电控制单元的回油管；管 4 是喷射泵的供油管；管 5 是机电控制单元的供油管（图 4-35）。

可以使用压缩空气，通过供油管 1 和供油管 2，对离合器 K1 和 K2 加压，检测离合器 K1 和 K2 是否密封不严。也可以将压缩空气注入连接管 4，检测喷射泵的状态，如果喷射泵损坏，会影响离合器的冷却，导致离合器温度过高。

图 4-35 连接管的位置

3. 组装双离合变速器的注意事项

1）更换新的档位传感器时，需要把档位传感器的插头套（图 4-36 中的 3）取下来。
2）使用固体黏合剂，固定变速器前壳的磁铁和导流板（图 4-37 和图 4-38）。

3)在前壳和后壳的结合面上分别涂抹密封胶(图4-39)。

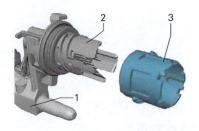

图4-36 取下档位传感器的插头套

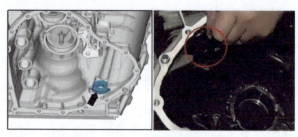

图4-37 变速器前壳的磁铁

图4-38 变速器前壳上的导流板

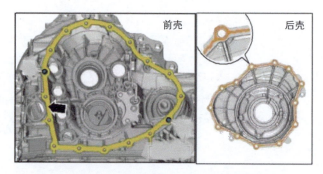

图4-39 变速器前壳和后壳的结合面

4)安装变速器前壳时,注意检查变速器前壳双面油封的唇口是否损坏。稳妥起见,建议在装好前壳之后,更换一个新的双面油封(图4-40)。

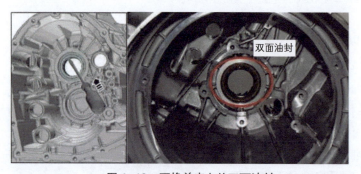

图4-40 更换前壳上的双面油封

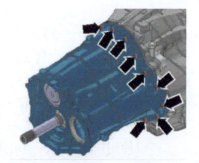

图4-41 壳体的连接螺栓

5)由于壳体的连接螺栓为铝质,拧紧时需要按照规定的力矩,最好更换新的螺栓。对于图4-41中箭头所指的连接螺栓,按照以下步骤拧紧:

① 以交叉的方式拧紧,拧紧力矩为8N·m。

② 以交叉的方式,继续转动120°。

6)拧紧输出长轴的固定螺栓的力矩为150N·m,再转动90°(图4-42)。

7)安装中壳和后壳的连接螺栓,拧紧顺序和拧紧力矩见图4-43和表4-5。

第四章 双离合变速器（DCT）

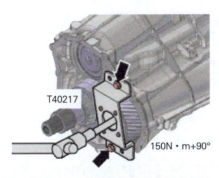

图4-42 拧紧输出长轴的固定螺栓

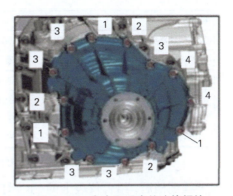

图4-43 中壳和后壳的连接螺栓

表4-5 中壳和后壳连接螺栓的拧紧力矩要求

步骤	螺栓	拧紧力矩/继续转动角度
1	铝螺栓1	8 N·m
2	铝螺栓2	用手拧入螺栓，直至其贴紧
3	铝螺栓1	重新松开，然后手动旋入到贴紧为止
4	铝螺栓3	用手拧入螺栓，直至其贴紧
5	钢螺栓4	用手拧入螺栓，直至其贴紧
6	1、2、3、4	10 N·m，以交叉方式
7	钢螺栓4	15 N·m
8	1、2、3、4	以交叉方式继续转动90°

09 如何检修DSG机电控制单元的常见故障？

1. 常见故障现象

1）在车辆行驶中，组合仪表偶尔显示"变速器故障，可以继续驾驶车辆"，严重时发动机转矩下降，踩加速踏板反应迟缓。连接故障诊断仪，读到故障码"P17D800，由于离合器温度造成转矩受限，被动/偶发"（图4-44）。

2）组合仪表显示"变速器故障，可以继续驾驶车辆"，前进档只有1/3/5/7档，没有2/4/6/倒档。连接故障诊断仪，读到故障码"P174F00，子变速器2中的阀4，电气故障"（图4-45）。

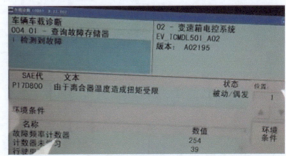

图4-44 检测到的故障码P17D800（截屏）

控制单元			结果	
02—变速器电控系统（UDS/ISOTP/4G1927156F/0003/H01/EV- TCMDL501021/001010）				
故障代码	SAE 代码	故障文本		
02979（10617）	P275300	变速器油冷却阀，断路		
0297A（10618）	P275500	变速器油冷却阀，对正极短路		
01F68（8040）	P17D800	由于离合器温度，造成转矩受限		
01F5C（8028）	P174F00	子变速器 2 中的阀 4，电气故障		

图 4-45 检测到的故障码 P174F00（截屏）

3）变速器挂倒档后，组合仪表上的"R"灯闪烁，倒档不能行驶，前进档只有 1/3/5/7 档，没有 2/4/6/ 倒档。连接故障诊断仪检测，读到故障码"P176A00，档位调节器 1 不可调，主动/静态"。

4）变速器只有 2/4/6/ 倒档，没有 1/3/5/7 档。诊断仪显示故障信息"P174A00，子变速器 1 中的阀 3，电气故障，主动/静态"（图 4-46）。

图 4-46 检测到的 P174A00 故障码（截屏）

5）显示屏上扳手符号和"P"符号闪烁，D/R 位不能行驶，详细情况如下。

一辆 2015 款帕萨特 1.8TSI 轿车，搭载 CEA 发动机与 DQ200（即 0AM）七速双离合变速器，行驶里程约为 13 万 km。因组合仪表同时闪烁扳手符号和"P"符号，D/R 位都不能行驶，被拉到维修站。

连接专用诊断仪 VAS6150，进入变速器机电控制单元 J743 查询故障信息，报出的故障事件条目为"P0562，电源电压过低，静态"。

查阅该变速器的电路图，如图 4-47 所示。

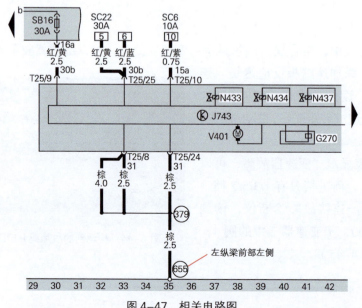

图 4-47 相关电路图

读取测量数据块第 12 组，发现为 J743 供电的 KL.30 端子的电压为 11.9V。既然诊断仪可以进入 J743 访问，说明熔丝 SC6（10A）的供电正常。结合 D/R 位无法行驶的现象，故障码 P0562 所指引的维修方向，应该是内置在 J743 中的液压泵电动机 V401 供电失常。

检查位于发动机舱内的熔丝 SB16（30A），发现已经熔断，说明其下游电路存在短路点（图 4-48）。将自制的短路检测器插入 SB16 插座，短路检测器上的 12V 试灯点亮，说明该电路有问题。断开 J743 的 T25 插接器，隔离 J743，此时试灯熄灭，说明短路点位于 J743 内部。

图 4-48　熔丝 SB16（30A）已经熔断

拔下短路检测器，在不安装熔丝 SB16 的情况下，运行引导性故障查询程序，诊断仪给出的诊断结论是 J743 的 T25/9 端子内部电阻太高，需要更换 J743。

2. 故障产生原因

造成以上种种故障的原因，往往是机电控制单元失常。在长期的使用过程中，变速器油中的硫元素和塑料部件中的碘元素（无机热稳定剂含有碘元素）会损伤金属表面，在高温、高湿的作用下造成电解腐蚀，于是在机电控制单元的电路间形成微粒，从而造成短路。解决方法是更换改进后的 DSG 机电控制单元。

另外，当搭载 0B5（DL501）双离合变速器的奥迪轿车出现行驶性能故障（或功能受限）时，一般需要更换机电控制单元的维修套件，其零件号为 0B5927156D、0B5927156E 或者 0B5927156F。

10 更换 DSG 的机电控制单元有什么技巧？

鉴于 DSG 在 P/N 位有两个预选档的同步器拨叉处于工作状态，在拆装机电控制单元 J743 时，必须使 4 个同步器都处在空档位置。为此，需要先将变速杆置于 P 位，并连接专用诊断仪，然后执行引导性功能，进入系统选择，选择 6 速或 7 速双离合变速器，将 J743 机电控制单元置于拆卸位置（即所谓"置空"），按下"继续"键，最后关闭点火开关，再进行正常的拆卸。上述操作的实质，是利用诊断仪设置空档，使所有的换档拨叉处于空档位置，以免在拆卸过程中引起零件变形。

如果缺乏专用诊断仪，可以执行以下步骤：

1）在更换新的机电控制单元之前，找到机电控制单元的代码（图 4-49）。

2）调整档位调节器。根据机电控制单元的代码，使用深度尺或者卡尺，设置距离 a。对于代码至"L31B1137"的机电控制单元，尺寸 $a=28$mm；代码从"L31B1137"起的机电控制单元，尺寸 $a=32$mm（图 4-50）。

然后将档位调节器的咬合件（图 4-51 中箭头所指）调整到一条直线上，以便安装时卡入换档拨叉的孔圈内。

图 4-49　标注机电控制单元代码的位置

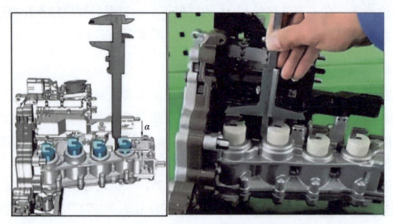

图 4-50　调整档位调节器的距离

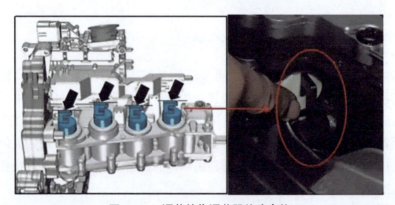

图 4-51　调整档位调节器的咬合件

3）安装机电控制单元时，换档拨叉 1～4 必须置于 N 位（空档）。每个换档拨叉有 G（挂入档位）、N（空档）、G（挂入档位）等三个位置。用手分别拨动拨叉 1～4 到这三个位置，再检查拨动是否灵活，最后将拨叉置于 N 位，如图 4-52 所示。

4）安装机电控制单元。首先将档位调节器和换档拨叉孔的位置对好，然后将机电控制单元的定位销（图 4-53 中的圆圈部分）与壳体上的定位孔对正，最后安装机电控制单元。

第四章 双离合变速器（DCT）

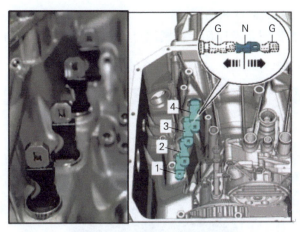

图 4-52 调整换档拨叉的位置

图 4-53 机电控制单元上的定位销

需要注意以下两个问题：

① 机电控制单元的定位销必须能够顺利地进入变速器壳体的孔内。

② 如果机电控制单元不容易安装，往往是换档拨叉或档位调节器未处在空档位置。应检查空档位置是否正确，必要时重新调整。

5）仔细检查机电控制单元是否安装到位，其方法是将一个手电筒置于机电控制单元和变速器壳体之间的开口上方，然后照射光线，检查档位调节器是否都挂到了换档拨叉的孔内（图 4-54）。

如果档位调节器没有全部挂入换档拨叉的孔内，需要取下机电控制单元，重新调整换档拨叉或者档位调节器。

6）在机电控制单元安装到位以后，按照图 4-55 标示的顺序，安装机电控制单元的固定螺钉，拧紧力矩为 10N·m。

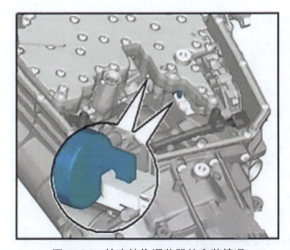

图 4-54 检查档位调节器的安装情况

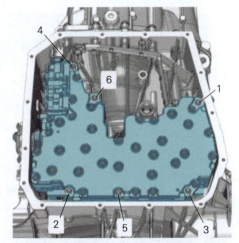

图 4-55 安装机电控制单元固定螺钉的顺序

7）安装线束插接器、内部滤清器、机电控制单元插头壳、ATF 滤清器外壳/ATF 管路连接件。因为静电放电具有损坏机电控制单元的危险，所以在安装插头前，应当消除维修人员自身所带的静电,不要用手接触插接器内的触点和端子。

8)更换油底壳垫,安装油底壳,然后按照对角顺序用手拧紧螺钉,拧紧力矩为10N·m(图4-56)。

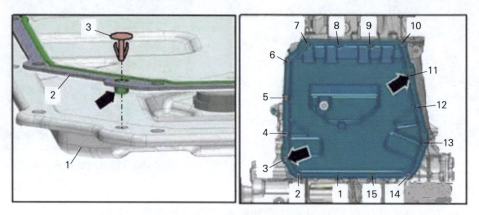

图4-56　油底壳固定螺钉的拧紧顺序

11　奥迪A3更换机电单元后为什么不能行驶?

一辆2013款进口奥迪A3,搭载1.4T发动机和7速干式双离合变速器DQ200(0AM),行驶里程约2000km。客户反映汽车不能行驶。

连接大众诊断仪VAS5053检测,在变速器电控系统读到两个故障码:P17BF和P189C(图4-57),初步判断故障出在变速器的机电控制单元。

更换机电控制单元,然后通过诊断仪的引导性功能对变速器做基础设定,但是被中断,并出现一个中断代码"8"(图4-58),车辆也不能行驶。

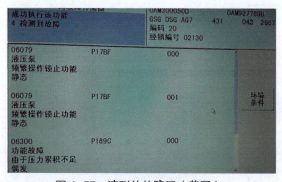

图4-57　读到的故障码(截图)　　图4-58　进行变速器基础设定时出现的中断代码

查阅厂家提供的"终止代码表"和"FID故障编码"得知,中断代码"8"的含义是:在进行变速器基础设定时,系统准备p_存储器超时,同时在系统准备过程中,未正确形成油泵压力,或者油泵压力失真($P>50bar$)。简言之,就是液压系统的压力不足,导致机电控制单元在执行基础设定时超出了规定的时间。这说明故障的根源在于油压过低。

再次连接诊断仪，进入变速器控制系统，读取 56～58 组数据块，在第 56 组数据块中读到有问题的 4 个数据（图 4-59），第 57 组和 58 组数据正常。再通过"FID 故障编码"查询与这 4 个数据对应的解决方案，得知 271 和 272 是指由于油泵压力不足而使油泵停止运转，247 是指无法诊断蓄压器，153 是指压力传感器信号失真，解决方案全部是更换机电控制单元 J743。

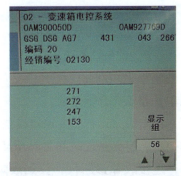

图 4-59　从数据块第 56 组读到的数据

本故障的关键点是：在没有达到规定油压时油泵就停止了工作，其产生原因要么是液压油不足，要么是更换的机电控制单元本身有问题。故障可能原因包括：① 在做基础设定过程中，油泵输出未能达到预定要求的压力；② 蓄电池电压不足，诊断设备连接线虚接或者接触不良；③ 机电控制单元的编码或版本不对；④ 零件安装失误。

首先分析第 3 种可能原因，连接诊断仪，进入机电控制单元，观察控制单元的编码信息是"7""17"还是"20"。其中"7"代表机电控制单元总装线检测台环境，"17"代表变速器总装线检测台环境，"20"代表正常行车状态环境。检查结果是"7"（图 4-60），将它更改为"20"（若编码是"20"，就不需要改动，可检查其他原因）。

分析第 2 种可能原因，检查蓄电池的电压以及诊断设备的连接线，没有问题。

分析第 1 种可能原因，通过诊断仪的引导查询功能，检查油泵 V401 的输出油压和电压值，正常。

分析第 4 种可能原因，使用专用工具 T10407 进行调整，适当左右移动推杆，重新安装机电控制单元。

经过以上维修之后，故障还是没有排除。打算再次拆卸机电控制单元检查，排放液压油，发现油量只有 0.7L，而标准是 1L。于是补足液压油，再连接诊断仪进行变速器基本设定，结果顺利完成。反复试车，行驶正常，故障被排除。

这个故障案例并不复杂，主要是忽略了一个问题——机电控制单元 J743 中的液压油虽然标准量是 1L，但它不包括蓄压器内部存储的那一部分油（0.2～0.3L，如图 4-61 所示）。更换新机电控制单元时蓄压器内是没有存储液压油的，所以更换之后应当加注 1.2L 油液。

图 4-60　更改机电控制单元的编码

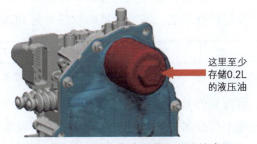

图 4-61　DQ200 变速器蓄压器的储油量

12 奥迪 A3 轿车为何偶尔报"离合器过热"？

一辆 2015 款奥迪 A3 轿车，搭载 CSSA 1.4L TSI 发动机和 0CW 7 速干式双离合变速器，行驶里程 12560km。据客户反映，该车偶尔报"离合器过热"，之前因事故更换过机电控制单元和双离合器总成。

接车后试运行，变速器换档正常，但感觉动力欠佳，组合仪表偶尔出现"离合器过热"的提示，熄火一段时间再起动又恢复正常，故障出现多次。

连接故障诊断仪，读到故障码"P278700（10787），离合器过热，被动/偶发"。造成离合器过热的可能原因是：①机电控制单元内的电磁阀输出有问题；②离合器失常；③转速传感器故障。

读取该车的冻结数据帧"分析33～分析64"，部分结果如下：

分析 33：离合器过热。

分析 34：故障发生时车辆的行驶里程为 12560km。

分析 36：机电控制单元的系统油压为 4550kPa。

分析 39 和分析 40：变速器当前的档位，故障发生时的档位是 K2 离合器控制下的 2 档。

分析 41～分析 44：分别表示变速器的输入转速、输出转速以及输入轴 1 转速、输入轴 2 的转速。

分析 63 和分析 64：表示离合器 1、离合器 2 的最高温度。

该型变速器虽然没有离合器温度传感器，但是系统会根据变速器的输入转速传感器 G182 以及输入轴 1 传感器 G632 与输入轴 2 传感器 G612 的转速差来推算离合器的温度。

综合上述分析，得出以下判断：

1）故障产生时的档位为 2 档，变速器输入转速为 864r/min，可以理解为是在拥堵、低速路况时出现故障。

2）由于变速器输入转速为 864r/min，2 档的输入转速为 576r/min，二者有近 300r/min 的转速差，此时的系统油压为 4550kPa。这几个数据说明：控制单元发出的控制信号正常，机电控制单元的主油路油压也没问题。

于是驾驶汽车挂 2 档在各种路况下试车，发现在 2 档加速情况下，2 档升 3 档有打滑现象，而 1 档加速起步不会出现该现象，说明机电控制单元的传感器正常，加上之前的修理已经更换过双离合器和机电控制单元总成，那么导致该故障的原因应该是软件方面。

经过检查发现，该变速器的软件号是 0CW300045P-4517-0JAN（图 4-62）。

| 02 | IDE80305 | 参数组名称 | 0CW300045P-4517-0JAN |

图 4-62 故障车变速器的软件号

将此软件号与同批次销售车辆的软件号对比，发现不相符，最终查出这套软件程序是匹配第七代高尔夫 1.4T 96kW 发动机的，而本车是 110kW 的高功率发动机。

偶然中发现，另外一家服务站有一辆同样的奥迪 A3 汽车，变速器的编码与本车相同，而且机电控制单元的软件程序已经在软件数据库更新过。于是记下了该车变速器机电控制单元的版本号（0CW300047G-5234-0JGB）。

更换软件号为 0CW300047G-5234-0JGB 的机电控制单元，然后试车，2 档升 3 档打滑的故障消失了，加速无力的现象也得以解决。正确软件号的控制单元信息如图 4-63 所示。

02	IDE80276	当前汽车行驶里程	13976km
02	IDE80305	参数组名称	0CW300047G-5234-0JGB
02	IDE02739	空调压缩机切断要求	未激活
02	IDE02724	轴旋转方向 1	向前

图 4-63 正确的机电控制单元软件号

本故障的形成机理是：该车装备的是 1.4T 110kW 的高功率发动机，但之前的维修厂更换的是适配 1.4T 96kW 发动机的变速器机电控制单元，因为功率不适配，所以 TCU 报"离合器过热"故障。

13 双离合变速器动力突然中断怎样检修？

有的搭载大众双离合变速器的汽车在行驶中突然动力中断，组合仪表上的档位指示变成全红色，同时闪烁，这种现象就是传说中的"红色死亡闪烁"。该故障是由于双离合变速器离合器的温度过高而出现的应急保护状态，先是限制发动机的转矩输出，严重时切断变速器的动力传递，使汽车失去动力。

双离合变速器动力中断的原因主要有两个方面：一是两个离合器都处于分离状态，使发动机与变速器之间失去动力传递，其原因是离合器的温度过高；二是同步器的位置不正确，所有的换档拨叉（图 4-64）处于空档位置，造成主动齿轮、从动齿轮不能啮合，最终导致动力中断，汽车不能行驶。

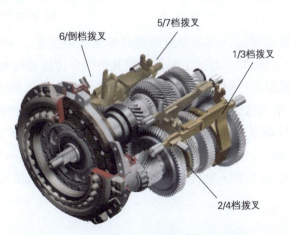

图 4-64 0AM 变速器的换档执行器（拨叉）

有的经常在市区内走走停停的大众汽车，摩擦式离合器长时间处于"半联动"状态，产生大量热量，使离合器内部形成高温，造成离合器异常磨损，TCU 进入应急模式，指令分离离合器，最终造成汽车失去动力。如果连接故障诊断仪，此时可以读到"油温传感器

G509 监测到高温"的故障信息。

一辆 2015 款一汽大众迈腾 2.0 TSI 轿车，搭载 02E 型 6 档双离合变速器，行驶里程约 3 万 km。用户反映该车冷车行驶正常，但是行驶 2km 后，车辆突然失去动力，同时仪表板档位显示区变成红色。

维修人员连接诊断仪读取故障码，提示变速器油温传感器 G509 监测到高温。02E 型变速器安装了 3 个温度传感器。其中一个是 G509 温度传感器，它的作用是监测多片湿式离合器外缘处变速器油液的温度，用于防止离合器出现过热。G509 与变速器输入转速传感器 G182 集成在一起，如图 4-65 所示。

如果传感器 G509 监测到油温超过 160℃，变速器便进入应急模式，此时发动机自动降低转矩输出，同时变速器控制单元指令分离离合器，导致车辆失去动力。

另外两个温度传感器是 G93 和 G510，如图 4-66 所示，它们分别用于监测变速器油液温度和变速器控制单元的温度。如果这两个传感器中的任何一个的温度超过 145℃，变速器也会进入应急模式。

图 4-65　离合器温度传感器 G509

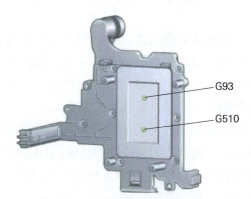

图 4-66　变速器油温传感器 G93 和 G510 的安装位置

进行路试，当故障出现时，读取变速器控制单元的数据流，从第 19 数据组第 3 区看到，G509 给出的温度为 165℃，超过了限值，而其他两个传感器的温度仅为 50℃。这一结果很不正常，一是路试距离较短，其间没有激烈的驾驶动作；二是变速器没有出现明显的打滑。为什么 G509 会给出这么高的温度呢？况且油液在变速器内部循环，按照热传导的原理，G509 与 G93（直接测量变速器油液温度）的温度数据不应该有如此大的差异，由此推测 G509 输出的信号出错。

更换集成 G509 的变速器输入轴转速传感器 G182 总成，然后试车，故障被排除。

14　如何检修双离合变速器的离合器总成？

1. 离合器磨损的外部表现

以奥迪轿车搭载的 DL501（即 0B5）7 速双离合变速器为例，有时出现挂档、起步、制动都冲击，2 档→1 档也冲击，同时倒档延迟，起步无力。这种故障的原因往往是偶数档离合器 K2 烧损，维修方案是更换离合器 K2 摩擦组件，同时更换内外滤清器，必要时更换液压模块。

对于汽车行驶多少里程应当更换离合器，需要根据变速器的具体型号来定。大众干式 7 速双离合变速器采用 SAC（自调式离合器）技术，随着离合器摩擦片和压盘的不断磨损，释放轴承的负荷不断增加，自调式离合器能够自动调节蝶形弹簧的支点，使踏板的踩踏力以及压合面的负荷维持不变。另一方面，DSG 变速器加厚了摩擦片，提高了耐磨性。普通手动变速器离合器摩擦片的厚度约 1.4mm，使用寿命 10 万 km 左右，而采用 SAC 技术的 DL501 双离合器的摩擦片厚度达 2.5mm，使用寿命不低于 24 万 km。

在维修实践中，一旦出现以下状况，需要更换双离合器的摩擦片：

1）汽车的操纵性和舒适性下降。
2）客户报修后桥噪声、振动过大。
3）变速杆指示灯闪烁，而且检测结果与离合器有关。
4）曾经被其他车辆追尾。

2. DQ200 离合器的调整技巧

在完成以下维修作业后，必须对离合器 K1 和 K2 接合轴承的位置进行调整：更新离合器、更换接合杆、更换 K2 接合杆的球销、更换接合轴承。如果上述部件只是拆下后又重新装上，则不需要进行调整，但是应当更换卡环。另外，调整时机电控制单元必须处于安装状态。

DSG 变速器离合器接合轴承的位置间隙类似于手动变速器的离合器间隙。该项调整需要准备以下专用工具和设备：① VAS6594 数字式深度游标卡尺，300mm；②块规 T10466；③量尺 T40100。然后按照维修手册的提示进行测量和调整。

一般采用制造厂测定的离合器公差（图 4-67）。变速器侧的公差和变速器内的公差将决定调整垫片的厚度。

然后根据以下公式计算调整垫片 SK2 的厚度：

离合器 K2 结合轴承的高度公差－/＋K2 的离合器公差＝调整垫片 SK2 的厚度

再借助调整垫片上的零件号（图 4-68），从表 4-6 中选择需要的调整垫片。

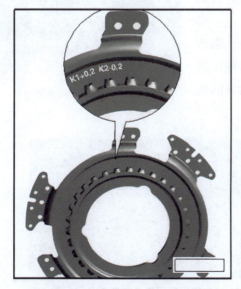

图 4-67 新离合器上标示的公差值

图 4-68 调整垫片及其上放大的零件号

表 4-6　离合器调整垫片选择表

确定的调整垫片的厚度 /mm	可用的调整垫片的厚度 /mm	调整垫片零件号
1.21 ~ 1.60	1.50	0AM141383
1.61 ~ 1.80	1.70	0AM141383 A
1.81 ~ 2.00	1.90	0AM141383 B
2.01 ~ 2.20	2.10	0AM141383 C
2.21 ~ 2.40	2.30	0AM141383 D
2.41 ~ 2.60	2.50	0AM141383 E
2.61 ~ 2.80	2.70	0AM141383 F
2.81 ~ 3.00	2.90	0AM141383 G
3.01 ~ 3.20	3.10	0AM141383 H
3.21 ~ 3.40	3.30	0AM141383 J
3.41 ~ 3.80	3.50	0AM141383 K

3. 离合器总成的更换方法

以大众汽车更换 LUK 公司生产的双离合器总成为例，它是一个包装的集成件，里面除了双离合器本身，还配有间隙调整组件、拨叉、拨叉头、光盘以及安装手册。

1）更换集成件提供的新的换档操作臂（即拨叉），更换新的支点部件（图 4-69）。

2）测量离合器的轴向间隙。将专用工具固定在壳体的表面，分别测量圆周的 5 个点（图 4-70），然后根据提供的 K1、K2 调整垫片和安装手册中的数据进行反复调整，直至达到厂家要求的公差范围。

通过实际的间隙测量，对比新旧离合器的间隙，如果发现离合器 K1（或 K2）的间隙不正常，甚至某个测量点间隙为零，说明 K1（或 K2）离合器扭曲变形，SAC 自调系统将失去调节作用。

3）使用专用工具安装。安装离合器是一个复杂、细致的过程，需要借助专用工具，按照安装手册要求的程序进行（图 4-71），关键是要确保轴向间隙公差处在指定的范围内，以保障离合器工作稳定。

图 4-69　新的换档操作臂

图 4-70　测量离合器的轴向间隙

图 4-71　使用专用工具调整离合器间隙

4）安装完毕，准备装车。需要加注 2L 齿轮油以及 1L 阀体油。

15 怎样排查 DSG 换档程序不可信的故障？

当用诊断仪检测大众双离合变速器 02E（DQ250）的故障时，经常读到故障信息"19143/P2711，变速器换档程序不可信，静态"。在维修实践中，一旦变速器控制单元记录故障码 P2711，可能出现以下几种故障现象：

1）当挂动力档（特别是前进档），变速杆在 N→D→N→R→N→D→N 间移动时，变速器突然发生顿挫及响声，变速器故障灯随之点亮，也没有倒档了。删除故障码，倒档又恢复正常。

2）在正常行驶中，在没有任何征兆的情况下故障灯就点亮了。

3）手动模式能够换入 4 档，而自动模式只能换到 3 档，然后故障灯点亮。

4）变速器只能以 2 档行驶，或者以 1 档、3 档行驶，或者任何档都不能行驶，不管出现哪种情况，都没有倒档。

由于故障现象五花八门，所以针对故障码 P2711 的维修方案各不相同：有的更换双离合器总成，有的更换机电控制单元总成 J743，有的更换变速器内驱动拨叉的 8 个橡胶活塞，也有的更换双离合器总成及 J743，都无效；只有更换变速器总成才解决问题。

一辆一汽大众迈腾轿车，搭载 2.0T 发动机、02E（DQ250）6 速湿式双离合变速器，行驶里程 58803km。据客户反映，该车故障灯点亮，变速器经常锁在 1 档或 3 档，偶数档和倒档失效。

进行路试并验证故障，基本如客户所述。连接诊断仪检测，当故障灯点亮时，在变速器电控系统中读到故障码"19143，意外的机械脱档，P2711-005，间歇"（图 4-72）。该故障码还有一种解释：变速器换档程序信息不可靠，说明不是同步器方面的问题。

分析故障码 19143（P2711）的形成条件，除了液压系统、同步器位置以及电子控制信息外，还有离合器打滑量和传动比。DQ250 变速器离合器的打滑量是通过输入轴转速传感器（G182）信息和 2 个输出轴转速传感器（G501 和 G502）的信息计算出来的。离合器 K1 的打滑量是 G182 和 G501 的转速之差，离合器 K2 的打滑量是 G182 和 G502 的转速之差。而各档的传动比信息，则是通过变速器输入轴转速和输出轴转速计算的。

故障码
19143- 意外的机械脱档
P2711-005　间歇　故障指示灯 MIL 亮
故障发生环境要求
故障状态：10100101
故障优先级：0
故障频率：255
自动重置计数器：40
里程：58803 km
时间标志：0
日期：2055.14.27
时间：14:04:49

图 4-72　读到故障信息

读取数据流，证实变速器控制单元没有问题，监测同步器的液压信息和位置信息也正常，双离合器本身没有泄漏，最大可能是离合器打滑量或传动比存在问题。

由于现有诊断设备的限制，无法通过隐藏记录功能捕捉动态数据，只能再次解体变速器，重点检查偶数档离合器 K2 的相关零件，终于发现输入轴 2 上的转速传感器信号轮松动（图 4-73），它能够在轴上转动（正常情况下不能转动），这与"意外的机械脱档"信息相符。由于输入轴 2 的转速信息失常，所以故障都出现在换偶数档时。

更换输入轴 2 上的转速传感器信号轮，装复变速器试车，故障被排除。

⑯ DQ250 变速器拨叉为何不能退回 N 位？

图 4-73 输入轴 2 上的信号轮松动

一辆 2015 款一汽大众迈腾轿车，搭载 2.0L 发动机、DQ250（02E）型 6 速双离合变速器。据客户反映，该车偶发性没有倒档，前进档也不正常，同时组合仪表档位指示灯点亮并不停地闪烁，关闭发动机重新起动，故障现象消失。

试车验证故障，发现前进档接合时有轻微延迟；退档后换档拨叉不能迅速回位，连续 4 次才完全退到 N 位，同时响声很大，故障灯点亮。

连接大众诊断仪检测，读到故障码"19143，未预料到（不良）的齿轮机械脱离，无信号/通信，静态"。

让发动机怠速运转，使变速杆处于 P 位或 N 位，再连接诊断仪进入 02-08-006，读取第 006 组 1～4 的动态数据，显示控制离合器 K1 的电磁阀 N215 的驱动电流为 0A，离合器 K1 安全保护控制电磁阀 N233 的动作占空比为 22.5%，主油压调节电磁阀 N217 的控制电流约为 0.528A，并且不停地变化（图 4-74）。

动态数据流　第 006 组 01/04	
1）	
2）6-2 离合器 1-N215 的电流	0.000A
3）6-3 N233- 安全阀 1	22.50%
4）6-4 主压力阀 -N217 的电流	0.528A

图 4-74 故障车变速杆在 P/N 位时的数据

分析认为，当变速杆由 D 位切换到 N 位后，控制单元通过电磁阀 N215 将动力流切断，离合器 K1 完全断开，安全保护电磁阀 N233 根据离合器 K1 真实压力（控制单元通过离合器压力传感器 G193 的信号获得）的变化做好安全切断准备工作，而此时由电磁阀 N217 控制的系统油压是不变的。

查阅维修资料得知，正常的数据如图 4-75 和图 4-76 所示。

动态数据流　第 006 组 01/04	
1）	
2）6-2 离合器 1-N215 的电流	0.000A
3）6-3 N233- 安全阀 1	22.50%
4）6-4 主压力阀 -N217 的电流	0.780A

图 4-75 变速杆处在 P 位或 N 位时的正常数据

动态数据流　第 006 组 01/04	
1）	
2）6-2 离合器 1-N215 的电流	0.456A
3）6-3 N233- 安全阀 1	62.00%
4）6-4 主压力阀 -N217 的电流	0.780A

图 4-76 变速杆处在 D 位时的正常数据

对比上述数据，同时结合故障现象，说明问题不是出在离合器的功能上，而是出在油压控制上，具体是换档同步器（拨叉）控制不良。

依据换档拨叉的动作原理分析，故障及出现响声是由 1/3 档同步器往 N 位移动时引起的。

控制单元依靠其内部的位移传感器，通过换档拨叉上的电磁铁的感应来确定换档同步器的准确位置。当在规定的时间内 1/3 档同步器没有被液压力推到正确的位置，控制单元就会设置故障码，同时开启安全保护控制，此时倒档不能行驶，档位指示灯点亮并且闪烁。

基于以上分析，1/3 档换档拨叉没有及时退到 N 位是故障的主要原因。一般来说，换档同步器自身卡滞的可能性小，很可能是系统的油压不足，导致换档拨叉的动作没有到位。

于是更换全新的电子液压控制单元（其信息如图 4-77 所示），并进行相应匹配，故障彻底排除。

控制器信息	01/01
控制单元零件号：	02E300051P
控制单元编码：	00000020
组件编码：	GSG DSG AG6 440 1941
服务站代码：	IMP:0758 WSC:51140
附加信息：	geraet 00075836

图 4-77 新变速器控制单元的相关信息

17 奥迪 A1 轿车 6 档行驶时为何连续耸车？

一辆进口奥迪 A1 轿车，搭载 CAXA 1.4 TFSI 型发动机、7 档双离合变速器，行驶里程 26940km。据车主反映，汽车用 6 档加速行驶时发生连续多次耸车，而且没有强制降档。

连接专用诊断仪 VAS6150B 检测，在变速器控制单元内读到 3 个故障码：P177C，离合器 2 达到公差极限；P189 B，离合器间隙太小；P1725，比较变速器输出转速 1+2 不可信信号。

查询电控单元第 56 组中的数据并读取 FID 码，相关数据的解释如下：

176：表示离合器 K2 的位置，但无维修说明。

187：表示离合器 K2-P1 和零位之间的距离（行程）达到允许范围。维修说明：进行基本设置和自适应路试，如无改观，更换双离合器。

167：表示 CAN 总线上的转速信息失真。维修说明：检查软件，如不合格，更换机电控制单元。

上述信息将问题指向了离合器 K2。离合器 K2 的结构原理如图 4-78 所示。

故障分析和排查过程如下。

1）引导性故障查询提示：控制单元之所以设置故障码 P177C 和 P189B，是由于过去一段时间内双离合器未如期望的那样分离和接合。分析可能故障原因有：①离合器促动器阀 N439 有故障（归纳为机电控制单元 J743）；②离合器磨损、粘结或打滑；③离合器促动器和离合器拨叉之间相互影响；④接合轴承操纵不良。其中③和④可以归纳为中间操纵机构。

再次试车并连接诊断仪，观察离合器 K2 的位置状况，发现机电控制单元的数据会随着踩加速踏板的力度（即发动机的转矩）而增大，并且对离合器 K2 的执行器活塞推杆进行调整。即发动机的转矩越大，执行器活塞的推杆伸出越多，离合器也压得越紧，说明执行器活塞推杆伸出的距离符合控制逻辑，初步判断机电控制单元的控制没有问题。

图 4-78 离合器 K2 的接合状态

2）对于故障码"P1725，比较变速器输入转速1+2不可信信号"，诊断仪提示检查机电控制单元的软件版本。经过检查，发现软件版本正确，怀疑是离合器K2打滑造成的，暂时不更换机电控制单元。

3）拆下离合器促动器的防溅护板，检查离合器促动器和拨叉，发现离合器K2推杆的头部没有落入拨叉的凹槽内，虽然控制单元发出了正确的指令，即使有大转矩输出，推杆也无法完全压紧离合器，所以离合器打滑，最终造成加速时耸车现象。

4）使用专用工具（T10407）把离合器K1和离合器K2的拨叉撬开，然后将离合器K2推杆的头部置于凹槽中（图4-79）。

5）经过上述复位后，对离合器执行基本设置。原以为这样可以排除故障，但试车发现故障仍然存在。

6）再进行自适应行车，匹配离合器和促动器的位置（匹配的次数需要超过3次），然后观察第180-1组和第200-1组的数据，离合器匹配成功。

7）最后挂6档试车，交替加速和减速，证实连续耸车的现象不再存在，故障码P1725也没有出现。

图4-79 使离合器K2推杆的头部置于凹槽中

18 奥迪Q5越野车奇数档缺失怎样检修？

一辆奥迪Q5城市越野车，搭载2.0T型发动机、DL501（0B5）型7速湿式双离合变速器，行驶里程约93100km。据客户反映，该车变速器打滑，挂档冲击，换档也冲击，变速器故障灯（黄色齿轮图标）点亮。

试车验证报修的故障，发现该变速器缺失奇数档，只有2档、4档、6档和倒档，除了故障灯点亮外，组合仪表还显示"变速器故障，功能限制，可继续行驶"的字样。

连接大众诊断仪VAS5054检测，读到故障码"P174A00，子变速器1中的阀3电气故障（主动/静态）"。

"子变速器1"是指控制奇数档的变速器部分，包含1档、3档、5档和7档；"阀3"是指控制奇数档动力传递的、管理离合器K1的电磁阀N435，如图4-80所示；"静态"表示故障的性质为真实存在的硬性故障。

首先检查电磁阀N435的电路。放出变速器的油液，拆卸油底壳，将机电控制单元总成拆下来，并且断开与电磁阀连接的线路板，然后用万用表测量独立的电磁阀N435的线圈电阻，如图4-81所示。通过测量，发现电磁阀N435在不同温度下的电阻都处在规定的范围内，说明电磁阀本身是正常的。

图 4-80　故障码涉及的电磁阀 N435 所在位置　　图 4-81　测量电磁阀 N435 线圈的电阻值

然后拔掉线路板与变速器控制单元的连接插头,并将线路板的另一端与电磁阀连接,从控制单元插头处找到电磁阀 N435 的相关端子(图 4-82),直接从控制单元输出端测量电磁阀的电阻,发现电阻值为无穷大,这样从控制单元到电磁阀 N435 的电流不能形成回路。这一测量结果说明,问题出在线路板,控制单元输出端至电磁阀间的连接线路隐藏在这个线路板里面。

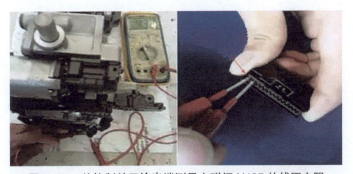

图 4-82　从控制单元输出端测量电磁阀 N435 的线圈电阻

于是更换连接电磁阀 N435 的线路板(图 4-83),不需要更换机电控制单元总成,同时更换变速器的内外滤清器、油底壳垫以及专用的 DCTF 油液。更换零件后,连接专用诊断仪对变速器进行引导功能的设定,并做离合器的自适应学习。设定完毕,再进行几十千米的路试,故障没有再出现,也没有其他故障,至此确定故障彻底排除。

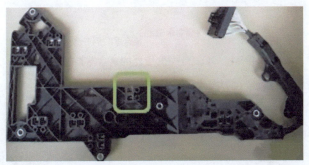

图 4-83　更换的变速器控制单元线路板(方框内是电磁阀 N435 的连接口)

本故障的形成机理是:由于控制奇数档的电磁阀 N435 的线路损坏,导致控制单元记录故障码,同时中断了奇数档的动力传递,仅保留没有故障的偶数档。

⑲ DQ200 变速器阀体哪些部位容易泄漏？

在修理自动变速器时，许多维修人员习惯于通过更换阀体总成来解决问题。但是在不少情况下，安装新阀体以后，汽车行驶没多久又出现类似的故障。因此，在更换变速器阀体总成之前，必须先检查各个执行元件（离合器、制动器）的状态，然后检查驱动离合器的油压所经过的各个通道是否存在泄漏。只有这些部位的检查结果都正常，才能考虑维修或者更换阀体总成。

维修阀体泄漏故障，主要检查阀芯本身以及阀孔的磨损状态。除此以外，还必须检查以下部位是否存在泄漏。

1. 离合器推杆机构的密封件

如图 4-84 所示，在 DQ200（0AM）型变速器上，阀体与离合器之间通过 2 个推杆（又称为"接合杆"）连接起来，阀体上有 2 个阀孔的液压油依靠活塞和活塞杆，推动这 2 个推杆摆动，从而控制离合器 K1 和 K2 的接合或者释放。

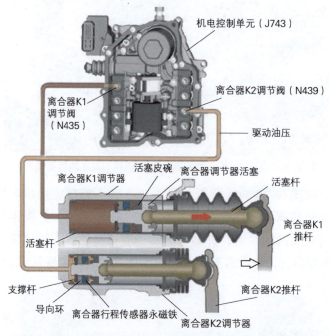

图 4-84 DQ200 型变速器的离合器推杆机构

在与推杆活性连接的活塞上安装有绿色的油封，它起密封油路的作用（图 4-85）。当该油封老化后，来自阀体的驱动油压就会从此处泄漏，导致阀体丧失对离合器 K1 和 K2 的驱动能力。

离合器的推杆机构通常不包含在阀体总成内。无论是否更换阀体，都需要更换推杆机构的密封件，否则返修率增大。更换时，应当采购原厂的密封件，这样才能

图 4-85 离合器推杆机构的密封件

保证维修质量。

2. 档位选择器上的密封件

在 DQ200 型变速器的阀体上，除了上述容易损坏的密封件外，运动频繁的、推动 4 个换档拨叉的档位选择器也是常见的泄漏点（图 4-86）。来自阀体的油压推动档位选择器，从而推动各档的换档拨叉，使变速器进入各个档位状态。

每个档位选择器上都有一个 O 形密封圈和一个油封，这两种密封件老化后会出现漏油，造成操控换档拨叉失灵。因此，对于行驶里程数较高的变速器阀体，档位选择器的密封件都需要更换。

图 4-86　DQ200 型变速器的档位选择器

3. 阀体内部的密封垫

在 DQ200 型变速器上，阀体内部的密封垫以及电磁阀与阀体之间的密封垫（图 4-87）也可能损坏和泄漏，这些部位的泄压属于油路之间的内部交叉泄漏，从外部很难观测到，因此需要予以足够的重视。

图 4-87　阀体和电磁阀内的密封垫

4. 阀体的端盖

除了密封件以外，DQ200 型变速器阀体的端盖也是常见的泄漏部位。端盖上的圆形部分与蓄压器配合，长时间承受很高的油压，因此端盖（图 4-88）的外侧容易开裂，从而产生油压泄漏，造成换档故障。

图 4-88　DQ200 型变速器阀体的端盖

20 为什么有的汽车碰撞后不能行驶？

对于搭载大众 7 速双离合变速器的汽车，由于部分变速器缺少安全切断功能，所以汽车最怕正面碰撞。在发生撞击事故后，有时从外表看似乎没有伤及变速器，但是变速器的性能已经明显变差，具体表现为挂所有档都耸车，常规检修无效，自适应学习无法执行，更换 TCU 也没有改观，只有更换双离合变速器总成才能恢复正常。分析其中原因，在汽车撞击瞬间往往处于行驶档位，变速器的离合器（图 4-89）处于接合状态，离合器遭受了强烈的撞击反作用力。由于双离合变速器的结构特点，当同时承受来自两个方向（发动机的驱动力与撞击的反作用力）的转矩时，离合器往往发生轻微变形，导致离合器的实际行程与 TCU 控制的离合器行程位置存在较大偏差，为了安全起见，TCU 开启应急模式，不驱动离合器参与工作，所以汽车不能行驶。

一辆大众帕萨特，搭载 1.8T EA888 发动机、7 速干式 DQ200（0AM）变速器。该车经过撞击后无法行驶。

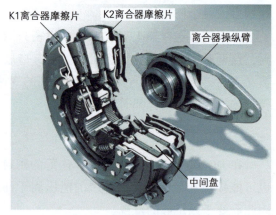

图 4-89 大众 7 速 DSG 型变速器的干式双离合器

连接故障诊断仪检测，读到以下故障信息：离合器行程与规定位置存在较大偏差，变速器应急系统启动，但车辆无法行驶。

该变速器离合器的控制原理如下：由于离合器的膜片弹簧和压盘随离合器壳体一起转动，利用离合器操纵臂的杠杆作用，下压套筒，使膜片弹簧受力变形，进而推动压盘压紧摩擦片，此时从动盘与主动部分变成一个整体，并随发动机同步旋转，在从离合器获得动力之后，从动盘依靠内花键将动力传递给输入轴，来自发动机的动力就此进入变速器。

在变速器驱动模块中，安装了一个感应式行程位置传感器，用来监测离合器 K1、K2 驱动推杆的即时位置，变速器控制模块根据传送来的位置信息以及离合器推杆驱动电磁阀的控制电流，计算离合器的摩擦转矩，从而实现原地挂档、起步加速、换档切换、制动停车等功能。

在该变速器的液压系统中，由直流电动机驱动油泵，提供系统所需要的主油路油压。系统通过压力传感器 G270 监控油压，没有其他的传感器，更多地利用机械式阀门（如限压阀、单向阀、安全阀）控制压力的升高或降低。整个变速器没有专门的安全切断功能，在应急模式被激活的情况下，变速器只有 1 个离合器参与控制，用某个档位实现行车功能。

由于 DQ200 变速器的离合器没有安全切断功能的设计，在汽车遭遇正面撞击的情况下，导致接合时离合器变形，同时会损伤双离合中的核心部件 SAC（自调系统）。

随后 TCU 检测到离合器的实际行程与离合器控制电磁阀标准电流所对应的离合器行程（规定位置）存在较大偏差，TCU 便开启应急模式，最终导致车辆不能正常行驶。

21 DSG 控制单元的数据块包含哪些信息？

当大众/奥迪汽车双离合变速器（DSG）出现故障时，其冻结数据会记录在 TCU 相应的数据块里，这些信息对于变速器维修具有重要的参考价值，具体内容见表 4-7。

表 4-7 大众/奥迪双离合变速器电控系统数据块

数据组名称	FID 码/测量值	额定范围	数据组识别代号
1-2 制动器测试开关	断开		1.2
1-3 制动压力	0.1 bar		1.3
1-4 制动压力有效性	有效		1.4
2-1 加速踏板	0.0 %	$0 \leq x \leq 100 \%$	2.1
2-2 加速踏板	有效		2.2
2-3 Kickdown 急加速开关	断开		2.3
2-4 "空油门"	接通		2.4
4-1 Tiptronic 手动换档模式	CA		3.1
4-2 E438 Tiptronic 升档	断开		3.2
4-3 E439 Tiptronic 降档	断开		3.3
4-1 E313 变速杆位置	P		4.1
4-2 E313 变速杆位置	P		4.2
4-3 E313 变速杆	0x0000		4.3
5-1 G641 变速器输入转速传感器 3	702.0r/min		5.1
5-2 驱动系统 CAN 转速	703.0r/min		5.2
5-3 变速器输入转速传感器 1-G632	0.0r/min		5.3
5-4 变速器输入转速传感器 2-G612	0.0r/min		5.4
6-1 输出转速轴 1	0.0r/min		6.1
6-2 输出转速轴 2	0.0r/min		6.2
6-3 输出转速 CAN	0.0r/min		6.3
6-4 驱动速度	0.0r/min		6.4
7-1 G632 旋转方向轴 1	未检测到		7.1
7-2 G612 旋转方向轴 2	未检测到		7.2
7-3 驱动方向	未检测到		7.3
8-1 转速	0km/h		8.1
8-2 速度 CAN	0km/h		8.2
9-1 驾驶人希望转矩	-4.7 N·m		9.1
9-2 发动机转矩 1	24.6 N·m		9.2
9-3 发动机转矩 2	24.6 N·m		9.3
9-4 发动机转矩 3	有效		9.4

(续)

数据组名称	FID 码 / 测量值	额定范围	数据组识别代号
10-1 发动机转矩	109.0 N·m		10.1
10-2 发动机损失转矩	24.6 N·m		10.2
10-3 损失转矩 1	0.0 N·m		10.3
10-4 高度信息	995 mbar		10.4
11-1 G510 - 控制单元中的温度传感器	34.0 ℃		11.1
11-2 温度传感器 2	38.0 ℃		11.2
12-1 额定状态 1	接通		12.1
12-2 额定状态 2	接通		12.2
12-3 电源电压 1	13.8 V	$0 \leq x \leq 24V$	12.3
12-4 电源电压 2	13.4 V	$0 \leq x \leq 24V$	12.4
13-1 接线柱供电电压	13.8 V	$0 \leq x \leq 24V$	13.1
13-2 接线柱 15 供电电压	13.9 V	$0 \leq x \leq 24V$	13.2
13-4 V401 接线柱 30 供电电压	13.9 V		13.4
14-1 冷却液温度	88.0 ℃		14.1
14-2 进气歧管空气温度	46.0 ℃		14.2
14-3 环境温度	20.0 ℃		14.3
20-1 N110 换档锁止磁铁	激活		20.1
20-2 换档锁定状态	激活		20.2
20-3 换档锁 指示灯	接通		20.3
21-1 起动释放	许可		21.1
22-1 仪表板中的变速杆位置	P		22.1
22-2 被挂入档位 (实际值)			22.2
22-3 显示 组合仪表闪烁	0		22.3
22-4 变速杆 - 照明	P		22.4
24-1 请求空调压缩机	停用		23.1
24-2 空调压缩机触发	断开		23.2
24-3 触发通风系统的冷却装置	9 %		23.3
24-1 怠速目标转速	700.0r/min		24.1
24-2 怠速额定转速上升	断开		24.2
24-3 怠速额定转速给定值	0.0r/min		24.3
25-1 变速器 - 要求	断开		25.1
25-2 变速器额定转矩	1045.8 N·m		25.2
26-1 离合器温度	43.0 ℃		26.1
26-2 离合器温度	51.0 ℃		26.2
26-3 离合器 1	42.0 ℃		26.3

（续）

数据组名称	FID 码/测量值	额定范围	数据组识别代号
26-4 离合器 2	51.0 ℃		26.4
27-1 驾驶策略 1	1.75 %		27.1
27-2 驾驶策略 2	0.0 %		27.2
27-3 驾驶策略 3	0.0 %		27.3
30-1 V401 供压 S1	60.0 bar		30.1
30-2 V401 供压 S2	42.0 bar		30.2
30-3 V401 供压 实际压力	45.554 bar		30.3
30-4 V401 供压 实际压力 AD	2462		30.4
31-1 供压 额定转速	0.0r/min		31.1
31-2 供压 实际转速	0.0r/min		31.2
31-3 压力供给占空比	0.0 %		31.3
31-4 供压实际电流	0.0 A		31.4
32-1 供压额定状态	0		32.1
32-2 供压 实际状态	15		32.2
34-1 供压 1	65535		33.1
34-2 供压 2	0		33.2
34-3 供压 3	0		33.3
34-1 供压 F1	0		34.1
34-2 供压 F2	0		34.2
34-3 供压 F3	0		34.3
34-4 供压 F4	3		34.4
35-1 供压 F5	261 s		35.1
35-2 供压 F6	12 s		35.2
35-3 供压 F7	0.26 s		35.3
35-4 供压 F8	0 %		35.4
38-1 温度时间 0	83:51 h		38.1
38-2 温度时间 1	0.0 s		38.2
38-3 温度时间 2	0.0 s		38.3
38-4 温度时间 3	0.0 s		38.4
39-1 温度时间 4	5620 h		39.1
39-2 温度时间 5			39.2
39-4 最大温度	94.0		39.4
40-1 校验和	5634		40.1
40-2 校验和	0x1602		40.2

(续)

数据组名称	FID 码 / 测量值	额定范围	数据组识别代号
41 参数组标记	v069S3010AM___getriebe_DSG_OJS3		41.1
42 驾驶策略	FSSMLJGHG.037		42.1
48 软件名称	C62S		48.1
50 变速杆信息	3CD 713025 D 0 L 12		50.1
51-1 CAN 版本	54		51.1
51-2 变速器编码信息	11		51.2
51-3 发动机编码信息	10		51.3
52-1 车辆里程数	127450 km		52.1
52-2 车辆里程数 1	127340 km		52.2
52-3 车辆里程数 2	127340 km		52.3
52-4 车辆里程数 3	127340 km		52.4
54-1 基本设置状态	有效		53.1
54-2 档位传感器状态	2		53.2
54-3 离合器状态	2		53.3
54-4 离合器行程状态	2		53.4
54-1	0x0008		54.1
54-2	127400 km		54.2
55-1 故障报告步骤	44		55.1
55-2 故障报告步骤	127450 km		55.2
55-3 故障报告步骤	0x2000		55.3
55-4 故障报告步骤	0		55.4
56-1 故障记录 1	153		56.1
56-2 故障记录 2	154		56.2
56-3 故障记录 3	65535		56.3
56-4 故障记录 4	65535		56.4
57-1 故障记录 5	65535		57.1
57-2 故障记录 6	65535		57.2
57-3 故障记录 7	65535		57.3
57-4 故障记录 8	65535		57.4
58-1 故障记录 9	65535		58.1
58-2 故障记录 10	65535		58.2
58-3 故障记录 11	65535		58.3
58-4 故障记录 12	65535		58.4
60-1 基础测量 状态	0		60.1

(续)

数据组名称	FID 码 / 测量值	额定范围	数据组识别代号
60-2 基础测量 主状态	0		60.2
60-3 基础测量 子状态	0		60.3
60-4 基础测量 进程索引			60.4
61-1 档位调节器状态 空档	0		61.1
61-2 档位调节器空档状态	0		61.2
61-3 档位调节器空档状态 W1	1N		61.3
61-4 档位调节器空档状态 W2	NR		61.4
62-1 档位调节器 拆卸位置 状态	0		62.1
62-2 变速杆拆解位置状态	0		62.2
62-3 变速杆拆解位置状态 W1	1N		62.3
62-4 变速杆拆解位置状态 W2	NR		62.4
64-1 离合器状态	3		63.1
64-2 GE- 离合器数据状态	2		63.2
64-3 车辆里程表读数，GE 离合器数据	127340 km		63.3
64-1 档位传感器状态	3		64.1
64-2 GE- 档位调节器数据状态	2		64.2
64-3 车辆里程表读数，GE 变速杆数据	127340 km		64.3
65-1 离合器 WD 特性曲线状态	3		65.1
65-2 GE- 离合器 WD- 特征线状态	2		65.2
65-3 车辆里程表读数，GE 离合器 WD 特性曲线	127340 km		65.3
66-1 离合器状态	停用		66.1
66-2 离合器状态	0		66.2
66-3 离合器状态	0		66.3
66-4 离合器状态	655350 km		66.4
68-1 供压状态	0		68.1
68-2 状态	0x2600		68.2
68-3 状态	10		68.3
68-4 车辆里程表读数，GE 变速杆数据	655350 km		68.4
69-1 转向盘拨杆状态	01		69.1
69-2 制动状态	1111		69.2
69-3 转向柱模块状态	0001		69.3
69-4 通道状态	10010		69.4
70-1 分度机构 1 实际压力	16.0 bar		70.1
70-2 分度机构 1 实际压力	16.03 bar		70.2
70-3 分度机构 1 实际压力值			70.3

(续)

数据组名称	FID 码/测量值	额定范围	数据组识别代号
71-1 分度机构 1 阀额定电流	0.588 A		71.1
71-2 分度机构 1 阀实际电流	0.588 A		71.2
71-3 分度机构 1 阀实际电流值	1863		71.3
71-4 索引驱动器 1 阀占空比	2.83 %		71.4
75-1 分度机构 2 实际压力	12.8 bar		75.1
75-2 分度机构 2 实际压力	12.89 bar		75.2
75-2 分度机构 2 实际压力值			75.3
76-1 分度机构 2 阀额定电流	0.552 A		76.1
76-2 分度机构 2 阀实际电流	0.552 A		76.2
76-3 分度机构 2 阀实际电流值	2044		76.3
76-4 索引驱动器 2 阀占空比	54.0 %		76.4
80-1 控制器识别	5ZV-001 31.08.12000430 1400351190		80.1
81-1 控制器识别	<> 5ZV01208 311190 <>		81.1
82-1 控制器识别	4857600148037 16.14.68 D20 05 <> <>		82.1
84-1 机电装置身份识别	025 H B3 1209 102475 DA 2		83.1
90-1 离合器 1 额定转矩	-99.0 N·m		90.1
90-2 离合器 1 规定转矩	-64.2 N·m		90.2
91-1 G617 离合器行程传感器 1	0.0 mm		91.1
91-2 G617 离合器行程传感器 1	1.72 mm		91.2
91-3 离合器 1 AD-值 1	14.4 %		91.3
91-4 离合器 1 AD-值 2	85.2 %		91.4
92-1 N435 分度机构 1 中的阀 3	0.276 A		92.1
92-2 N435 分度机构 1 中的阀 3	0.276 A		92.2
92-3 N435 分度机构 1 中的阀 3 AD-值	1092		92.3
92-4 N435 分度机构 1 中的阀 3	5.6 %		92.4
94-1 N435 分度机构 1 中的阀 3	0.505 A		93.1
94-2 N435 分度机构 1 中的阀 3	-26		93.2
95-1 离合器 1 适配	8.8 mm		95.1
95-2 离合器 1 适配	0.0 N·m		95.2
95-2 离合器 1 适配	10.4 mm		95.3

(续)

数据组名称	FID 码/测量值	额定范围	数据组识别代号
95-4 离合器 1 适配	15.0 N·m		95.4
96-1 离合器 1 适配	19.92 mm		96.1
96-3 离合器 1 适配	141.6 N·m		96.2
96-3 离合器 1 适配	24.1 mm		96.3
96-4 离合器 1 适配	212.4 N·m		96.4
97-1 离合器 1 适配	1.72 mm		97.1
97-2 离合器 1 适配	25.3 mm		97.2
97-4 离合器 1 适配	25.3 mm		97.4
98-1 离合器 1	1.0		98.1
98-2 离合器 1	0.0 mm		98.2
98-4 离合器 1	179.0		98.4
99-1 离合器 1	4953 h		99.1
99-2 离合器 1	628 h		99.2
99-3 离合器 1	02:58 h		99.3
99-4 离合器 1	0.0 s		99.4
100-1 离合器 1 温度警告 1 级	0		100.1
100-2 离合器 1 温度警告 2 级	0		100.2
100-3 离合器 1 温度保护等级 1	0		100.3
100-4 离合器 1 温度保护等级 2	0		100.4
101-1 离合器 1	38		101.1
109-1 变速器驾驶策略	131350 km		109.1
109-2 带定速巡航装置的驾驶策略	99.2 %		109.2
109-3 无 GRA 的驾驶策略	0.0 %		109.3
109-4 驾驶策略	1.2 %		109.4
110-1 离合器 2 额定转矩	-99.0 N·m		110.1
110-2 离合器 2 规定转矩	-55.5 N·m		110.2
111-1 G618 离合器 2 离合器行程传感器 2	0.0 mm		111.1
111-2 G618 离合器 2 离合器行程传感器 2	1.91 mm		111.2
111-3 离合器 2 AD-值 1	15.21 %		111.3
111-4 离合器 2 AD-值 2	84.4 %		111.4
112-1 N439 离合器 2 分度机构 2 中的阀 3	0.27 A		112.1
112-2 N439 离合器 2 分度机构 2 中的阀 3	0.27 A		112.2
112-3 N439 离合器 2 AD-值	989		112.3
112-4 子变速器 2 阀 3 -N439	2.0 %		112.4
114-1 子变速器 2 阀 3 -N439,离合器 2	0.525 A		113.1

(续)

数据组名称	FID 码 / 测量值	额定范围	数据组识别代号
114-2 子变速器 2 阀 3 -N439，离合器 2	-5		113.2
115-1 离合器 2 位置 0	7.31 mm		115.1
115-2 离合器 2 转矩 0	0.0 N·m		115.2
115-3 离合器 2 位置 1	9.71 mm		115.3
115-4 离合器 2 转矩 1	15.0 N·m		115.4
116-1 离合器 2 位置 2	16.5 mm		116.1
116-2 离合器 2 转矩 2	148.202 N·m		116.2
116-3 离合器 2 位置 3	19.1 mm		116.3
116-4 离合器 2 转矩 3	219.62 N·m		116.4
117-1 离合器 2 适配	2.0 mm		117.1
117-2 离合器 2 适配	21.73 mm		117.2
117-4 离合器 2 适配	21.73 mm		117.4
118-1 离合器 2	1.0		118.1
118-2 离合器 2	0.0 mm		118.2
118-4 离合器 2	207.0		118.4
119-1 离合器 2 温度 0	4911 h		119.1
119-2 离合器 2 温度 1	668 h		119.2
119-3 离合器 2 温度 2	04:37 h		119.3
119-4 离合器 2 温度 3	42.0 s		119.4
120-1 离合器 2 温度 W1	0		120.1
120-2 离合器 2 温度 W2	0		120.2
120-3 离合器 2 温度 S1	0		120.3
120-4 离合器 2 温度 S2	0		120.4
121-1 离合器 2			121.1
CAN 总线，发动机	发动机 1		125.1
数据总线，ABS	ABS 1		125.2
仪表板 CAN 总线	Combi 1		125.3
CAN 总线，变速杆	变速杆 1		125.4
数据总线，网关	网关 1		126.1
转向系统 CAN 总线	转向盘电子设备 0		126.2
数据总线，转向角度	发电机接通 1		126.3
CAN 总线 EPB	驻车制动器 0		126.4
CAN 总线 ACC	距离 0		127.1
130-1 档位调节器 1/3 位移传感器 1 G487	12.8 mm		130.1
130-2 档位调节器 1/3 位移传感器 1 G487	8.71 mm		130.2

(续)

数据组名称	FID 码 / 测量值	额定范围	数据组识别代号
130-3 档位调节器 1/3 位移传感器 1 G487	2592		130.3
130-4 档位调节器 1/3 位移传感器 1 G487	2939		130.4
131-1 N433 分度机构 1 档位调节器 1/3 中的阀 1	0.72 A		131.1
131-2 N433 分度机构 1 档位调节器 1/3 中的阀 1	0.72 A		131.2
131-3 N433 分度机构 1 档位调节器 1/3 中的阀 1	2193		131.3
131-4 N433 分度机构 1 档位调节器 1/3 中的阀 1	52.84 %		131.4
132-1 N433 分度机构 1 档位调节器 1/3 中的阀 1	0.505 A		132.1
132-2 N433 分度机构 1 档位调节器 1/3 中的阀 1	−22		132.2
135-1 档位调节器 1/3 位移传感器 1 G487	0x000f		135.1
135-2 档位调节器 1/3 位移传感器 1 G487	8.71 mm		135.2
135-3 档位调节器 1/3 位移传感器 1 G487	2.5 mm		135.3
135-4 档位调节器 1/3 位移传感器 1 G487	−0.4 mm		135.4
136-1 档位调节器 1/3 位移传感器 1 G487	−3.2 mm		136.1
136-2 档位调节器 1/3 位移传感器 1 G487	−8.5 mm		136.2
137-1 档位调节器 1/3 适配同步位置 G1 中断计数器	6		137.1
137-2 档位调节器 1/3 适配同步位置 G1 中断原因	0x00cf		137.2
137-3 档位调节器 1/3 适配同步位置 G3 中断计数器	0		137.3
137-4 档位调节器 1/3 适配同步位置 G3 中断原因	0x0000		137.4
138-1 档位调节器 1/3 G1	65535		138.1
138-1 档位调节器 1/3 G3	65535		138.2
140-1 档位调节器 2/4 位移传感器 2 G488	−0.1 mm		140.1
140-2 档位调节器 2/4 位移传感器 2 G488	−0.1 mm		140.2
140-3 档位调节器 2/4 位移传感器 2 G488	2673		140.3
140-4 档位调节器 2/4 位移传感器 2 G488	1143		140.4
141-1 N437 分度机构 2 档位调节器 2/4 中的阀 1 额定电流	0.528 A		141.1
141-2 N437 分度机构 2 档位调节器 2/4 中的阀 1 实际电流	0.528 A		141.2
141-3 N437 分度机构 2 档位调节器 2/4 中的阀 1	1502		141.3
141-4 N437 分度机构 2 档位调节器 2/4 中的阀 1	47.6 %		141.4
142-1 N437 分度机构 2 档位调节器 2/4 中的阀 1	0.525 A		142.1
142-2 N437 分度机构 2 档位调节器 2/4 中的阀 1	−2		142.2

（续）

数据组名称	FID 码/测量值	额定范围	数据组识别代号
145-1 G488 档位调节器 2/4 行程传感器 2	0x000f		145.1
145-2 G488 档位调节器 2/4 的行程传感器 2	9.21 mm		145.2
145-3 G488 档位调节器 2/4 的行程传感器 2	2.2 mm		145.3
145-4 G488 档位调节器 2/4 的行程传感器 2	−0.1 mm		145.4
146-1 G488 档位调节器 2/4 的行程传感器 2	−2.4 mm		146.1
146-2 G488 档位调节器 2/4 的行程传感器 2	−8.6 mm		146.2
147-1 档位调节器 2/4 同步位置 G2 中断计数器	0		147.1
147-2 档位调节器 2/4 同步位置 G2 中断原因	0x0000		147.2
147-3 档位调节器 2/4 同步位置 G4 中断计数器	1		147.3
147-4 档位调节器 2/4 同步位置 G4 中断原因	0x00d7		147.4
148-1 档位调节器 2/4 G2	65535		148.1
148-2 档位调节器 2/4 G4	65535		148.2
150-1 档位调节器 5/7 位置传感器 3 G489	−0.5 mm		150.1
150-2 档位调节器 5/7 位置传感器 3 G489	−0.5 mm		150.2
150-3 档位调节器 5/7 位置传感器 3 G489	2693		150.3
150-4 档位调节器 5/7 位置传感器 3 G489	1137		150.4
151-1 N434 分度机构 1 档位调节器 5/7 中的阀 2	0.528 A		151.1
151-2 N434 分度机构 1 档位调节器 5/7 中的阀 2	0.528 A		151.2
151-3 N434 分度机构 1 档位调节器 5/7 中的阀 2	1560		151.3
151-4 N434 分度机构 1 档位调节器 5/7 中的阀 2	4.8 %		151.4
152-1 N434 分度机构 1 档位调节器 5/7 中的阀 2	0.525 A		152.1
152-2 N434 分度机构 1 档位调节器 5/7 中的阀 2	−3		152.2
155-1 G489 档位调节器 5/7 的行程传感器 3	0x000f		155.1
155-2 G489 档位调节器 5/7 的行程传感器 3	9.5 mm		155.2
155-3 G489 档位调节器 5/7 的行程传感器 3	1.91 mm		155.3
155-4 G489 档位调节器 5/7 的行程传感器 3	−0.5 mm		155.4
156-1 G489 档位调节器 5/7 的行程传感器 3	−2.83 mm		156.1
156-2 G489 档位调节器 5/7 的行程传感器 3	−8.3 mm		156.2
157-1 档位调节器 5/7 同步位置 G5 中断计数器	1		157.1
157-2 档位调节器 5/7 同步位置 G5 中断原因	0x00cf		157.2
157-3 档位调节器 5/7 同步位置 G7 中断计数器	2		157.3
157-4 档位调节器 5/7 同步位置 G7 中断原因	0x00d7		157.4
158-1 档位调节器 5/7 G5	65535		158.1
158-2 档位调节器 5/7 G7	65535		158.2
160-1 档位调节器 6/R 位置传感器 4 G490	12.8 mm		160.1

(续)

数据组名称	FID 码/测量值	额定范围	数据组识别代号
160-2 档位调节器 6/R 位置传感器 4 G490	8.4 mm		160.2
160-3 档位调节器 6/R 位置传感器 4 G490	2596		160.3
160-4 档位调节器 6/R 位置传感器 4 G490	2800		160.4
161-1 N438 分度机构 2 档位调节器 6/R 中的阀 2	0.756 A		161.1
161-2 N438 分度机构 2 档位调节器 6/R 中的阀 2	0.756 A		161.2
161-3 N438 分度机构 2 档位调节器 6/R 中的阀 2	2375		161.3
161-4 N438 分度机构 2 档位调节器 6/R 中的阀 2	24.0 %		161.4
162-1 N438 分度机构 2 档位调节器 6/R 中的阀 2	0.52 A		162.1
162-2 N438 分度机构 2 档位调节器 6/R 中的阀 2	-9		162.2
165-1 档位距离传感器 4 -G490，用于档位选择 6/R	0x000f		165.1
165-2 档位调节器 6/R 位置传感器 4 G490	-8.1 mm		165.2
165-3 档位调节器 6/R 位置传感器 4 G490	-2.2 mm		165.3
165-4 G490 档位调节器 6/R 位置传感器 4 G490	0.3 mm		165.4
166-1 档位调节器 6/R 位置传感器 4 G490	2.83 mm		166.1
166-2 档位调节器 6/R 位置传感器 4 G490	8.4 mm		166.2
167-1 档位调节器 6/R 同步位置 G6 中断计数器	0		167.1
167-2 档位调节器 6/R 同步位置 G6 中断原因	0x0000		167.2
167-3 档位调节器 6/R 同步位置 G6 中断计数器	2		167.3
167-4 档位调节器 6/R 同步位置 GR 中断原因	0x00d7		167.4
168-1 档位调节器 6/R G6	65535		168.1
168-2 档位调节器 6/R GR	42438		168.2
170-1 离合器 1 适配 1	127450 km		170.1
170-2 离合器 1 适配 2	127450 km		170.2
170-3 离合器 1 适配 3	127410 km		170.3
170-4 离合器 1 A 适配 P1	127450 km		170.4
171-1 取消离合器 1 匹配 1 计数器	0		171.1
17-2 取消离合器 1 匹配 2 计数器	0		171.2
171-3 取消离合器 1 匹配 3 计数器	0		171.3
171-4 取消离合器 1 匹配 P1 计数器	0		171.4
172-1 取消离合器 1 匹配 1 计数器	0x0000		172.1
172-2 离合器 1 匹配 2 取消原因	0x0000		172.2
172-3 离合器 1 匹配 3 取消原因	0x0000		172.3
172-4 离合器 1 匹配 P1 取消原因	0x0000		172.4
174-1 离合器 1 适配 1	0		173.1

（续）

数据组名称	FID 码 / 测量值	额定范围	数据组识别代号
174-2 离合器 1 适配 2	0		173.2
174-3 离合器 1 适配 3	0		173.3
174-1 离合器 1 适配 1	0 km		174.1
174-2 离合器 适配 2	0 km		174.2
174-3 离合器 1 适配 3	0 km		174.3
180-1 离合器 1 适配零件 1	71		180.1
180-2 离合器 1 适配零件 1	127450 km		180.2
180-3 离合器 1 适配零件 1	0		180.3
181-1 离合器 1 适配零件 1	1		181.1
181-2 离合器 1 适配零件 1	0x0000		181.2
181-3 离合器 1 适配零件 1	0x0000		181.3
182-1 离合器 1 适配零件 2	0		182.1
182-2 离合器 1 适配零件 2	655350 km		182.2
182-3 离合器 1 适配零件 2	0		182.3
184-1 离合器 1 适配零件 2	0		183.1
184-2 离合器 1 适配零件 2	0x0000		183.2
184-3 离合器 1 适配零件 2	0x0000		183.3
185-1 离合器 1	6		185.1
185-2 离合器 1	127450 km		185.2
185-4 离合器 1	0		185.4
190-1 离合器 2 适配 1	127450 km		190.1
190-2 离合器 2 适配 2	127450 km		190.2
190-3 离合器 2 适配 3	127450 km		190.3
190-4 离合器 2 适配 P1	127450 km		190.4
191-1 离合器 2 适配 1	0		191.1
191-2 离合器 2 适配 2	0		191.2
191-3 离合器 2 适配 3	0		191.3
191-4 离合器 2 适配 P1	0		191.4
192-1 离合器 2 适配 1	0x0000		192.1
192-2 离合器 2 适配 2	0x0000		192.2
192-3 离合器 2 适配 3	0x0000		192.3
192-4 离合器 2 适配 P1	0x0000		192.4
194-1 离合器 2 适配 1	0		193.1
194-2 离合器 2 适配 2	0		193.2
194-3 离合器 2 适配 3	0		193.3

（续）

数据组名称	FID 码/测量值	额定范围	数据组识别代号
194-1 离合器 2 适配 1	0 km		194.1
194-2 离合器 2 适配 2	0 km		194.2
194-3 离合器 2 适配 3	0 km		194.3
200-1 离合器 2 适配零件 1	71		200.1
200-2 离合器 2 适配零件 1	127450 km		200.2
200-3 离合器 2 适配零件 1	0		200.3
201-1 离合器 2 适配零件 1	0		201.1
201-2 离合器 2 适配零件 1	0x0000		201.2
201-3 离合器 2 适配零件 1	0x0000		201.3
202-1 离合器 2 适配零件 2	0		202.1
202-2 离合器 2 适配零件 2	655350 km		202.2
202-3 离合器 2 适配零件 2	0		202.3
204-1 离合器 2 适配零件 2	0		203.1
204-2 离合器 2 适配零件 2	0x0000		203.2
204-3 离合器 2 适配零件 2	0x0000		203.3
205-1 离合器 2 适配	6		205.1
205-2 离合器 2 适配	127440 km		205.2
205-4 离合器 2 适配	0		205.4
225-1 CAN 超时 发动机	0		225.1
225-2 CAN 超时 ABS	0		225.2
225-3 CAN 超时 组合仪表	0		225.3
225-4 CAN 超时 变速杆	0		225.4
226-1 CAN 超时 通道	0		226.1
226-2 CAN 超时 转向柱模块	255		226.2
226-3 CAN 超时 转向角度传感器	0		226.3
226-4 CAN 超时 EPB	255		226.4
227-1 CAN 超时 ACC	255		227.1
230-1	5018		230.1
230-2	23		230.2
235-1 快照 1 故障 -ID	153		235.1

(续)

数据组名称	FID 码/测量值	额定范围	数据组识别代号
235-2 快照 1 里程数	127350 km		235.2
235-3 快照 1 km 计数器	1		235.3
235-4 快照 1 供压 实际压力	26.5 bar		235.4
236-1 快照 1 变速杆位置	D		236.1
236-2 快照 1 车辆-离合器	0x0059		236.2
236-3 快照 1 额定档位	1		236.3
236-4 快照 1 档位	N		236.4
237-1 快照 1 驱动转速	768.0r/min		237.1
237-2 快照 1 输出转速	0.0r/min		237.2
237-3 快照 1 转速轴 1	0.0r/min		237.3
237-4 快照 1 转速轴 1	0.0r/min		237.4
238-1 快照 1 档位调节器 1-3 实际位置	8.6 mm		238.1
238-2 快照 1 档位调节器 2-4 实际位置	0.0 mm		238.2
238-3 快照 1 档位调节器 5-7 实际位置	-0.5 mm		238.3
238-4 快照 1 档位调节器 6-R 实际位置	0.3 mm		238.4
239-1 快照 1 档位调节器 1-3 阀实际电流	0.678 A		239.1
239-2 快照 1 档位调节器 2-4 阀实际电流	0.534 A		239.2
239-3 快照 1 档位调节器 5-7 阀实际电流	0.534 A		239.3
239-4 快照 1 档位调节器 6-R 阀实际电流	0.516 A		239.4
240-1 快照 1 离合器 1 实际位置	8.0 mm		240.1
240-2 快照 1 离合器 2 实际位置	1.91 mm		240.2
240-3 快照 1 离合器 1 阀 实际电流	0.4743 A		240.3
240-4 快照 1 离合器 2 阀 实际电流	0.27 A		240.4
241-1 快照 1 驾驶人踏板	0.0 %		241.1
241-2 快照 1 带外部干预的发动机转矩	-2.0 N·m		241.2

（续）

数据组名称	FID 码/测量值	额定范围	数据组识别代号
241-3 快照 1 分度机构 1 阀实际电流	0.744 A		241.3
241-4 快照 1 分度机构 2 阀实际电流	0.5641 A		241.4
242-1 快照 1 接线柱 15 电压	14.21 V		242.1
242-2 快照 1 接线柱 30 电子-电动机电压	13.71 V		242.2
242-3 快照 1 温度 混合	15.0 ℃		242.3
242-4 快照 1 离合器 1 和 2 温度 最大值	26.0 ℃		242.4
245-1 快照 2 故障-ID	154		245.1
245-2 快照 2 里程数	127400 km		245.2
245-3 快照 2 计数器	2		245.3
245-4 快照 2 供压 实际压力	19.5 bar		245.4
246-1 快照 2 变速杆位置	D		246.1
246-2 快照 2 离合器主状态	0x00a9		246.2
246-3 快照 2 额定档位	5		246.3
246-4 快照 2 档位预选器	N		246.4
247-1 快照 2 驱动转速	1632.0r/min		247.1
247-2 快照 2 输出转速	320.0r/min		247.2
247-3 快照 2 转速轴 1	1216.0r/min		247.3
247-4 快照 2 转速轴 2	1600.0r/min		247.4
248-1 快照 2 档位调节器 1-3 实际位置	-0.3 mm		248.1
248-2 快照 2 档位调节器 2-4 实际位置	-8.6 mm		248.2
248-3 快照 2 档位调节器 5-7 实际位置	9.4 mm		248.3
248-4 快照 2 档位调节器 6-R 实际位置	0.3 mm		248.4
249-1 快照 2 档位调节器 1-3 阀实际电流	0.498 A		249.1
249-2 快照 2 档位调节器 2-4 阀实际电流	0.342 A		249.2
249-3 快照 2 档位调节器 5-7 阀实际电流	0.708 A		249.3
249-4 快照 2 档位调节器 6-R 阀实际电流	0.528 A		249.4

（续）

数据组名称	FID 码/测量值	额定范围	数据组识别代号
250-1 快照 2 离合器 1 实际位置	11.8 mm		250.1
250-2 快照 2 离合器 2 实际位置	7.7 mm		250.2
250-3 快照 2 离合器 1 阀 实际电流	0.552 A		250.3
250-4 快照 2 离合器 2 阀 实际电流	0.444 A		250.4
251-1 快照 2 驾驶人踏板	29.6 %		251.1
251-2 快照 2 带外部干预的发动机转矩	24.0 N·m		251.2
251-3 快照 2 分度机构 1 阀实际电流	0.75 A		251.3
251-4 快照 2 分度机构 2 阀实际电流	0.6961 A		251.4
252-1 快照 2 接线柱 15 电压	14.5 V		252.1
252-2 快照 2 接线柱 30- 电子 - 电动机电压	14.5 V		252.2
252-3 快照 2 温度 混合	12.0		252.3
252-4 快照 2 离合器 1 和 2 温度 最大值	24.0		252.4

22. 如何检修帕萨特档位指示灯闪烁的故障？

一辆 2014 款上海大众全新帕萨特，搭载 CEA 型 1.8TSI 发动机、DQ200（0AM）型双离合变速器，行驶 81132km，仪表板上档位指示灯闪烁，发动机故障灯点亮，车辆只能用偶数档行驶。

连接故障诊断仪，对发动机、变速器系统进行检测，发现 TCM 和 ECU 存储的故障码如图 4-90 和图 4-91 所示，说明控制单元可能有问题。

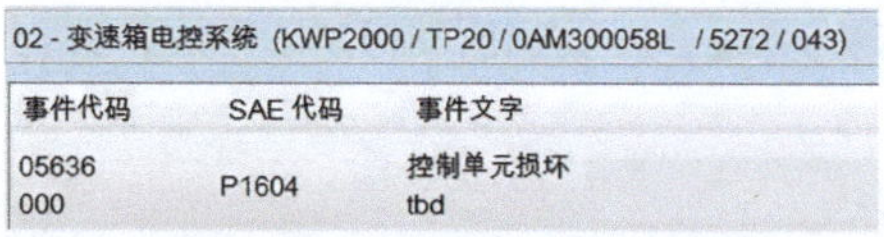

图 4-90 TCM 中存储的故障码

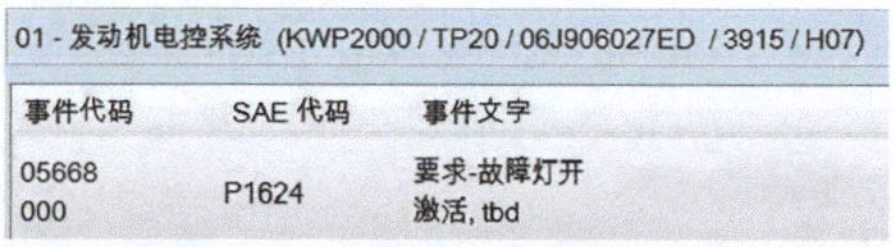

图 4-91 ECU 中存储的故障码

查看变速器控制单元软件的版本号为 4542，存在更新的版本。查看数据流 52 组机电控制单元"基础设定"情况，显示为 655350km，说明该控制单元未执行基础设定。

将变速器软件版本升级到 5272，然后执行基础设定，试车，但是故障依旧。

此车的故障是没有奇数档，引起没有奇数档的原因主要有：奇数档的档位同步器卡滞；机电控制单元的活塞推杆损坏；活塞密封圈破损；机电控制单元监测传感器损坏；机电控制单元损坏。

接着查看 R 位、D 位数据流，如图 4-92 和图 4-93 所示。用诊断仪的故障"引导功能"读取数据流，如图 4-94 所示。

02 - 变速箱电控系统 (KWP2000 / TP20 / 0AM300058L / 5272 / 043)		
名称列	RDID	数值
130.2	-----	8.60 mm
140.2	-----	0.10 mm
150.2	-----	-1.10 mm
160.2	-----	8.40 mm
91.2	-----	1.60 mm
111.2	-----	3.00 mm
4.1	-----	R

图 4-92　挂 R 位时的异常数据流

02 - 变速箱电控系统 (KWP2000 / TP20 / 0AM300058L / 5272 / 043)		
名称列	RDID	数值
130.2	-----	8.60 mm
140.2	-----	9.30 mm
150.2	-----	-1.10 mm
160.2	-----	0.20 mm
91.2	-----	1.60 mm
111.2	-----	3.00 mm
4.1	-----	D

图 4-93　挂 D 位时的异常数据流

地址列	ID	测量值	数值	单位
02	12.1	12-1 规定条件 1	断开	
02	12.2	12-2 规定条件 2	接通	
02	12.3	12-3 电源电压 1	0.1	V
02	12.4	12-4 电源电压 2	13.9	V
02	13.1	13-1 电源电压端子 30	13.8	V
02	13.2	13-2 电源电压端子 15	13.8	V
02	13.4	13-4 V401 电源电压端子 30	13.8	V
02	70.1	70-1 索引驱动器 1 目标压力	16.00	bar
02	70.2	70-2 索引驱动器 1 规定压力	0.00	bar
02	75.1	75-1 索引驱动器 2 目标压力	13.60	bar
02	75.2	75-2 索引驱动器 2 规定压力	13.63	bar

图 4-94　故障数据流

首先看挂入 R 位时的数据，图 4-92 中 130 组 2 区显示的是 1/3 档执行器的位置。正常情况下，挂入 R 位后，该数值应趋向于 0，而此处显示 8.60mm；160 组 2 区显示的是 6/R 档执行器的位置，正常情况下，挂 R 位后，该数值应为 8mm 左右。而从图 4-92 中看到，挂入 R 位后，130 组 2 区和 160 组 2 区的数据都为 8mm 左右，即 D1 档和 R 位的执行器此时都处于结合状态，这是不正确的。

再看挂入 D 位时的数据，图 4-93 中 130 组 2 区显示的是 1/3 档执行器的位置。正常情况下，挂入 D 位后，该数据应为 8mm 左右；140 组 2 区显示的是 2/4 档执行器的位置，正常情况下，挂入 D 位后，该数值应趋向于 0。而从图 4-93 中看到，挂入 D 位后，130 组 2 区和 140 组 2 区的数据都显示执行器在接合状态，即 D1 档和 D2 档都处于接合状态。由以上分析看出，控制 D1 执行器的程序或变速器控制单元 TCM 存在问题。

为了避免误判，再分析图 4-94 中 12 组的数据，分别显示分变速器 1 和分变速器 2 的电压。在正常情况下，接通点火开关，1 区和 2 区应显示接通，3 区和 4 区显示电源电压。而实际 1 区显示的是"断开"，3 区显示的是 0.1V，明显不正常。

最后，再分析图 4-94 中的 70 组和 75 组的数据，分别显示了分变速器 1 和分变速器 2

的系统压力。在正常情况下，接通点火开关，该压力应在 13～16bar 之间，而实际 70 组 2 区显示的系统压力为 0，也不正常。

变速器之所以只有偶数档，与档位执行器的位置数据异常、变速器系统压力异常有关，很可能是控制单元监测到 D1 档执行器数据异常后，自主切断了分变速器 1 的工作。

该变速器共有 4 个换档执行器，分别是 1/3 档执行器、2/4 档执行器、5/7 档执行器以及 6/R 档执行器。数据流里显示的数据是由这些执行器（即拨叉）的行程传感器探得的。

于是更换机电控制单元，经过试车，发现故障消失。再来看看数据是否恢复了正常。

将变速杆置于 P 位，D1 档和倒档执行器都处于结合状态，正常数据流如图 4-95 所示。

将变速杆置于 R 位，倒档执行器处于接合状态，正常数据流如图 4-96 所示。

名称列	RDID	数值
130.2	-----	8.80 mm
140.2	-----	0.20 mm
150.2	-----	-0.40 mm
160.2	-----	8.20 mm
91.2	-----	1.60 mm
111.2	-----	2.20 mm
4.1	-----	P

图 4-95 挂 P 位时的正常数据

名称列	RDID	数值
130.2	-----	-0.40 mm
140.2	-----	0.20 mm
150.2	-----	-0.40 mm
160.2	-----	8.20 mm
91.2	-----	1.60 mm
111.2	-----	6.40 mm
4.1	-----	R

图 4-96 挂 R 位时的正常数据

将变速杆置于 N 位，D1 档执行器处于接合状态，正常数据流如图 4-97 所示。

将变速杆置于 D 位，D1 档执行器处于接合状态，且离合器 K1 处于将要啮合状态，正常数据流如图 4-98 所示。

名称列	RDID	数值
130.2	-----	8.80 mm
140.2	-----	0.20 mm
150.2	-----	-0.40 mm
160.2	-----	0.10 mm
91.2	-----	1.60 mm
111.2	-----	2.20 mm
4.1	-----	N

图 4-97 挂 N 位时的正常数据

名称列	RDID	数值
130.2	-----	8.90 mm
140.2	-----	0.20 mm
150.2	-----	-0.40 mm
160.2	-----	0.10 mm
91.2	-----	8.10 mm
111.2	-----	2.20 mm
4.1	-----	D

图 4-98 挂 D 位时的正常数据

将点火开关置于 ON 位，连接故障诊断仪，用故障"引导功能"读取的车辆恢复正常后的数据流如图 4-99 所示。

地址列	ID	测量值	数值	单位
02	12.1	12-1 规定条件 1	接通	
02	12.2	12-2 规定条件 2	接通	
02	12.3	12-3 电源电压 1	13.7	V
02	12.4	12-4 电源电压 2	13.7	V
02	70.1	70-1 索引驱动器 1 目标压力	16.00	bar
02	70.2	70-2 索引驱动器 1 规定压力	15.98	bar
02	75.1	75-1 索引驱动器 2 目标压力	13.60	bar
02	75.2	75-2 索引驱动器 2 规定压力	13.59	bar

图 4-99 车辆恢复正常后的数据流

以上数据再次说明，车辆已经恢复正常。对于 DQ200 变速器，最常见的故障是由于长期不注重保养，导致变速器内金属零件过度磨损并产生铁屑，过多的铁屑造成拨叉行程传感器的磁通量发生变化，从而影响了传感器的探测精度，最终导致无奇数档或无偶数档的故障。

23 双离合变速器换档抖动怎样检修？

一辆 2015 款上汽大众斯柯达新明锐 1.4T 轿车，搭载 DQ200（0AM）双离合变速器，行驶里程约 1.2 万 km。据客户反映，变速器换 D 位轻踩加速踏板行驶时出现抖动现象，大多数发生在 1 档换 2 档瞬间，有时闻到异味。

维修人员接车后试车，发现故障的确如用户所述。连接专用诊断仪，在变速器系统没有读到故障码。

根据厂家发布的技术通报，出现这种故障的原因是：离合器的特性曲线不正常，离合器 K1 曲线在车辆行驶时发生了错误的自学习，导致离合器 K1 曲线与其实际曲线不匹配。售后服务措施是进行变速器的基本设定。

检修步骤如下：

1）读取变速器控制单元第 95～97、第 115～117 数据组，各相关数据组的含义如下：

95-1 组、115-1 组：离合器 K1 匹配特性曲线点 1 位置。
95-2 组、115-2 组：离合器 K1 匹配特性曲线点 1 转矩。
95-3 组、115-3 组：离合器 K1 匹配特性曲线点 2 位置。
95-4 组、115-4 组：离合器 K1 匹配特性曲线点 2 转矩。
96-1 组、116-1 组：离合器 K1 匹配特性曲线点 3 位置。
96-2 组、116-2 组：离合器 K1 匹配特性曲线点 3 转矩。
96-3 组、116-3 组：离合器 K1 匹配特性曲线点 4 位置。
96-4 组、116-4 组：离合器 K1 匹配特性曲线点 4 转矩。
97-1 组、117-1 组：离合器 K1 匹配特性曲线点 0 位置。

2）将第 95～96 组数据填入附件离合器自适应判定表中"来自数据流的数据"栏内（图 4-100），第一行自左向右依次填入四个点（P1、P2、P3、P4）95-1、95-3、96-1、

96-3 等四组离合器 K1 匹配特性曲线点的位置值；第二行自左向右依次填入 95-2、95-4、96-2、96-4 等四组离合器 K1 匹配特性曲线点的转矩值。

> **注意** 在填写数据时，一定要选择与发动机排量相匹配的离合器自适应判定表。表格中其余的数据不需要改动。

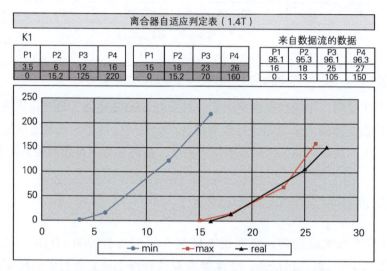

图 4-100　DQ200 双离合变速器离合器自适应判定表

3）数据填写完毕，离合器自适应判定表会自动生成该车离合器的真实（real）的特性曲线（黑色线）。在曲线图上，蓝色曲线（min）和红色曲线（max）之间是离合器特性曲线的允许范围。若离合器的实际曲线超出了正常范围（在"min"以左，或者"max"以右），则判定为离合器曲线不合格。

4）如图 4-101 所示，若 P1→P2、P2→P3、P3→P4 的斜率没有逐步变大（应为 P4-P3>P4-P2>P2-P1），而是呈现一条直线，则判定为离合器曲线不合格。

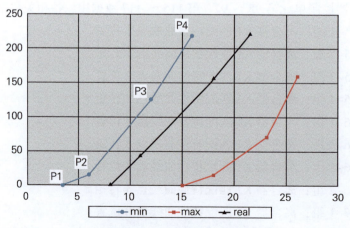

图 4-101　离合器特性曲线图

经过上述检测，判定该变速器的离合器 K1 曲线的确不合格。维修人员将变速器控制单元的软件升级到最新版本，并对变速器执行完整的基本设定和充分的自适应试车，该车换档抖动的故障被排除。

至于自适应试车的里程是多少，可以查询数据块，然后通过下面的方法确定。

数据组 52-1 表示"车辆行驶里程"；180-2 表示"K1 离合器上次自适应时车辆行驶里程"；200-2 表示"K2 离合器上次自适应时车辆行驶里程"。

那么，离合器 K1 自适应里程间隔=数据组（52-1）−数据组（180-2），K2 自适应里程间隔=数据组（52-1）−数据组（200-2）。

离合器 K1、K2 自适应里程间隔均不应超过 200km。如果超过 200km，说明车辆长时间低速行驶，未达到离合器自适应行驶的速度条件。

24 速腾轿车的变速杆为什么无法移动？

一辆 2011 款一汽大众速腾轿车，搭载 CFB 发动机和 DQ200（0AM）双离合变速器，行驶里程约为 13.9 万 km。据客户反映，该车变速杆无法移动，组合仪表上的档位指示灯一直闪烁。

维修人员接车后试车，接通点火开关，发现组合仪表上的档位指示灯开始闪烁（图 4-102）；发动机能正常起动；变速杆无法从 P 位移出；变速杆旁边的档位指示灯不亮。

连接故障诊断仪检测，在发动机控制单元读到故障码 P1642 和 U0101，其中 P1642 无法清除；在转向柱电子装置控制单元读到故障码"02413，档位 P 锁止开关不可靠信号"，无法清除；在变速器控制单元读到故障码 U0103 和 P1734，而且 U0103 无法清除（图 4-103）。

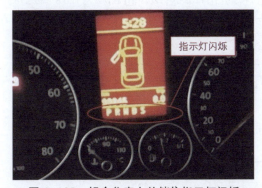 

图 4-102 组合仪表上的档位指示灯闪烁　　图 4-103 变速器控制单元存储的故障码（截图）

读取变速器控制单元第 004 组的数据流，发现第 1 行变速杆位置为"IN"，而正常情况下应当与第 2 行数据一致（图 4-104）。采用应急方式释放变速杆锁，移动变速杆，但是第 1 行数据仍然为"IN"，第 2 行数据一直为"P"，由此判断变速杆控制单元（E313）没有接收到变速杆移动的信息。

该车型变速杆自动锁止的控制原理如下（图 4-105 和图 4-106）：变速器控制单元（J743）

接收变速杆位置、制动开关以及车速等信号，经过计算，确定锁止或者释放变速杆，锁止或释放变速杆的指令通过 CAN 总线传输给变速杆控制单元（E313），再经由变速杆锁止电磁阀（N110）锁止或释放变速杆。

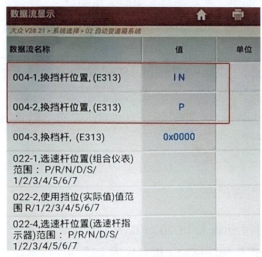

图 4-104 变速器控制单元中的数据流

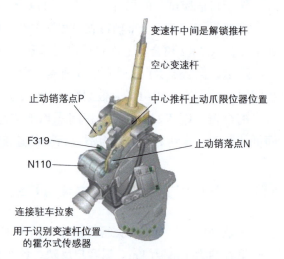

图 4-105 DQ200 型变速杆的锁止机构
F319—P 位锁止开关　N110—变速杆锁止电磁阀

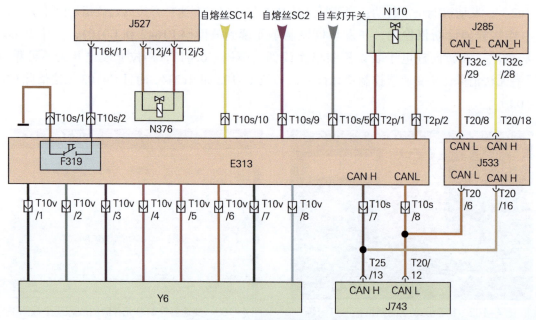

图 4-106 变速杆控制电路简图
J527—转向柱电子装置控制单元　J743—变速器控制单元　E313—变速杆控制单元
N376—防钥匙拔出电磁阀　F319—P 位锁止开关　T10s—E313 的线束插接器

根据变速杆所处的位置不同，锁止的形式也有所不同（图 4-107）。

1）当变速杆处于 P 位时，如果没有制动信号，N110 断电，从而锁止变速杆（图 4-107a）。

2）当变速杆处于 N 位时，如果停留时间超过 2s，且车辆静止，则 N110 通电，变速杆被锁止（图4-107c）。

3）如果不属于上面两种情况，变速杆被释放，可以移动（图4-107b）。

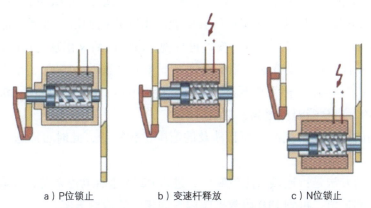

a）P位锁止　　　　b）变速杆释放　　　　c）N位锁止

图4-107　变速杆处于不同位置时的锁止及释放情况

综合以上分析，初步判断变速杆控制单元E313失常，无法向J743、J527及组合仪表（J285）发送档位信息，所以变速杆无法移动（车钥匙也无法拔出），组合仪表上的档位指示灯闪烁。

变速杆控制单元E313失常的可能原因是E313的供电、搭铁及通信线路异常，以及E313损坏。

根据变速杆的控制电路（图4-106），断开E313的线束插接器T10s（图4-108），然后接通点火开关，测量T10s的9号、10号端子间的供电，为蓄电池电压，正常；测量1号端子与搭铁间的导通情况，导通良好；测量7号、8号端子间的电阻，约为59Ω；分别测量7号、8号端子与搭铁和电源的导通情况，均不导通。以上测量结果说明，E313的供电、搭铁以及通信线路都正常。

考虑到故障码"02413"提示P位锁止开关不可靠信号，于是测量锁止开关（F319），确认F319及其线路不存在对地短路。

排查至此，判断变速杆不能移动的根源是E313损坏。由于E313、F319、N110以及Y6都集成在变速杆总成内，于是更换变速杆总成（图4-109）。更换变速杆总成后试车，变速杆移动自如，车辆行驶也正常，确认故障被排除。

图4-108　E313插接器T10s

图4-109　故障车的变速杆总成

25 如何通过 FID 码分析双离合变速器故障？

一辆 2012 款上海大众斯柯达明锐轿车，搭载 1.4T 发动机和 DQ200（0AM）型 7 速干式双离合变速器。据用户反映，该车在行驶中偶尔出现换档冲击，或者不能行驶，而且有类似离合器摩擦片烧蚀的气味。停放一夜，再行驶一段时间后又出现上述故障。

连接专用诊断仪，在自动变速器系统读到以下 4 个故障码：10001，错误的传送转换序列，电阻值太大；01836，1 档无法调整，短路至其他电压；01850，5 档无法调整，短路至其他电压；10119，离合器温度过高，电阻值太小。

以上故障码的解释非常笼统，而且涉及的范围比较宽泛，此时可以通过 FID 码进一步分析故障。

调取 FID 码的方法是：连接故障诊断仪，进入 02 变速器电控系统，读取数据块，然后找到 FID 码或者测量值，再到 FID 码数据库内查询相应的检修方案。

维修人员在该车变速器电控系统数据块第 056 组中读到 4 个 FID 码，分别是 296、94、96 和 156（图 4-110）。

数据群组 – 02	
数据群组 056	
1	296
2	94
3	96
4	156

图 4-110 读到的 FID 码（截屏）

查询 FID 码数据库，得知以上代码的含义如下：

"94" 是指 1/3 档同步器无法从 1 档侧移至空档位置，也就是卡在 1 档，变速器控制单元关闭奇数档离合器的工作，仅用偶数档行驶，对应的故障码是 "01836，1 档无法调整"，解决方法是更换机电控制模块 J743。

"96" 是指 5/7 档同步器无法从 5 档侧移动到空档位置，也就是卡在 5 档，变速器控制单元关闭奇数档离合器的工作，仅用偶数档行驶，对应的故障码是 "01850，5 档无法调整"，解决方法是更换机电控制模块 J743。

"156" 是指离合器的温度超过了控制单元设定的极限温度并发出警告，对应的故障码是 "10119，离合器温度过高"，解决方法是更换离合器总成。

"296" 是指输入轴 1 上的 2 档齿轮能够换档，但是受阻，解决方法是更换变速器总成。

因此，本故障的维修方案是：更换机电控制模块 J743 和离合器总成，如果无效，再更换变速器总成。

再看下面的维修案例。

一辆 2018 款奥迪轿车，搭载 DQ380 变速器，仪表板显示 "变速器故障，无倒档"，变速器警告灯亮起，倒档无法行驶。

检查该车 ATF 的状态，油位正常，无异味和杂质。

试车，挂 D 位行驶，停车，换入倒档，故障出现。关闭点火开关，再次起动车辆，故障报警消失。

再次试车，连接故障诊断仪，读取变速器控制单元的数据块，分析相关的 FID 码，详见表 4-8。

表 4-8 数据块相关测量值对比表

数据名称	发生故障前挂入 6 档的数据	发生故障时的数据
加速踏板开度	28%	28.4%
换档阀 B 的电流	1253mA	1251mA
主压力调节阀的电流	346mA	345mA
主压力	17.43bar	19.06bar
传动部分 1 的压力	17.43bar	19.06bar
传动部分 2 的压力	14.59bar	16.37bar
换档拨叉 B 位置		-8.89mm（为 2 档位置）

该型变速器的结构特点是，2 档和 6 档共用一个换档拨叉，对应换档阀 B；2 档和倒档同属于变速器传动部分 2。

据此推断：该变速器在挂入倒档前，没有退出 2 档，于是激活了应急模式，TCU 关闭变速器的传动部分 2，所以出现倒档无法行驶的故障。

26 通过软件刷新可以排除 DSG 哪类故障？

1. 挂 D 位汽车不行驶

一辆上汽大众凌渡 1.8T 轿车，搭载 DQ380 双离合变速器，出现挂 D 位不行驶的故障。车辆在 D 位滑行时，仪表屏幕交替闪烁 "D4-D2-D4-D2" 字样。

连接故障诊断仪，在地址 "02- 变速器电子装置" 读到以下故障信息：P176E00，离合器 2 不经意打开；P175E00，离合器 1 不经意闭合；P071500，变速器输入转速传感器 1 电路电气故障；P276500，变速器输入转速传感器 2 电路电气故障。

对于此类故障，可以连接专用故障诊断仪，在线刷新变速器机械电子控制单元的软件，措施代码 3D47。刷新前与刷新后软件的对应关系见表 4-9。

表 4-9 软件刷新前后信息对比

车型	变速器代码	刷新前软件		刷新后软件	
		零件号	版本	零件号	版本
凌渡 1.8T	PVQ	0DE300040A	0602	0DE300040J	1401
	RFR	0DE300040E	1201	0DE300040J	1401

2. 踩加速踏板无反应

有的搭载 DQ200（0AM）双离合变速器的大众途安、朗逸、朗行、凌渡、帕萨特、波罗 GTI、桑塔纳等汽车，变速杆从 P 位切换到 D 位或 R 位，初次踩下加速踏板车辆无反应，同时组合仪表档位指示灯闪烁。踩住制动踏板，然后再次起步，车辆可以行驶，在各诊断地址中没有变速器相关的事件存储器条目。

对于这种踩加速踏板无反应的故障，如果确认各控制模块都没有故障码存储记录，而且变速器的测量组数据符合表 4-10 的内容，可以对变速器机械电子控制单元的软件执行在线刷新，措施代码 5CC8。

表 4-10 大众汽车双离合变速器相关测量组数据

PQ 平台车辆		MQB 平台车辆	
变速器测量组	测量值	变速器测量组	测量值
235-1	65535	"分析 1"	0
245-1	65535	"分析 33"	0
55-3	0x2000	"驾驶员登录过程原因"	8192

3. 无法切换所有档位

有用户投诉：组合仪表显示警告信息，车辆无法切换到所有档位。但变换点火开关位置后，故障消失。该用户的汽车装备 DQ380 双离合变速器。

针对该故障，先在诊断地址码 1 中读码，没有发现发动机故障存储器记录，再在诊断地址码 02 中查询故障信息，读到下列故障存储器记录及相应症状（图 4-111）：

P071500：变速器输入转速传感器 1，电路中存在电气故障；症状：10753。

P276500：变速器输入转速传感器 2，电路中存在电气故障；症状：10754。

```
事件存储器条目
编号：                    P071500：变速器输入转速传感器1 电路电气故障
故障类型2：               被动/偶发
症状：                    10753
状态：                    10101000

事件存储器条目
编号：                    P276500：变速器输入转速传感器2 电路电气故障
故障类型2：               被动/偶发
症状：                    10754
状态：                    00101000
```

图 4-111 故障信息截屏

该故障产生的原因是：在特定条件下（如环境温度变化），传感器初始化阶段失常，无法向控制单元提供信号，导致相应的子变速器被切断。将车辆重新起动，故障症状可以暂时消退。

这种故障的终极维修方案是用软件版本管理代码 02A093 升级变速器的控制单元。

4. 仪表上无档位显示

一辆迈腾 2.0T，搭载 DQ250 变速器，挂 D 位或 S 位时组合仪表没有档位显示，但是行驶正常，也没有报警和故障记忆。

此类故障的处理步骤如下：

1）将软件升级压缩包解压缩，刻录光盘，然后装入专用诊断仪。

2）连接专用诊断仪 VAS5052A。

3)进入"02变速器",然后选择"19-更新程序"(图4-112)。

4)执行程序更新,原来的版本号为"2604"(图4-113)。

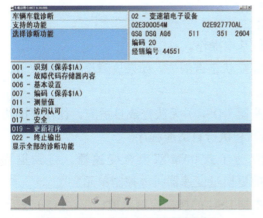

图4-112 选择"19-更新程序"

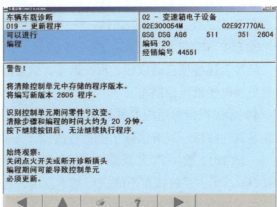

图4-113 更新程序页面

5)软件升级完成,确认控制单元的版本号为2606(图4-114)。

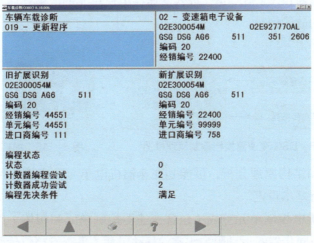

图4-114 新版本号为"2606"

6)试车检验效果,挂入D位或S位行驶,确认仪表上档位显示正常。

27 怎样执行大众双离合变速器的自适应?

以大众DQ250(02E)型双离合变速器为例,详细介绍其自适应学习的方法。

1)变速器公差自适应。选择地址码"02",进入变速器系统;选择功能码"04",执行基本设定;选择变速器公差自适应;进入第61区,单击"执行"即可。

2)离合器自适应。如果双离合变速器控制单元的版本号低于"0800",进入第62区,执行基本操作(即自适应);如果变速器控制单元的版本号高于"0800",进入第67区,执行基本操作。

3）其他功能适配（即重新设置各项数据）。操作方法如下：

① 离合器安全功能适配：进入第 68 区，执行基本操作。

② 压力适配：进入第 65 区，执行基本操作。

③ 转向适配：进入第 63 区，执行基本操作。

④ ESP 和巡航系统适配：进入第 69 区，执行基本操作。

经过上述各项自适应后，再次试车，检查故障症状是否消失。如果故障没有任何改善，需要更换电子液压控制单元。

4）无法执行自适应的处理。有的双离合变速器（DSG）无法完成自适应，往往是因为存在基础性故障。只有消除了基础性故障，才能顺利执行自适应程序。

一辆 2012 款一汽大众新宝来轿车，搭载 7 速干式 0AM 双离合变速器，行驶里程 67962km。车主反映该车不能进行基本设定，之前更换过变速器机电控制单元。

由于故障是在更换机电控制单元后才出现，根据 DSG 的换档控制原理（图 4-115）分析，不能自适应的原因如下：①换档拨叉未装入换档活塞的槽内（图 4-116）；②换档拨叉档位传感器的永久磁铁失磁；③档位传感器故障；④机电控制单元失常。

连接大众专用诊断仪 VAS6150B，进入变速器电控单元的故障存储器，读到"档位传感器 2 不可靠信号"的故障信息。

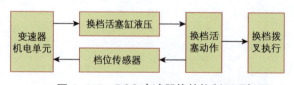

图 4-115　DSG 变速器换档控制原理框图

图 4-116　换档拨叉的控制活塞

根据故障信息和结构原理分析，可能是变速器机电单元没有接收到正确的档位信号，导致变速器无法执行基本设定。

拆下变速器的机电控制单元总成（包含变速器控制单元和阀体）J743，用手拨动每一个换档同步器，判断同步器的运动阻力正常，移动灵活。再查看档位传感器上的感应磁铁，发现磁铁表面吸附了大量铁屑（图 4-117）。

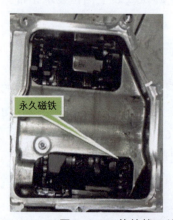 

图 4-117　换档拨叉的永久磁铁及吸附的铁屑

清除永久磁铁上的铁屑，装复后试车，能够正常进行基本设定，变速器恢复正常。

本案例的关键点是换档同步器上的磁铁吸附了过多的铁屑，干扰了位置传感器对换档拨叉位置的感知，并被 TCU 探测到，最终导致双离合变速器无法进行自适应。

28 如何检修 MPS6 变速器的常见故障？

MPS6 是 6 档湿式双离合变速器，最大传动转矩为 450N·m。采用该型变速器的汽车有福特蒙迪欧 2.5、蒙迪欧致胜 2.0、福克斯、哈弗 H6、三菱 Lancer（蓝瑟），以及沃尔沃 XC60 2.0T、S40、S60、S80 2.0T、C30、V40 1.6T、V60、V70 等。该变速器在福特车型上被称为"6DCT450"，在沃尔沃车型上被称为"MPS6"。

在维修实践中，MPS6 型双离合变速器容易出现以下 5 种故障：

1）漏油。常见的漏油位置是变速器与发动机的结合部，存在大量油渍，汽车行驶 5 万 km 以后就会出现此现象。故障原因是离合器盘磨损后间隙变大，以及变速器的前油封老化。解决方案是修复离合器盘的轴向间隙，更换扭转减振器维修包和前油封。

处在发动机和变速器之间的扭转减振器经过长时间工作以后，内部弹簧性能下降，减振盘间隙变大。扭转减振器松旷后，导致与曲轴连接处前后窜动和车辆抖动，这种抖动在每次升降档时都出现，在起步时尤为明显。此时如果仅更换前油封，只能暂时缓解漏油，过一段时间又会旧病复发。这是因为前油封只提供径向密封，对于轴向磨损引起的漏油无能为力，所以需要更换扭转减振器的维修包，以消除前后窜动，配上改进型的油封，才能够根治漏油问题。

该车扭转减振器损坏的另一个原因是缓冲胶粒磨损（图 4-118）。缓冲胶粒是扭转减振器维修包不可缺少的一部分。

 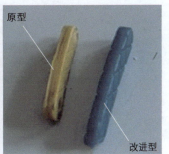

a）缓冲胶粒的顶部已经凹下去　　　　b）缓冲胶粒对比

图 4-118　缓冲胶粒

2）阀体磨损。由于离合器机械零件长时间摩擦，所产生的金属末不能完全被 ATF 滤清器的滤网滤除，脏物被油液带入阀体内。由于阀芯与阀孔的配合间隙非常小，当阀芯高频移动时，这些铁粉成为阀芯与阀孔之间的磨料，进而导致阀体磨损。

阀体磨损的后果是油压调节不稳定，导致行驶中锁档（不能换档，固定在某一档位，发动机转速高），或者突然失去动力，突发性挂档冲击或挂档熄火。通常会报以下故障码：

TCM-P284900，换档拨叉 A 卡死；TCM-P284A00，换档拨叉 B 卡死；TCM-P172C00，换档拨叉 A/B 方向控制阀一直开。

该型变速器的阀体与控制单元为一体，需要一同更换。

3）离合器损坏。主要表现是摩擦片高温烧蚀、变色以及钢片磨损（图 4-119）。有的离合器钢片上磨出了亮亮的一圈（图 4-119a）。可以采用改进型摩擦片，其表面有花纹，而且凹凸不平（图 4-119b）。

图 4-119 离合器钢片和改进型摩擦片

4）滤清器失效。外置滤清器的滤芯可以在更换变速器油时一并更换。

5）报故障码 P0715。该故障码的含义是"涡轮 / 输入轴速度传感器 A 电路"。

该型变速器出现以下现象都与输入轴转速传感器（图 4-120）有关：工作不稳定；换档迟缓；换档冲击并伴随较大的换档声音；在行驶途中发动机转速飙升，车辆却不走；组合仪表显示"变速器故障"。

图 4-120 输入轴转速传感器及其安装位置

29 怎样维修双离合变速器受电磁干扰的故障？

一辆 2017 款大众辉昂轿车，搭载 2.0T 发动机、0CK（DL382）双离合变速器。据客户反映，当变速杆置于 D 位或 R 位时，车辆偶发性不能起步。熄火后重新挂档，故障不再出现。

维修人员进行路试，故障现象如客户所述，说明车辆的行驶功能偶发性受限。

连接故障诊断仪检测，当故障出现时，在诊断地址"02-7 档双离合变速器 0CK"中读到事件存储器条目，并伴随故障码"P060700，控制模块不可信（症状：21014）"。

这种故障往往是由于转向系统控制单元的供电电压信号产生干扰，导致变速器机电控制单元中的离合器压力传感器的压力信号失常。

维修方案是改变变速器接地线的位置，由原来连接到车身的主导线束改为连接到变速器外壳。以下是详细的操作步骤。

1. 断开变速器原来的接地线束并加以密封

1）关闭点火开关，断开位于行李舱内的蓄电池负极连接线，然后举升车辆。

2）拆卸车底前部的隔声板。

3）拔下变速器插头，取下变速器插头外壳，用一字螺钉旋具解锁插头的安全触点（图4-121）。

4）从插头中挑出变速器接地线束端子T23a/2（图4-122和图4-123）。

图4-121 解锁插头的安全触点

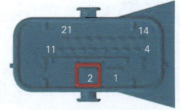
图4-122 变速器接地线束T23a/2的位置

图4-123 挑出的变速器接地线束T23a/2

5）剪去接地线束端子（图4-124）。

6）解开现有接地线束周围的绷带，露出接地导线。

7）在露出的接地导线上套一整根收缩软管（零件号为021972913E），夹住收缩软管的端部并固定，然后用热风枪加热收缩软管。在加热时，要避免影响周围的部件和插头。然后检查收缩软管的密封性，确保收缩软管内的黏合剂受热溢出（图4-125）。

图4-124 剪去接地线束端子

8）将密封后的接地导线向上弯折，使之扎回到现来的变速器插头线束，并用织物胶带（零件号为N10592002）固定，然后缠绕该接地导线（图4-126）。

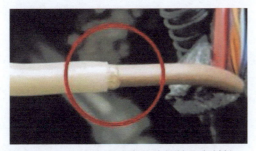
图4-125 加热后检查收缩软管的密封性

图4-126 固定并缠绕接地导线

2. 将变速器的接地线连接到变速器外壳上

1）使用织物胶带（零件号N10592002）缠绕适配导线（图4-127），适配导线的零件号为4G0 971 658 A。

图4-127 缠绕后的适配导线

2）将适配导线插入变速器插头的原接地线束端子孔位 T23a/2（图 4-128）。

3）重新锁止插头的安全触点，装回变速器插头的外壳并锁止。

4）将变速器插头重新连接至变速器，按照图 4-129 所示的走向敷设适配导线，并用螺栓（零件号为 WHT005227）将适配导线固定在变速器外壳的凸台上，拧紧力矩为 9N·m。

5）安装车底前部的隔声板，重新连接蓄电池负极的连接线。至此操作完成，车辆故障被排除。

图 4-128　插入适配导线

图 4-129　适配导线的敷设走向及固定